U0670389

# 《世界华侨华人研究文库》学术委员会

（按姓氏笔画排列）

庄国土　刘　宏　刘国福　李明欢　张应龙
张国雄　陈　岳　钱　江　高伟浓　曹云华


# 《世界华侨华人研究文库》编委会

主　　编：张振江

副 主 编：潮龙起　陈奕平

编委委员：（按姓氏笔画排列）

文　峰　石沧金　吉伟伟　任　娜　李爱慧
吴金平　张小欣　张振江　陈　文　陈奕平
周聿峨　赵子乐　梁茂春　廖小健　潮龙起
鞠玉华　鞠海龙

国家出版基金项目
NATIONAL PUBLICATION FOUNDATION

"百部好书"扶持项目
GUANGDONG PUBLISHING

MULTIMEDIA PRINT READER
MPR
www.mpreader.com

· 世界华侨华人研究文库 ·

# 古巴华侨口述史

雷竞璇　编著

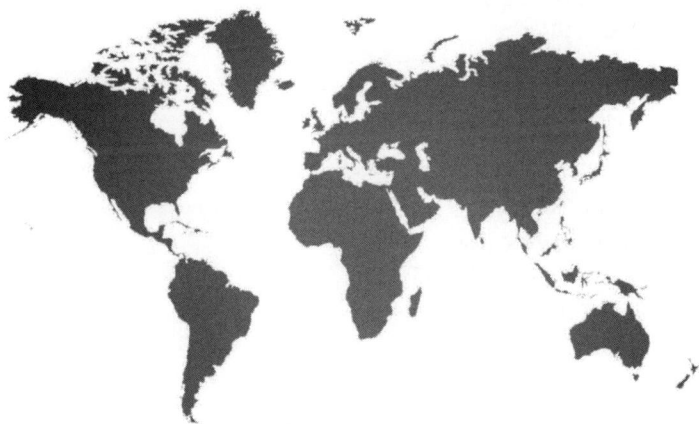

暨南大学出版社
JINAN UNIVERSITY PRESS

中国·广州

图书在版编目（CIP）数据

古巴华侨口述史/雷竞璇编著. —广州：暨南大学出版社，2020.11（2025.5 重印）
（世界华侨华人研究文库）
ISBN 978 - 7 - 5668 - 2766 - 1

Ⅰ.①古…　Ⅱ.①雷…　Ⅲ.①华侨—历史—古巴　Ⅳ.①D634.375.1

中国版本图书馆 CIP 数据核字（2019）第 225084 号

**古巴华侨口述史**
GUBA HUAQIAO KOUSHUSHI
编著者：雷竞璇

出 版 人：阳　翼
策划编辑：黄圣英
责任编辑：冯　琳　　詹建林
责任校对：刘舜怡　黄晓佳　周海燕
责任印制：周一丹　郑玉婷

出版发行：暨南大学出版社（511434）
电　　话：总编室（8620）31105261
　　　　　营销部（8620）37331682　37331689
传　　真：（8620）31105289（办公室）　　37331684（营销部）
网　　址：http：//www.jnupress.com
排　　版：广州市新晨文化发展有限公司
印　　刷：深圳市新联美术印刷有限公司
开　　本：787mm×1092mm　1/16
印　　张：15.25
字　　数：292 千
版　　次：2020 年 11 月第 1 版
印　　次：2025 年 5 月第 2 次
定　　价：68.00 元

（暨大版图书如有印装质量问题，请与出版社总编室联系调换）

# 作者简介

雷竞璇，香港中文大学香港亚太研究所名誉研究员。毕业于香港中文大学历史系，其后留学法国，修读政治学，集中研究撒哈拉以南非洲国家，历时七年余，在波尔多大学获得博士学位。返回香港后相继在香港中文大学及香港城市大学研究及授课十余年，编、著有中国政治相关领域中英文著作多种，在学术期刊发表论文若干篇。新著有《古巴家书：两个家庭的伤心史》（香港中文大学出版社，2020）、《十九世纪古巴华工》（香港历史博物馆，2017）、《远在古巴》（中信出版社，2016）、《穷风流》（牛津大学出版社，2010）、《据我所知》（牛津大学出版社，2010），编著有《昆剧朱买臣休妻》（牛津大学出版社，2007）、《昆剧蝴蝶梦——一部传统戏的再现》（牛津大学出版社，2005），等等。

# MPR 出版物链码使用说明

本书中凡文字下方带有链码图标"＝＝"的地方，均可通过"泛媒关联"App 的扫码功能或"泛媒阅读"App 的"扫一扫"功能，获得对应的多媒体内容。

您可以通过扫描下方的二维码下载"泛媒关联"App、"泛媒阅读"App。

**"泛媒关联"App 链码扫描操作步骤：**

1. 打开"泛媒关联"App；

2. 将扫码框对准书中的链码扫描，即可播放多媒体内容。

**"泛媒阅读"App 链码扫描操作步骤：**

1. 打开"泛媒阅读"App；

2. 打开"扫一扫"功能；

3. 扫描书中的链码，即可播放多媒体内容。

**扫码体验：**

马持旺 Mar Chi Bong      关志生 Jorge Cuan

# 总　序

在 20 世纪，华侨华人问题曾经四次引起学术界关注。第一次是 20 世纪初关于南非华工的问题；第二次是"一战"后欧洲华工问题；第三次是五六十年代东南亚国家出现的"排华"问题；第四次则是 80 年代中国经济崛起与海外华侨华人关系的问题。每次华侨华人研究成为研究热点时，都有大量高水平研究著作问世。

进入 21 世纪以来，随着全球化进程的加速和中国国际化水平的提升，海外华侨华人与中国的发展日益密切，华侨华人研究掀起了新一轮高潮。华侨华人研究机构由过去只有暨南大学、厦门大学、北京大学、华侨大学等少数几家壮大至目前遍布全国的近百所科研院校，研究领域从往昔以华侨史研究为主，拓展至华人政治、华人经济、华商管理、华文教育、华人文学、华文传媒、华人安全、华人宗教、侨乡研究等涉侨各个方面，研究方法也逐渐呈现出多学科交叉的趋势，融入政治学、历史学、社会学、民族学、教育学、新闻与传播学、经济学、管理学、法学等学科方法与视角。与此同时，政府、社会也愈益关注华侨华人研究。国务院侨办近年来不断加大研究经费投入，并先后在上海、武汉、杭州、广州等地设立侨务理论研究基地，凝聚了一大批海内外专家学者，形成了华侨华人研究与政府决策咨询相结合的科学发展机制。而以社会力量与学者智慧相结合的华商研究机构也先后在复旦大学、清华大学等地成立，闯出了一条理论研究与社会实践相结合的华侨华人研究新路径。

作为一所百年侨校，暨南大学在中国华侨华人研究中具有特殊的地位。暨南大学创立于 1906 年，是中国第一所华侨高等学府。华侨华人研究是学校重要的学术传统和特色。早在 1927 年，暨南大学便成立了南洋文化事业部，网罗人才，开展东南亚及华侨华人的研究，出版《南洋研究》等刊物。1981 年，经教育部

批准，暨南大学在全国率先成立华侨华人研究的专门学术机构——华侨研究所，由著名学者朱杰勤教授担任所长。1984 年在国内招收首批华侨史方向博士研究生。1996 年后华侨华人研究被纳入国家"211 工程"1—3 期重点学科建设行列，2000 年获批教育部人文社会科学重点研究基地（华侨华人研究）。暨南大学于 2006 年成立了华侨华人研究院，并聘请全国政协常委、国务院侨务办公室原副主任刘泽彭出任院长和基地主任。2011 年，学校再次整合提升华侨华人研究力量，将华侨华人研究院与国际关系学系（东南亚研究所）合并成立国际关系学院/华侨华人研究院，继续聘请刘泽彭同志出任华侨华人研究院院长和基地主任，由华侨华人与国际问题研究知名专家曹云华教授出任国际关系学院院长兼华侨华人研究院执行院长。同时，学校还加大科研经费投入，努力打造"华侨华人研究优势学科创新平台"。研究院在加强自身科研能力的基础上，采取以研究项目、开放性课题为中心，学者带项目、课题进院的工作体制，致力于多学科和国际视野下的前沿研究，立足于为国家的改革开放和现代化建设服务，为社会服务，为政府决策咨询服务，努力将之建设成为世界一流的学术研究机构和人才培养基地。

值华侨华人研究在中华大地百花齐放、百家争鸣之际，为进一步彰显暨南大学科研特色，整合校内外相关研究力量，发掘华侨华人研究新资源，推动华侨华人研究学科的发展，暨南大学华侨华人研究院在 2012 年推出了"世界华侨华人研究文库"。文库的著作多为本校优势学科的前沿研究成果，作者中既有资深教授、学科带头人，也有学界新秀。他们的研究成果从多学科视野探索了国内外华侨华人研究的一些新问题、新趋势，具有较高的学术价值和现实意义。截至 2016 年年底，文库已经出版三批 23 本，在华侨华人研究领域引起了不错的反响。

2015 年 6 月，暨南大学入选广东省高水平大学重点建设高校，"华侨华人与国际问题研究"成为学校高水平建设重点支持的一个学科组团。为了进一步发挥暨南大学的华侨华人研究优势，学院决定继续组织出版这套丛书。丛书的经费来源从之前的"211 工程"和暨南大学"华侨华人研究优势学科创新平台"变为广东省高水平大学建设暨南大学"华侨华人与国际问题研究"学科组团，编委会也随人员变动做了一些调整。

本套丛书的出版得到学校领导的大力关心与支持。国际关系学院/华侨华人研究院领导与部分教师特别是高水平大学建设学科组团中的华侨华人与跨国移民研究团队的教师们也付出了艰辛的劳动，他们在策划、选题、组稿、编辑、校对等环节投入大量精力。同时，暨南大学出版社对丛书出版也给予高度重视，组织最优秀的编辑团队全程跟进，并积极申报国家出版基金项目，获得立项资助。在此，我们对所有为本丛书出版付出宝贵心血与汗水的同仁致以最衷心的感谢！

在前面三批的总序中，我们表示"期盼本丛书的出版能在华侨华人研究领域激起一点小浪花"。现在看来，已部分达到了目的，尽管如此，我们仍坚持不忘初心，继往开来，汇聚国内外华侨华人研究的朵朵浪花，把这套文库办成展现全球华侨华人研究优秀成果的一个重要平台。

《世界华侨华人研究文库》编委会

2017 年 6 月

# 序 关于古巴华侨和本书

了解到古巴华侨的独特境况并继而编写本书，对我来说是一段意味深长的因缘。

我的祖父和父亲曾经在古巴谋生，他俩和当时出洋的华侨一样，都是只身在外，不带家眷。祖父是什么时候去的古巴，已不可考，他于 1959 年来香港，之后因为年迈没有再回古巴，于 1965 年在香港去世。父亲 1954 年从家乡广东台山去古巴，1959 年同我祖父来香港。他俩前来香港时，古巴革命已经爆发，政府更换，卡斯特罗上台执政。翌年 8 月，父亲返回古巴，他当时以为古巴的政局会有转机，但结果并非如他所期望，父亲在当地谋生变得困难，再也无法汇出款项接济在香港的家人。挣扎了几年之后，父亲终于在 1966 年亦即我祖父去世后不久离开古巴来到香港，两年之后，他在此地病故，年仅四十七岁。我当时正在读中学，对祖父、父亲两人在古巴的工作和生活情况所知极少。自从父亲病故后，母亲便不愿提及古巴，我们家庭对上一辈人的这段海外经历，也就逐渐淡忘。2004 年，母亲去世。之后我整理她的遗物，找到一批信，捆成一扎，绝大部分是现在已经停止使用的邮件，是父亲历年从古巴寄回来的家书，约二百封，基本能反映他在古巴十余年的生活情况。这些信件的内容引发了我的好奇，于是在 2010 年 12 月去了这遥远得仿如在天尽头的岛国，在哈瓦那（La Habana）① 逗留了十天。出发前我阅读了若干相关书刊，稍稍认识古巴华侨悠长而跌宕起伏的历史，而古巴此行又令我对当地华侨的境况有了初步体会，总结起来，其实是"破败凋零"四个字。哈瓦那华区纵横好几条马路，两旁的楼宇很气派，但几十年没有维修，破旧不堪，区内也不见什么店铺，一片颓唐，路上只偶尔见到一些中国人面孔。我走访过区内几个华侨团体，见到的都是耄耋之年的老人，大家还是乡

---

① "哈瓦那"是现在中国官方的翻译，从前华侨称之为"夏湾拿"。古巴地名翻译是个特殊问题，下文将有说明。

1

音无改，绝大部分抵达古巴之后就没有回过中国，飘零孤岛几十年，近乎与世隔绝。我由是意识到，这是一个独特的群体，已走到了人生道路的尽头，行将消失，是一群被时代忘记的遗民。

虽然苟延残喘，无可逆转，但这群遗民其实延续着一段长长的历史。中国人到达古巴，最早是在1847年即道光二十七年，并且很快便在当地形成一个庞大的社群。当时资本主义的生产发展需要大量劳动力，起初依赖非洲黑奴，欧洲兴起禁奴运动后，劳动力供应不足，转而向亚洲打主意，看中了人口过剩、经济颓败的中国和印度。最早到达古巴的华人，是作为"苦力"（英文为coolie，另一称呼为"华工"）被以"卖猪仔"的方式贩运过去的，到达古巴后从事最辛苦、繁重的体力劳动，实际情况和奴隶相去不远。经此方式被贩运到古巴的苦力，超过十四万人。其后，经清政府派遣官员前往调查和交涉，此种残酷的人口贩卖活动才在1874年被中止。自此之后，古巴一直存在一个华侨群体，其人数时多时少，视乎好几个因素，如中国社会稳定或动荡、古巴政府移民政策宽松或严苛等。古巴华侨数目亦受美国政局影响，如20世纪初美国强力推行排华政策时，一大批华侨从加利福尼亚州移居古巴。总之，华人前往古巴的历程，大体上没有间断。中华人民共和国成立后，这一情况开始发生根本变化，初期仍有华人到达古巴，但数目逐渐减少，至1955年基本中止，我父亲属于最后一批到古巴的华人。1959年1月，古巴革命胜利，不久之后推行社会主义政策，私营企业被没收，店铺国有化，禁止雇佣关系，自此之后再无中国人前往，古巴的华侨社会从此便进入消亡期。

古巴革命前在古巴的华侨人数究竟有多少，并无准确数据，但一般估计在五万至八万，属于美洲大陆人数最多的华侨群体之一。但1959年古巴革命后，不少华侨离开，人数逐步下降，余下者要么过世，要么年迈。2010年我到古巴时，当地华侨告诉我，仍然在世的，只有大约三百人，全部都年纪老迈。由于美国对古巴长期实行禁运和封锁，这些华侨半个世纪以来和外界近乎断绝联系，在日常生活和精神面貌上显得和其他地方的华侨群体大不相同，依然是早年的面目。1959年后，他们经历了古巴政治的变迁，接受社会主义制度的改造，又是一段其他华侨社会没有遇过的历程。

2010 年走访过古巴后，我觉得应该做出努力，将这些遗民的情况记录下来，不然的话，不出若干年，这些老华侨逝去，一段段独特的历程也就湮没无闻。由于历史的原因，留下的古巴华侨一般读书不多，知识水平比较低下，没有意识也没有能力将自己的经历记录下来。于是，在 2010 年的旅程后，我萌生了通过口述方式为古巴华侨保存历史记忆的想法。古巴华侨以广东四邑①人为主，其中台山人数目尤多，我自己是台山人，能听能说台山及与之相通的开平、恩平和新会方言，同时能读能写西班牙文，自觉具备进行此口述历史项目的条件，于是向我曾经任职过的利希慎基金提出申请，呈上计划书，结果得到支持，并应利希慎基金要求，将此口述历史项目托付香港大学香港人文社会研究所督导。得到资助后，我便再次前往古巴与当地华侨进行访谈。②

2013 年 1 月我重返古巴，按计划在当地停留了一个月。这次到达时，当地华侨告诉我，在世的华侨人数已下降到两百左右。此行除哈瓦那外，亦前往卡马圭（Camagüey，华侨称之为"甘玛畏"或"甘玛隈"）、谢戈德阿维拉（Ciego de Ávila，华侨称之为"舍咕"）、西恩富戈斯（Cienfuegos，华侨称之为"善飞咕"或"善灰咕"）等城市，与那里的华侨进行访谈，共成功访问了二十六人，另有第二代华裔五人。每次访谈都留有录音，部分还有录像。对于有学者远道从香港前来了解他们的经历，老华侨大多感到很惊讶，也很高兴，故此相当配合。古巴社会对私隐的观念相对宽松，因而谈话比较坦率。但也有好几位人士拒绝访问，或访问中途不愿意继续，原因各式各样。③ 此次调查和访谈，我聘请了古巴青年 Oscar Amador Peña（奥斯卡）协助，受访者当中有几位要用西班牙文说话，奥斯卡将之译作英文。对于口述历史，我本来一直有点抗拒，觉得不甚可靠，但要趁这群遗民还在的时候保留记录，细想之下也别无选择，于是，我第一次做了口述

---

① 广东四邑泛指广东的台山、开平、新会和恩平四个地区。

② 由于华侨在古巴的历史甚为悠久，故此当地有一定数量的第二、第三代华裔人士，不少属于混血。据古巴政府估计，古巴人口中具有华人血统的约占百分之一，即约十万人。但这类人士绝大部分不懂中文，亦不会自视为中国人，因此，此口述历史项目没有在这方面努力，只访问了五位在古巴出生、和华侨社会关系密切的华裔人士。

③ 华侨拒绝或无法受访之原因包括年纪太大、记忆衰退无从交谈，或自觉在古巴太不如意而不愿谈论，或者对这种访谈有戒心。其中女性华侨的戒心尤重，我们尝试过和几位女士进行访谈都失败。受访中途无法继续的有三起，原因无法确定，可能与受访者感到触及私隐有关。

历史的尝试。访谈旅程结束回到香港后，我开始整理收集到的材料，并就对古巴社会和华侨的观察，陆续撰文在报刊上发表。结果这些文章引起了香港电台电视部的注意，原来该电台正在拍摄海外华人系列纪录片，已完成的北美及南洋两部分都播映过，正计划拍摄拉丁美洲部分。读到我在报刊上的文章后，他们前来商量，想邀请我一起前往古巴协助拍摄工作。这正好给予我再访古巴的机会，可以借此和当地华侨再次接触和进行访谈。于是，在 2013 年 12 月，我和香港电台电视部的导演与摄制人员前往古巴。此行停留了三周，其间去过东部的 Santiago de Cuba（圣地亚哥德古巴市，华侨称之为"山爹古巴"或"汕爹古巴"），访问到了之前没有访问过的四位华侨，同时将年初时访问的记录交予各受访者，请他们核实，并与当中的若干位做第二乃至第三次访谈。这次再到古巴，华侨们告诉我，他们的人数进一步减少，剩下的大约只有一百五十人。上次到古巴时访谈过的余景暖先生，此时已逝世，赵肇商先生则刚动完心脏手术，离开医院不久，很虚弱。

经过两轮访谈，我为三十位华侨和五位土生华裔人士留下了口述记录。不过，收到我整理的访谈文稿后，只有几位受访华侨有所回应，大部分都没有什么表示。此种情况主要因为他们文化水平一般不高，不大重视文墨，有好几位甚至已经不能阅读中文。此外，他们也不大明白此项目的重要性和学术意义，因此，认真阅读文稿并提出修改意见的只有寥寥几位。

大部分访谈在哈瓦那完成，其余的在上述的卡马圭等四个城市，历史上马坦萨斯（Matanzas，华侨称之为"马丹萨"）及大萨瓜（Sagua La Grande，华侨称之为"大沙华"）两地华侨众多，但现在已经没有华侨，或者余下者年龄太大，估计能成功访谈的概率不高，故此没有前往。另曾到过圣克拉拉（Santa Clara，华侨称之为"生打加拉"），但该处本来答应联络的华侨突然外出，访问无法进行。

访谈时，我发现这些海隅遗民不但乡音无改，而且说话时还有不少特别的用词。我整理谈话记录时多用现在通行的书面语，但也尽量保留他们的独特用词，有需要时加以注明。其中地名的处理颇费心思，原因是虽然古巴地名现在有正式的中译，但华侨们依然沿用历来的一套，主要以四邑方言翻译过来，有一种特殊的历史意义。例如古巴首都现在译作"哈瓦那"，但华侨向来称之为"夏湾拿"或简称

"湾城"。在本书内，叙述部分我用正式中译地名，但受访华侨的口述部分则保留他们的用词，附以西班牙文的原来名称，本书附录一的地名对照表可供参考。

到此际我坐在香港家中的书桌前写作这篇序言时，古巴华侨的人数相信已减至一百左右。古人有"传亡国，继绝世"的说法，我不敢妄自攀附，但有缘能为这些远在天涯的时代遗民保留一点记录，我感到欣慰。本书的三十多位受访者，各有一段悲喜交织的个人历史，回想起他们的遭遇，仍不免惘然。现在，访谈过的老华侨有四位已经故去，重洋阻隔，邮政难通，其余仍在世的，本书出版后也不知能否送达他们手中。今后和他们再见的机会看来是极为渺茫了，只能默默遥祝他们余下的日子过得安稳。

**附记**

一、口述历史的整理记录连同录音、录影已存放在香港中文大学图书馆，题为"古巴华侨口述历史报告"。

二、关于三次在古巴的闻见，我写了《远在古巴》一书，由牛津大学出版社 2015 年出版，简体字版由中信出版社于 2016 年出版。

三、我协助香港电台电视部拍摄的古巴华侨纪录片已播出，可在港台电视网站搜索观看。

# 目 录

## 下 编 生于古巴

上　编　来自"唐山"

# 海隅秀才

赵肇商　Guillermo Chiu

在古巴，我最早认识的华侨是赵肇商和蒋祖廉两位先生。2010 年底，我和家人去古巴，希望寻找一下祖父、父亲的痕迹，按父亲从前来信上的地址，抵埠哈瓦那就马上到华区，结果发现那地址竟是《光华报》报馆所在，但重门深锁，无法入内。再经打听，找到了赵、蒋两位先生，交换名片后，得知赵先生是《光华报》的总编辑，蒋先生是翻译员。两位都很友善热心，开了报馆的大门，引领我们进入参观，向我们介绍《光华报》的历史和古巴华人的情况。当时和我一起的有我三弟，是香港《大公报》的执行总编辑，赵先生看到他的名片，露出敬慕之情，和我三弟交换了一些报人的经验和感受。然后，我于 2013 年 1 月再到古巴进行访谈老华侨的工作，首先找赵先生，他一口答应，让我完成了第一个访谈，令我对这项尝试的信心大为增加，我很感谢他。至于蒋祖廉先生，也做了访谈，可惜他的堂兄弟蒋祖乐先生在 2012 年逝世，没法再会面。我第一次到古巴时和他们堂兄弟俩吃了一顿饭，从他们口中了解了很多从前华侨社会的情况。祖乐先生很儒雅，文化水平比较高，我本来期望和他再次细谈，结果无法如愿，真是遗憾。

赵肇商先生，2013 年 2 月

虽然离乡数十年，赵先生到现在还乡音无改，说的应是古旧的新会话，我听起来有点困难。现时还在古巴的华侨，在家乡上过学的为数不多，像赵先生这样读过中学的更如凤毛麟角。于是，华区凡涉及翰墨之事，多由赵先生操办，他可说是古巴华人社群的"秀才"。我一再对他说，要争取时间，趁记忆尚完好，将古巴革命前后他自己和其他华侨的政治经历写下来，以供后人参考，他也同意。赵先生今年八十三岁了。

访谈在 2013 年 1 月 8 日下午进行，在哈瓦那中华总会馆内。是年 12 月我再到古巴时又见到赵先生，谈话中他补充了一些情况，见本文末的访谈后记。

我名叫赵文立，正式名字是赵肇商，文立是我读书时取的名字。家乡是新会古井霞露乡，1933 年在乡下出生。

我父亲名赵厚和，属于我家族中的"和"字辈，母亲名黄月桂，长乐村人氏。我父亲读书很少，可能只读过一两年。我大伯即我父亲的哥哥先来古巴，他有些少（广东话"一点"之意）生意做，在 1922 年办手续让我父亲来古巴，将生意交托给他，自己回乡下，之后再没有回到古巴。我父亲是 1904 年出生的，来古巴时约十八岁，已经结婚，我是在他第一次从古巴回到乡下停留的一两年间出生的。我还有两个弟弟，但二弟出生三个月便病死了，三弟没有来古巴，一直在中国。三弟出生时父亲已经离开乡下去了古巴，所以他小时候没有见过父亲。父亲回到古巴不足一年，母亲就在乡下病死，我当时十一二岁，三弟由婆婆（外婆）照顾，我婆婆是扎脚（缠足）的。我和三弟相差十一岁。后来父亲年老了，1989 年 11 月从古巴回中国，到三弟处生活，住在江门市，直至 1990 年 9 月逝世。他逝世后三弟来信告诉我，我才知道。① 三弟现在还在江门市，做些出口生意，常常到外地办采购。

打仗时（指抗日战争时期），乡下常被贼劫掠，我母亲和我去了香港避难，不久父亲从古巴到香港和我们会合，然后一起回乡。当时我大约六岁，父亲将金钱塞在我衣袋中，路上遇到一伙贼人，我走在前面，因为是小孩子，没有受到注意，没有搜我身，贼人只是搜我父母亲，没有搜到钱。后来我父亲在乡下用这些钱买了点田地，等到我弟弟出生时，父亲就回来古巴了（约在 1944 年）。我母亲去世后，父亲没有再娶。

我小时候因为有父亲从外面汇钱回来，生活比一般人稍好。当时一般人生活极为困难，很多人要吃番薯叶、龙眼核，吃得脚也肿了。钱常常贬值，又换来换去（指货币转换），做小买卖的很困难。

我在乡下读完小学，考上了江门市的新会一中。我父亲在古巴买了纸张（证件），寄回来给我办手续来古巴，即是用假纸张办理，纸张上的人已经死去，是一个姓黄（音，或为"王"）的。我 1952 年来古巴，当时十七八岁（应为十九岁），假名叫"供邦"，没有"黄"（音）字。当时用假纸张来古巴很普遍，曾经有三个人共享一张姓李的假纸张一起来古巴的情况，古巴政府对此也是知道的，但当时的政府贪污厉害，有钱就可以办到。当时买假纸张要花 800〔古巴〕元，我父亲因为有生意，负担得起。我是在古巴革命胜利后，大约在 1961 年，才恢复原来的姓名赵肇商，是得到古巴革命政府支持才改名的，没有付钱，请两个人

① 赵先生参加过古巴革命，当过民兵，之后在政府部门工作，详情见下文，其父得以回中国，相信和赵先生此一身份有关。

见证，买了士担（印花），办理改名手续。

我抵达古巴时，父亲有两间杂货店，我就在杂货店工作。杂货店卖酒水、生果、米、油、盐、罐头、牛奶等，光顾的有中国人也有西人。地点在夏湾拿，近 Hospital Príncipe①。后来我父亲将其中一间店卖掉，于是我们父子和另外两人一共四个人在剩下的一间店里工作，我每个星期都去市场买些香蕉、番薯、芋头等回来店里发售。古巴革命后，我父亲继续经营杂货店，直到 1968 年政府没收全部商店后，他被安排到其他杂货店，继续工作了一年多，就退休了。退休后还继续住在原来 Hospital Príncipe 的老地方，直至回中国。

我 1952 年离开新会来古巴，先到香港办手续，在香港逗留了大约两个月，和几个朋友一起，他们也在办手续去其他地方，来古巴的只有我一个。在香港时，我游览了胡文虎别墅，很漂亮，又去浅水湾游水。来古巴是乘飞机的，星期二起飞，星期六到达，经过日本、檀香山和墨西哥。

我到达古巴后就开始在父亲的杂货店工作，晚上学说吕文②。父亲请了一个西人老师，一星期来教我三次，每次一小时，晚上放工之后学。父亲还买了一本字典给我。这位西人老师住在离杂货店不远的地方，我是晚上到他家里上一个小时的课。

杂货店早上八时开门营业至下午一时，再在三时开门，至晚上七时结束，星期日休息。我在杂货店工作，薪水每月约 50 元（古巴比索）。后来我感到厌倦，去了《华文商报》做学徒（《华文商报》是当时古巴三份中文日报之一，其余为《民声日报》《开明公报》），学执字粒（活字印刷时的排字过程），每月薪水也是 50 元，但吃、住都在报社，还可以〔免费〕洗衣服。当时有三间戏院③，我们报社的人看戏不用买票，常常在一间看完就去第二间。在《华文商报》工作了一年多，我又觉得不喜欢，回到父亲的杂货店工作。古巴革命胜利时，我加入了左倾救国大同盟，去当了民兵，人们称我"共产仔"。当时大同盟和《光华报》都在地下工作，我虽然已经左倾，还未便加入，革命胜利后，大同盟改称"古巴华侨社会主义同盟"，开始露面，我于是申请加入。1961 年古巴和中国建交④，大同盟和《光华报》就由 Santiago de Cuba⑤ 搬来夏湾拿。古巴革命胜利，大同盟组织民兵队支持革命，称为"黄淘白民兵队"。黄淘白原本是中共党员，在中国国

---

① 这是两条街道的名称，指杂货店在 Hospital 和 Príncipe 这两条街道相交处。在古巴，人们习惯如此说明地点。此处离华区不远。

② 吕文：指吕宋文，即西班牙文。

③ 三间戏院即新大陆、新民、金鹰戏院，都在哈瓦那华区内。

④ 此处所说有误，中古建交在 1960 年 9 月。

⑤ Santiago de Cuba 在古巴岛东端，是古巴第二大城市。

内搞革命，被国民党所逼，1927 年逃来古巴，组织了"救国大同盟"。他在 Santiago de Cuba 办《光华报》，开始的时间是 1928 年 3 月 20 日，报纸油印，一个月一份，人们称之为"共产报"。后来国民党和古巴独裁政府勾结，将黄淘白投入监狱，国民党的爪牙在 1930 年 8 月 13 日凌晨用皮带将他勒死狱中，说他是自杀，后来连尸体也找不到。黄的同伴三人被勒令七十二小时内离境，后来因为得到古巴劳动党帮忙，才得以留下。我当时还未来古巴，这些情况是后来听老前辈说的。今年是《光华报》创报八十五周年了。①

当时和我一样当民兵的，还有吴帝胄，我们一部分人参加〔古巴革命政府〕提供的训练，一部分人负责守卫银行、警署等。我是负责守卫工作的，先由武装部管辖，后来内政部成立，改由内政部管辖，之后内政部要求民兵加入警察，于是我去当了警察，一当就当了十四年，被安排当交通警察，月薪 105 比索，不多，但当时物价也低廉。我后来身体不好，有胃病，申请辞职，但内政部挽留，最终经医生委员会核准，才辞职离开，这是 1976 年的事情，我当时未满六十岁。当时中华总会馆的药店需要人，我就到药店工作。当时担任总会馆财政的人名叫凌以明②，刚好他要回中国，主席周一飞请我当财政，于是我一当财政就当到现在，几十年了。当时中国有货船来古巴，回程时可以搭载一些华侨回国定居，凌以明是这样回国的。当时《光华报》欠缺校对和排版的人手，担任总编辑的冯啸天③和中华总会馆主席周一飞说希望我去帮忙，因为我以前在《华文商报》工作过，〔对报纸工作〕有些认识，于是我去了《光华报》帮忙校对和排版。后来冯啸天病了，我被迫接了总编辑一职，但校对和排版也兼做，这是 2000 年的事情，冯啸天后来在古巴病逝。《光华报》以前是一星期出版六天，但后来人手不足，只能一星期出两天。我 2006 年正式退休，现在每月领取退休金 422 比索。

---

① 此段落所说的"大同盟"西名为 Alianza Socialista China de Cuba，地址为 Zanja 306，现仍在，其大楼 1959 年前为国民党古巴总部。"黄淘白民兵队"的正式名称为"古巴华侨革命黄淘白民兵队"，Milicia Popular China，Brigada José Wong，参见 García Triana and Eng Herrera，*The Chinese in Cuba，1847 – Now*，p. ix。黄淘白死于哈瓦那的 Prisión Príncipe。"古巴劳动党"即 Partido Socialiste Popular，1925 年创立。有关黄淘白事迹，参见 García Triana and Eng Herrera 上引书，第 27 – 29 页及 Mercedes Lina Wong Torres 网上文章 "Wong：Presente en la construcción de la revolución cubana"，http：//www.monografias.com/ trabajos92/wong – presente – construccion – revolucioncubana/wong – presente – construccion – revolucion – cubana.shtml。

② 据中华总会馆的华侨登记表，凌以明原名凌先棋，西名 Ignacio Lang，新会司前公社新建乡人，1903 年生，1924 年到古巴，职业厨师，1976 年 9 月返回中国。

③ 冯啸天，西名 Hector Fung，番禺黄埔乡人，1916 年生，1948 年 6 月到古巴，2001 年 8 月 3 日去世。

《光华报》馆址，哈瓦那圣尼高拉斯街 520 号

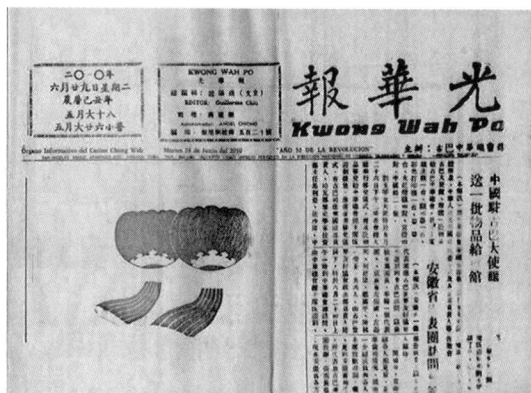

2010 年 6 月 29 日的一期《光华报》，之后再没有出版

　　我 1959 年结婚，我岳丈名蒋连翘①，是经营杂货店的，20 世纪 70 年代去世。我年龄比我妻子大两岁，她是蒋子林②的侄女，蒋子林也在《光华报》工作，后来还当了总编辑，我是经由蒋子林介绍认识她③的，蒋子林是蒋连翘的弟弟。我因为也在报馆工作，认识蒋子林，有一次大家去海滩，他带了侄女去，我们就认识了，后来结婚。最后因为合不来，1975 年离婚，之后她另嫁他人，然后去了美国，她有一个姐姐在美国。我们一起生活的十多年，她都没有工作，由我养家。我们育有一子一女，儿子因为要服兵役，办理了很长时间的手续，才在

――――――――――

　　① 蒋连翘，新会梅阁乡连安村人，1904 年生，1919 年到古巴，1938 年入古巴籍。
　　② 蒋子林，西名 Oscar Chiang，新会梅阁乡连安村人，1907 年生，1926 年到古巴，任职于《光华报》，1970 年 5 月 31 日去世。
　　③ "她"即赵先生妻子，没有说出姓名。

1999 年去了美国他母亲处。女儿现在仍在古巴，她是 1967 年出生的，现在四十五岁，做会计工作，结过几次婚。第一次结婚生了一个儿子，这儿子后来跟他父亲一起生活，〔女儿〕第三次结婚生了一个女儿。她也想去美国跟随她母亲。她不会说也不会写中文，第二代华裔一般都是这样。

我离婚后没有再结婚，现在和一位女士住，她是老林的老婆，她的女儿和她丈夫去了危地马拉和委内瑞拉，留下房子给她，我搬过去住。我以前住在 Zanja①，很近②，现在住得比较远了。

我以前工作时，和父亲都有寄钱回乡下。古巴革命胜利后，切·格瓦拉（Che Guevara）当财政部部长，去中国访问③，两国签了合约，华侨可以汇钱回乡④，我就和父亲一起汇。开始时父亲汇钱给我弟弟，一年可以汇 170 元，我也可以汇，但金额少一些，一年汇一次。后来我记得增加到一年 270 元，到 1995 年就停止了（有关华侨汇款回乡情况，可参见本书"附录二"）。

我 1999 年回过中国，是去参加建国四十周年⑤庆典，由古巴经苏联⑥到北京，我趁机回乡到江门见我弟弟，在中国停留了两个多月。回中国就只有这一次。中国加入世贸〔组织〕之后，强大多了，世界各处都有中国货品。

古巴革命后，美苏争霸，古巴听命于苏联，后来苏联解体了，古巴很困难。我儿子间中（有时，偶尔）接济我，所以日子还过得去。他现在可以从美国汇些钱来古巴，但有限额。

### 访谈后记

2013 年 12 月我再到古巴时见到赵先生，当时他刚做过心脏手术，出院不久，比较虚弱，我将 1 月访谈的整理稿交给他，请他过目并修正。后来再见到他，他说看了，没有问题，也没有修改，但我估计他并没有细看。交谈中赵先生补充了以下资料：

（1）左倾华侨的组织最先叫"救国大同盟"，1927 年 4 月成立，其后改称"新民主大同盟"，再后来才改为"古巴华侨社会主义同盟"。此组织在 Santiago de Cuba 以一间"粉仔厂"（面粉厂）作掩护，进行地下工作，由苏子伦主持。1959 年古巴革命爆发时，大同盟的主席是吕戈子。1960 年 9 月 28 日中国、古巴

---

① 华侨称之为"生下街"，现正式译名为"桑哈大街"，在哈瓦那华区内。
② 意指很接近当日访谈地点即中华总会馆。
③ 切·格瓦拉于 1960 年 11 月访问中国。
④ 1959 年古巴革命后一度禁止汇钱出国。
⑤ 应为五十周年。
⑥ 指俄罗斯。

正式建交，古巴政府将之前的国民党总部大楼交给大同盟，同时，由吕戈子组成一个七人委员会，负责改组中华总会馆，赵先生为七位委员之一。当时的七位委员至今只有赵先生仍在，他担任中华总会馆的财政即始于该时。

（2）《光华报》是从 1928 年 3 月 20 日开始发行的，最早叫"救国报"，其后改称"前进报"，之后再改为"光华报"。最早时油印出版，一月只出版一次。古巴革命后，从 Santiago de Cuba 搬到哈瓦那，先在原《民声日报》的报址即 Zanja 114 号，古巴革命后，《民声日报》并入《光华报》。1968 年迁到 Manrique①，1975 年才搬到现在的 San Nicolás②，将原 520 号、522 号两间店的店面合并而成。

（3）上述吕戈子、苏子伦为古巴共产党党员，赵先生曾申请入党，但因为当时还是中国籍，没有成功。赵先生后来入了古巴籍，准备再申请加入古巴共产党，但当时因为刚好辞去内政部的警察职位，故最终都未加入古巴共产党。

2013 年底和赵先生见面时，他说这一年的夏天古巴连场大雨，他深受其苦，请我回香港后设法带一件雨衣给他，我后来买好了托朋友带到古巴给他。这是古巴物资匮乏的写照之一。

---

① 现译"马里克街"，华侨称之为"马利克街"，亦在哈瓦那华区内。
② 现译"圣尼高拉斯街"，华侨称之为"生呢哥拉街"，在哈瓦那华区内。

# 统领一党 非关政治

蒋祖廉　Rolando Chiong Chang

　　蒋祖廉先生是我在古巴接触得最早也接触得最多的一位华侨，他担任古巴洪门民治党的主席。民治党有一幢大楼，内里的餐厅每日中午向华侨提供免费午膳，餐厅旁有宽敞的大厅，华侨常在此处休息或者搓麻将耍乐。我常常到这里和华侨碰头，蒋先生几乎每天都回此处办公，因此和他见面的机会很多。蒋先生衣着朴素，待人谦厚，办事很认真。和他的访谈于 2013 年 1 月 9 日下午在民治党大楼的办公室内进行。该年底我再到哈瓦那时，将整理好的访谈记录交蒋先生过目，他几天后拿回来给我，说详细读了，更正了一些内容，再用另外一张纸写了他的意见给我参考。蒋先生虽然是一"党"的主席，但和大多数华侨一样，爱国爱家乡，对政治其实并不热衷，他最关心的是做好服务侨胞的工作。2004 年，凤凰卫视拍了一部有关各地唐人街的纪录片，到哈瓦那访问蒋先生，记者看到古巴华区如此破败不堪，问蒋先生希望以后的日子怎样过，蒋先生答得很平淡，说没有什么特别要求，只希望余下的日子健健康康地度过。

　　2014 年 2 月初，蒋先生和几位古巴华侨应中国政府的邀请回国度春节，经过香港时，我们再次见面。蒋先生是 1950 年经由香港前去古巴的，六十多年后第一次回到这里，可惜他在香港只停留了一天，无法细看这地方的变化。

蒋祖廉先生，2013 年 12 月，洪门民治党大楼内

　　我乡下是广东新会县梅阁乡，近崖门，也就是南宋时宋军与元兵海战和宋帝昺跳海的地方。我是在乡下出生的，在乡下小学读书，是本乡各宗族公费开办的学校。我们家在祖父时本来是做生意的，买卖烟草、杂货等，后来因为和日本打仗，之后又内战，生活困难，我于是来了古巴。我当时十六岁，1950 年 6 月抵埠，在夏湾拿过了两个星期，然后去 Santa Clara①找我两位伯父。我这两位伯父，即我父亲的哥哥，是 1925 年来古巴的，当时正在 Santa Clara 做杂货店生意。他们知道乡下生活困难，寄信给我父亲，说不如让我和堂兄蒋祖乐②来古巴，他们在古巴需要帮手，我们在古巴工作几年，如果情形和他们一样，赚些钱便可以回乡。在这两位伯父之前，我们家里没有人来过古巴。我堂兄蒋祖乐比我早一年来古巴，在 1949 年。我来古巴前，在乡下读完小学六年级，进入了升中班，预备升学，在乡下没有工作过，只帮忙做过割禾等事情。十六岁出外也不算年纪特别小，当时来古巴的人有些年纪比我更小，如十二三岁。

　　我这两位伯父到达古巴初期，在 Santa Clara 的糖厂做斩蔗的工作，非常辛苦，从前古巴和西班牙合作开糖厂公司，由一个中国人做总工（工头），招募中国人前来斩蔗③，我两位伯父是做斩蔗工人，不是总工。斩蔗工人的薪水很低，不过二三十元。当时在那间糖厂做工的华侨很多，有一百八十人。两位伯父后来赚了些钱，转到较大一点的城市开杂货店，因为城市的人口比较多，货物可以销售多些。我和堂兄初到古巴时，也是在 Santa Clara 做斩蔗的工作，很辛苦，属于体力劳动，早出晚归。后来伯父见我们斩蔗太辛苦，说不如给我们一点本钱做自己的生意。我两位伯父在中国时做过一些糖果、点心，对制作方法有些认识，于是买好面粉、糖等，做成点心、糖果，卖给在糖寮工作的工人。后来到伯父的杂货店工作，就没有这样辛苦了。我就是在这个时候认识 Fausto 孙④，他的叔叔也是在 Santa Clara 经营杂货店，Fausto 一直在 Santa Clara。

　　前来古巴，我是先从新会去香港，再坐飞机来古巴，旅费是伯父供给的。伯父很慷慨，见到我们后生循规蹈矩，即使在困难时期也想念家乡，不断寄钱回家

---

　　① Santa Clara 在古巴岛中部，现译"圣克拉拉"，华侨称之为"生打加拉"，从前此地华侨甚多。

　　② 据中华总会馆的华侨登记表，蒋祖乐先生西名 Ángel Chiong Chiu，1928 年生，1949 年 12 月到古巴，2012 年 10 月 9 日去世。

　　③ 最早（1847 年开始）到古巴的中国人是当苦力，受劳工合约束缚，没有择业自由，完成了劳工合约规定的工作年期后，部分有条件的苦力成了自由受雇者，以日薪或其他方式为古巴人佣工，多数在甘蔗种植园和糖寮寻找工作。当时一些华人自由受雇者互相结合为工作队，古巴人称之为 cuadrilla，集体在各处找寻工作，由工头与雇佣者谈判受雇条件。参见 Kathleen López, *Chinese Cubans: a transnational history*, Chapel Hill: University of North Carolina Press, 2013, pp. 62 - 64, 70 - 80。

　　④ 中文名字为孙伯生，西名 Fausto Sing Eng，民治党 Santa Clara 的主席，中山人，1932 年生，1953 年到古巴，其父为古巴华侨。2013 年 1 月我到 Santa Clara 找华侨访谈时他刚好去了其他地方，未能见面。

接济家人，所以后来叔伯兄弟都不计较，不用我们偿还了①。

在伯父的杂货店开始工作时，薪水是每个月 30 元，已经算是很高的了，有的人只拿到 20 元。我每个月还给我伯父 10 元，又寄钱回乡接济我母亲和我的一个妹妹。我们食、住都在杂货店内，故此用钱的机会不多，能够积蓄一点钱。杂货店卖粮油副食，如米、豆类、猪油、罐头等，是卖给当地人的。我在 Santa Clara 的杂货店工作了 6 年，然后来夏湾拿，因为当时古巴经济转差，外埠生意愈来愈难做，而夏湾拿较为兴旺，生意容易做一些，薪水也比较高。我在夏湾拿做过餐馆、杂货店等工作，薪水有 80 元至 100 元，比从前多。我堂兄蒋祖乐也来了夏湾拿工作。过了两三年，大家积蓄了一点钱，就开了一间杂货店。从前的华侨自己积蓄了一点本钱，就可以向中国银行贷款开店做生意。我们开店要两千多三千元，自己有一千几百元，向中国银行贷 2 000 元，另外需要找人做担保。还款则视乎生意情况，生意好的话多还一些，可以省点利息。当时做生意，古巴政府规定溢利是百分之十八，米、油等溢利较少，是百分之十，我们中国人开的店为了竞争，又将溢利降低一些，希望因此多做点生意。当时开杂货店的本土人、西班牙人、阿拉伯人也很多，同一条马路上往往有不同国家的人开的店。古巴独立时，本土人对中国人比较信任，这是因为中国人一般诚信待人，很少诓骗他人，所以古巴人较多帮衬中国人开的杂货店，我们中国人的店也往往将价钱降低一些，增加竞争力，因此，当时西班牙人对中国人颇为歧视；此外，中国人的杂货店会三间或五间联合起来向大办庄买货，如米、猪油等，并且付现金，大办庄会因此提供百分之一或百分之二的优惠，来价低了，也就可以卖得便宜些。当时古巴的中国人都来自广东四邑，大家很团结，也有社团如中华总商会等的协助，故此做生意占有优势。中国人、西人都有开办庄，名叫"批发大货仓"，我们大单入货，价钱比较便宜，所以也能够便宜些出售。大米、猪油等多来自美国，没有什么货品从中国运来。

我们是在 1958 年开店的，算是中型杂货店，总是三四人工作，也就是我和堂兄之外再请一两个人。我们的收入比打工时来得高。1959 年古巴革命，1962 年我们的杂货店被古巴政府没收，连本钱也未拿回。从前古巴的中国人经营杂货店的很多，全古巴杂货店当中百分之三十是中国人经营的，有的小有的大，光在夏湾拿就有两三百间中国人开的杂货店。来古巴的中国人，早期多数做斩蔗的工作，后来积蓄了一些钱，就做洗衣，因为洗衣不用说话，容易应付得来。洗衣是比较下等的工作，至于开杂货店和开餐馆，是比较高级了。另外有一些办庄如广安隆、永兴隆等，从中国〔内地〕、香港办货前来，有瓷器、酱油、酱料等，规

---

① 据上文所述，即不用全部偿还旅费。

模较大，资金也较多，但聘请的雇员未必很多，往往也只是两三个。这些办庄和香港的金山庄①有联系，有时也做驳汇的业务。华侨汇钱回乡，都用驳汇，将钱交办庄，拿到汇单，寄回去给家人，钱在香港提取。如果要转回乡下，有新会人所说的"巡城马"（邮差）可以将钱带回去，也很安全，"巡城马"也讲究信用。驳汇由办庄抽取百分之五的手续费。我当时在乡下有祖母、父母和一个妹妹，我时常接济他们，但汇钱多少，则视乎生意情况，若生意好，就多汇一些，没有固定。

1959 年古巴革命后，我们的杂货店还继续经营，但已开始受到限制，要申报工作人员，以得到配给。1962 年被政府没收，由政府派人来主持，没收时说会给我们信用券作赔偿，但结果没有给。我被安排到其他杂货店工作，是为政府打工，薪水 85 元，比之前少了，但生活还可以。20 世纪 60 年代比索的币值等于美元，后来才贬值。在这间杂货店我得到提升，当了经理，负责管理，薪水也增加到 130 元。这间店有工作人员三四名，我在这里工作了七八年。后来有个西人朋友建议我转到他那里工作，他负责管理一个商业区，每个月对区内的杂货店、牛肉店、生果店等进行检查，叫作"内务商店"，看看有没有亏空公款等情况，他那里的工作比在杂货店好，因为在杂货店当经理要监视工人有没有偷窃等，很麻烦。于是我转过去了，薪水也增加到 165 元，在那里工作了十多年，直至六十五岁退休，这份工作比较好。古巴普通人的退休金是 130 多元到 140 多元，很不够，我因为工作了几十年，退休金每个月有 267 元，现在仍是。但现在生活成本高了，也就不够用，所以退休后我到《光华报》工作，多了一份收入②。

我一直单身，没有结婚，也没有孩子。我堂兄蒋祖乐也是一样。从前华侨的想法是希望赚些钱，然后回乡，结果钱赚不到，也不能回乡。我们两人是因为经济条件不允许，所以没有结婚。当时打工赚到的钱不多，还要汇钱回家乡接济家人，所以就没有什么积蓄。

（问：在乡下已经结婚的华侨可以将妻子申请来古巴吗？）

华侨是可以将妻子带来古巴的，但花费很大，一般人负担不起。申请妻子从中国来古巴，光机票就要 1 000 元，从前 1 000 元是笔大数。家人来了，又要租赁地方住，租赁地方往往一个月三十多、四十元③，打工的人收入才八十至一百元，试问怎么负担得起呢？所以只有有钱人才能将家人从中国接过来，能够这样

① 金山庄与南北行是近代香港从事中外转运贸易极为重要的商号。金山庄业务除代理出国华侨、收购家乡土特产品以及办理华侨出国的各种繁杂手续外，还办理商人或华人的汇兑、代理外国人在华招工兼办移民事宜等。

② 蒋先生在《光华报》担任翻译员。

③ 男性单身华侨一般住在工作的杂货店、餐馆、洗衣馆等处，不用另外租赁地方。

做的人很少。其他就是在这里赚到了钱，回乡结婚，不然就单身了。也有和当地人结婚的，数目也不少，但也不容易，本土人对中国人有歧视，主要是因为来古巴的中国人都很穷，来这里就是想打工赚钱，古巴女人一般都喜欢嫁有钱的丈夫。

古巴革命前，中国人的娱乐也不少。有人喜欢赌博，有的甚至为之倾家荡产，旁边的 San Nicolás 马路就有一间大赌馆，麻将、牌九、番摊都有，但我没有赌博。我来到古巴时，这里已经没有中国人吃鸦片烟了，但上一代有。当时夏湾拿有三间影戏院，金鹰、新大陆和新民，但外埠没有。影戏院放映广东话电影，戏票两角，很便宜。大家一般趁星期日店铺休息，到华区见见朋友、聊聊天、吃吃唐餐和看电影。所以从前华区在周末到处是华人面孔。华区也有广东大戏（粤剧），票价五六角，新大陆戏院有时从香港请来戏班演出，我还记得最后一班是从香港来登台的戏班，很著名。也有体育活动，尤其是我们这些〔在中国〕读过书的人来了之后，组织打篮球、乒乓球等，在洪门民治党这里还有球队。

从前华侨的社团很多，有同乡会、宗亲会、音乐研究社等。我 1950 年来到古巴时，在报纸上读到报道，说古巴有五万多华侨，在夏湾拿的有一万多人，之后还陆续有人来，直到 1953 年后，中国人就停止来古巴了。

我来古巴时，古巴和国民党政府有"邦交"，我是到了香港，手续由航空公司包办，公司好像叫昌兴公司①，来古巴是乘搭泛美航空。我拿国民党证件，到胡须公（指卡斯特罗）上台，古巴和中华人民共和国建交，我们就转换护照，大使馆协助我们申请和取得中华人民共和国护照，成了中国公民。我和堂兄一直是中国公民，没有申请入古巴籍，我还记得伯父看到不少人申请入古巴籍，取笑他们有大国国民不当，去当小国国民，所以我们保留了自己的中国国籍。我两位伯父回中国结婚，但没有带妻子来古巴，两人一直经营杂货店，后来也被政府没收，最后两人都在古巴去世。

关于入不入古巴籍，有个商业利益问题，20 世纪 40 年代时的古巴总统制定法律，称为"百分之五十法律"，例如你的店请两个人，其中一个一定要是本土人，另一个可以是外国人，做生意的也有同样限制。很多人为了切身利益，就入古巴籍。例如，我们杂货店我和堂兄是中国籍，就要再请两个古巴籍的人，这样才合法。但其实当时政府很腐败，睁一只眼闭一只眼，用钱可以疏通。老华侨当中持中国护照的为数不少，古巴政府也没有所谓。

古巴解放，对华侨是没有什么利益的。我们中国人主要希望做生意，现在没有什么生意可做，没有入息，所以没有什么好处。

---

① 即加拿大太平洋航空公司，Canadian Pacific Airlines，华侨称之为昌兴公司。

　　我是从外埠来到夏湾拿之后开始参加洪门民治党的活动，主要是希望多交朋友，多些交流，大家互相帮助。民治党从前是个政党，但后来已经没有什么政治色彩了。现在民治党在夏湾拿有三百多会员，算上外埠的话共二千多人，是古巴最大的华侨团体，会员大部分是第二或第三代华人，像我这样从中国来的已经很少，全古巴总共才两百多人。现在每逢过年过节民治党都有庆祝，有一个餐厅，供应免费午餐给中国人和西人，还有中文班。民治党现在所在的大楼是1942年落成入伙的，之前租赁了一个地方，后来在1940年发动募捐，筹得款项后兴建，入伙后将部分地方出租，得到收入，减轻负担。我是从2012年开始当洪门民治党主席的，我堂兄以前当过，最早的主席是知名侨领朱家兆①。

古巴洪门民治党历届主席（1943—2009）

　　来了古巴后，我只在1989年回过中国一次，是政府庆祝革命五十周年，请华侨回去。我们古巴有六个人，周卓明（另有访谈，见本书下编）也在其中，经苏联到北京再到广州，逗留了一个月，回到了乡下，但几乎一个人也不认识了，当时我父母亲都已去世，只有妹妹还在。

　　古巴革命后，不准华侨将钱汇出，但很多华侨有家人在乡下要接济，最初的一两年，还有办法通过黑市将钱汇出，但后来行不通了。之后中国大使馆和古巴政府达成协议，准许华侨每人每年汇270元，是经由古巴银行再转中国银行汇回乡下的，但后来又停止了。我最后汇钱回乡，大约在20世纪70年代。

　　1959年后，很多华侨离开古巴，有的是冒险坐艇离开，因此而死去的也不

---

　　① 朱家兆，西名Ferderico Chi Casio，台山泡步乡潮北村人，1884年生，1917年到古巴，1943年入古巴籍，任永兴隆总经理，1943年至1964年担任民治党主席。

少；有的去了其他国家。不过，能够成功离开，第一要有钱，第二要有亲戚朋友在其他地方办理手续，我和堂兄都没有离开的条件。华侨现在是一日比一日少了。

古巴现在的生活比较困难，但读书上学不用钱，住宿不用钱，看医生不用钱，只不过药物很差，没有供应，生活靠配给。我自己住在郊外，离华区有半小时车程。我一直住在那里，最初是租赁的，后来政府说我交了这么久的租，这地方就算是我的，再也不用交租，只需付水电费用，古巴人很多都是这样的情形。古巴的交通费便宜，但汽车少，很拥挤，往往等待半小时、一小时也等不到。我住的地方人口较少，地方较宽敞，搬来华区的话，地方很小，也较肮脏。

**附记**

2010 年 12 月我第一次到古巴时，曾与蒋祖乐、蒋祖廉两位会面，在华区的天坛饭店请他们一起午膳，蒋祖乐先生介绍从前古巴华侨的情况，以下为当日谈话的事后笔录：

华侨至 1964 年仍能通过黑市汇出金钱，但汇出 100 元，往往只收到一半。1994 年起完全中止汇出款项。

蒋祖乐初到古巴时，每月赚 30 元，自留 5 元，汇出 25 元到香港。

古巴革命前，18 古巴元约等于 100 港币。

在杂货店工作收入：若为古巴人，约 70 元至 80 元；无身份之黑工，只能收取一半左右；如有居民证，薪水则稍低于有古巴籍者。古巴革命前政府贪污得厉害，本来规定到达古巴五年之后才能申请居民证，但用黑钱可以立即领到。

在餐馆工作收入比在杂货店多，因有"贴士"。但西班牙人很少聘中国人任大厨，大厨月入约 200 元。

星期日休息，一般从郊区到市区店铺收取信件，故华区街道周末很热闹。

华区从前有七八间办庄。

# 古巴大爷

伍迎创　Juan Eng Jong

　　2015 年 4 月 7 日，我接到周卓明先生从古巴发来的电邮，告诉我伍迎创先生在 3 月 6 日逝世，遗体已火化，骨灰放在安定堂的坟场。看到电邮，我为之愕然，这怎么可能呢？一年多前和他见面时，伍先生仍生龙活虎，还特意请我到他家里吃晚饭，他亲自下厨，弄出好几碟菜，又请我看他房间里吊在竹枝上正在风干的自制腊肠，怎么这样快就辞世呢？可惜重洋阻隔，我难以细问。

　　见过伍先生的人，不容易忘记他。他长得不算高，但"大"，体型显得很有分量，不过不是肥胖，说话时常有手部动作伴随，手掌和手指都厚实。他在古巴的日子长了，有了当地人穿衣的风格，颜色鲜艳，如所附照片中的模样。看到他，我自然而然联想到西班牙文的"don"，此词无法准确译成中文，比较接近的是"大爷"一词，而伍先生的西名正是 Juan，Don Juan 从前译作"唐璜"，伍先生确实有这样的大侠气派。

　　伍先生当时是中华总会馆的主席，我说想和他做访谈，他马上答应，访谈就在总会馆的会议室进行。伍先生是台山人，和我同乡，但他说的是老式台山话，

伍迎创先生，2013 年 12 月

和我祖母说的一样，是未受广州话、普通话影响的音调，即使如今回台山，也不容易听到这样纯正的台山话了。不过，伍先生久居古巴，说西班牙语比说台山话来得舒服，访谈时，他时常不自觉说起西班牙语来，经我提醒，才转回台山话。他跟我说，新年时北京的中央电视台派人到古巴访问华侨，因为他是中华总会馆的主席，请他说一段新年贺词，摄制后播放，他回答说：只能说台山话和西班牙话，其他的不会，结果用了西班牙语录制。

　　在古巴，华侨的处境一般都比较艰难，但这也是考验本领的机会，如果能乐观应对、积极行事，同时具备资质，总能闯出一片生天，伍先生的事迹很能反映这道理。

伍先生在访谈中细说了出任中华总会馆主席的背景，在他的领导下，加上中国、古巴之间近年的交往愈来愈频密，中华总会馆变得很有生气，只是像伍先生这样的"纯正"中国人在古巴已经不多，会馆的控制权将来落在什么背景的人手上，很难说。这涉及华区内部的政治角力，外人不容易明了。访谈在2013年1月10日上午进行，地点是中华总会馆的会议室，是年12月我再到古巴时将访谈整理稿交给伍先生，但之后与伍先生多次见面，他都没有谈及此稿，亦没有做出修改，只在我询问下对几处小地方作了更正。

我今年七十二岁（应为七十三岁），台山东桥里人，此地近大江。1953年来古巴，当时十三岁。我阿爷当时已经在古巴，我们乡下称祖父为"阿爷"，称外祖父为"阿公"，他什么时候来古巴我不清楚，好像是我父亲两三岁时来的。我父亲没有来，日本侵略中国时父亲死掉了，在1938年①，死时不足三十岁。我母亲成了寡妇，她生育了我们两兄弟和一个妹妹，妹妹其后在乡下病死了。本来我阿爷是办手续让我哥哥来古巴的，但他摆了乌龙，我们寄给他的照片他贴错了，结果我和哥哥一起来了古巴，我哥哥当时十六岁。我来古巴之前，在乡下读了三年多不足四年的书，是1949年解放后才有机会上学的。

我们先在夏湾拿住了大约三个月，然后我去了Artemisa埠，在一间小餐馆工作，做了一年。这种规模很小、卖平价餐的小餐馆，古巴人称为fondita，从fonda这个词衍生而来。这间小餐馆是我阿爷的堂兄弟开的，他也姓伍，餐馆有四张台，可坐十人，有一个厨师、一个伙堂，我负责洗盘碗、抹台、批薯仔（削土豆）等杂务，即打杂，月薪只有20元，很少。我将所有钱寄回乡下给我母亲，是将钱交给阿叔由他汇出的，怎样汇法，我不清楚。一直到我母亲逝世前，我都供养她。当时住、食都在餐厅里，也不需要自己花钱。在餐厅工作要每天早上六时起床，七时开始供应早餐，每份7仙，一直工作到晚上九时，共十四个小时，很辛苦。

当时我阿爷和几个人合份经营在夏湾拿的安乐园餐厅②，餐厅可以坐二三十人。我在Artemisa的小餐馆工作了一年，转到夏湾拿Guanabacoa埠的一间杂货店，在那里工作了四年，老板姓梁和姓伍。开始时也是每月20元，后来每两三个月加一些，最后有90元。这间杂货店有六七个人在工作，算是比较大型的，生意也好。我开始时也是打杂的，后来懂得讲、懂得写了，一步步上升，做了卖

---

① 年份疑有误，伍先生1940年才出生，父亲应不是死于1938年。

② 应为"安乐园酒家"，西名Antonio Eng y Cia，地址为哈瓦那Rayo街10号。Eng即"伍"姓；Rayo，老华侨称为"拉育街"。从1953年2月该酒家在古巴《民声日报》上刊登的广告可见，当时的负责人是伍培勋和伍瑞芝。

货，是卖给古巴人的，工作时间和以前的小餐厅差不多，没有假期，每天都工作。杂货店里有个厨师煮饭给大家吃，我常常到厨房帮忙，顺便学点东西。我赚到的钱大部分寄回乡下给我母亲，自己留小部分，直到1962年我母亲病逝，乡下再没有家人了，我才停止寄钱回乡。

伍迎创先生在工作的杂货店，时年十五岁

西班牙文我是在日常生活中跟西人学的，念口簧①这样学来的，没有进过学校。

之后我去了Santiago de Las Vegas的一间杂货店工作，店是林姓、廖姓、李姓三人合股开的。

我哥哥名叫伍卓立，西名Mario Eng，来古巴后，一边在杂货店工作，一边在晚上读书，读会计。他读书成绩很好，常常考第一，后来去了税务部工作，入了古巴籍。1962年他被派去北京，在一个商务代表团里作为古巴代表，但当时中国和古巴关系不好，我哥哥觉得左右做人难，申请调回古巴，于1966年回来。他在北京时认识了一个香港女子，两人结婚，生有一子一女，一起回到古巴。他回到古巴后，政府安排他到一间工厂任职，在外省，他不想去，结果重新在杂货店工作。当时的杂货店已经是国营的了。在杂货店工作了几年，他去了香港，因为他外父（岳父）在香港经营办庄，之后去了澳门回力球场工作，再转到粤华

---

① "念口簧"为广东俗语，即口头上不断反复说，不必理解或明白。

建筑公司，工作了好几年，赚到点钱。因为他老婆有家人在美国，于是就移民去了美国，在波士顿。我哥哥两年前去世，七十多岁。

古巴解放时，我在 Santiago de Las Vegas 的杂货店工作，人工（工资）每月100元，大约两年之后也即1962年、1963年时，我转到另一间杂货店，在 Carlos Tercero，老板姓李和姓伍。我换工作，主要是希望多学点新东西，例如各国不同的酒水、食品等。我住在这间店姓李的老板家里，和他的家人一起，1966年他们去了美国。我本来有计划买一间杂货店自己经营，1959年、1960年时也遇过一件事，令我有条件开店——当时我和人打纸牌赢了6 000元，足够开店，但遇上古巴解放，不敢这样做，放弃了。

1970年政府分配我去斩蔗，我两个女儿当时都小，我不去，我是中国人，政府也不敢强逼我，于是我做了管理杂货店的工作，店在夏湾拿 Corrales 和 Aguila 交界处①。我用了十五天将这间杂货店改变过来，于是让我当经理，结果一当当了十六年，工资118元。

当时政府经常检查杂货店，因为经营事项很复杂，有不少经理因此出了问题，我有两个年幼女儿要照顾，不想冒险，于是离开杂货店，到 Habana Libre 酒店②工作，转行了，是个西班牙朋友介绍的，在酒店做企台，招呼客人。我先观察了一天，知道这工作怎样做，第二天正式开始工作。我工作时手脚利索，负责管理四张餐桌，同事称呼我为 rapidito③，很受客人欢迎，得到很多小费，一天有200元，我将小费分给同事。这间酒店有很多外国游客，工作上要用英文，所以我要读书，在 Hotel Sevilla 一间专门提供餐馆课程的学校④读了将近一年，要一边读书并得到证明才能工作，读书不用交学费，工作的薪水由政府付给。

我在这里做了将近四年，后来被安排上夜班，由下午六时至前夜二时，我不喜欢，就离开了，转到 Hotel Vedado⑤，做同样的工作。我因为工作表现好，所以转换工作没有困难。在这些地方工作的，全是西人，只有我一个中国人。在这里工作（指 Hotel Vedado），我和主管的人合不来，还为经理起了个坏花名，叫他 Pinochet，为人事部的女主管起了个坏花名，叫 Margaret Thatcher。后来，我转到了 Restaurante La Torre⑥ 工作，是一间很漂亮的西餐厅。我在这里又工作了两年，遇到一对男女来吃饭，他们看到我的样子，问我是不是中国人，我说是，再

---

① 这是哈瓦那市区两条街道的名称。

② 此酒店即古巴革命前美国人开办的希尔顿酒店，是哈瓦那的最高建筑物，革命后收归国有，改名 Habana Libre。

③ 意即"快速小子"。

④ Hotel Sevilla 在哈瓦那老城区，是当地一家高级酒店，今仍在。

⑤ 此酒店在哈瓦那 Vedado 区，今仍在。

⑥ 此餐馆亦在哈瓦那的 Vedado 区，今仍在。

问我会不会说中国话，我笑着回答：当然会。原来当时华区的太平洋酒家重新装修完毕，需要中国人工作，于是我去了，当部长，这是 1990 年的事情。当部长要读书，于是我又去读书。太平洋酒家是间中餐馆，有中国的支持，很多瓷器、家具都由中国运来。我在太平洋酒家工作了五年，觉得管理不好，很多人将东西偷出去，所以我又离开了，当时是 1995 年。

刚好这时〔华区的〕安定堂出了问题，这是胡、梁、伍、程四姓的公所，当时的主管是个土生唐人仔①，账目混乱，公所的老人家对他不信任，请我出面处理。我带同司法部的人一起前往，将这个唐人仔革了职，由我来主持。当时安定堂没有钱，内部很残破，我买了水泵，令供水恢复，请人清洗地板，安装灯火，修理门户，一步一步将安定堂恢复过来。1995 年 12 月，安定堂推举我做主席，我担任主席一直到现在，共十七年了。安定堂从 2002 年开始也经营一间餐厅。由于安定堂主席的身份，我和华区的社团负责人有了往来。当时中华总会馆的主席是周一飞，第二副主席是李生②，第三副主席是黄文竞③，周、李二人差不多同时去世，大家推举黄文竞当主席，但他不愿意，辞了职，结果没有人主持。后来古巴政府介入，派了两位华裔将军前来④，准备接管总会馆。这两位将军都是土生唐人仔，大家不愿意这样，想推举一个中国人出任主席，但多数华侨都已经七老八十，结果我便当上了主席。这是很头痛的差事，是三年前的事情。在古巴，很多事都要靠黑市解决。前年北京侨务处来访，捐了 4 000 美元，去年十月，另一个来自北京的机构来访问时，捐了 500 美元，我们有了活动的经费。今年是中华总会馆成立 120 周年，会有庆祝活动。

十二年前我六十岁，退休，之后每月领退休金 242 古巴元，相当于 10 美元，不够用，幸好我有办法。1990 年我在太平洋酒家工作时，认识了一个古巴仔，经他穿针引线，我得到前往美国的签证，因为我一直持中国护照，没有入古巴籍。于是 1990 年时我到美国迈阿密探望我表哥，在他的餐馆里工作，做了三个月，赚了些钱。从 1990 年开始⑤，我常去美国，有时一年一次，有时一年两次，总共去了二十多次。早期去美国，要经由墨西哥，现在有航班直飞迈阿密，只需四十分钟⑥。每次到美国，我都会在迈阿密餐馆打工，既赚到钱，又认识了很多

---

① "唐人仔"指在古巴出生的华裔男子。

② 李生，字缵灼，西名 Li San，台山温泉乡松嘴村人，1924 年生，1949 年到古巴，2006 年 6 月 13 日逝世。

③ 黄文竞，西名 Ramón Wong Man Ken，新会古井区长乐乡人，1933 年生，1949 年到古巴，2008 年 3 月 2 日逝世。

④ 即 Gustavo Chui 崔广昌和 Armando Choy 蔡国强。

⑤ 可能是 1991 年，前后说法不同。

⑥ 这是专供古巴侨民乘搭的包机。

在当地的古巴人，我替他们带美元回来给他们在古巴的家人，我的信用好，得到了他们信任。我是每带100美元抽取20美元佣金，而其他人会抽25%佣金，所以我每次都可以带回几千美元。我现在积蓄了一些美元，作防身之用。

我1966年结婚，老婆是姓林的土生女，她父亲是中国人，母亲是唐人女①，所以她有70%中国血统。1968年大女儿出生，1969年小女儿出生。我老婆打理家务，一直没有工作，1980年12月，她因为血压高引致脑充血，救治不及，死了。当时我才四十岁，两个女儿分别十岁及十一岁（应为十一岁及十二岁）。

1989年后，我和一个古巴女子同居，过了一年，有一次她上厕所摔倒，后发现患了癌。之后我又和另一个古巴女子同居，住了三年，大家性格合不来，分离了。我正式结婚只有一次，但和五个女人一起生活过。现在住在一起的古巴女子只有二十六岁，她在安定堂的餐馆做侍应生工作。② 我的人生很复杂。

我两个女儿在古巴出生、长大，不会说中文。我大女儿本来读医科专业，但没有读完，小女儿读建筑工程，毕业了。我大女儿生了一男一女，小女儿生了一女一男，我共有四个外孙。我大女儿2003年去了美国，住在迈阿密，本来读当护士的课程，但在美国没有经验找不到工作，什么都要做，在机场、百货商店打工，她丈夫是古巴人，举家移民美国。小女儿一家现在在古巴，她在安定堂餐馆帮忙做管理工作，她丈夫也在安定堂工作，但两人已经离婚了。我小女儿现在和一个医生住在一起，但我不喜欢这个医生。

我回过中国两次，第一次在1990年，当时我哥哥在澳门工作，我那次也回到乡下台山拜祭祖先等，之后一年我哥哥移民去了美国。第二次在2005年，是自费去旅游，到过北京、上海、广州、深圳等地，但没有回台山。我也去过英国伦敦。

我一直持中国护照。1959年之前我没有持国民党护照，作为中国人以身份证在古巴居住，1990年回国时在中国大使馆申请了中国护照。我没有入古巴籍，但我的女儿在古巴出生，所以都是古巴籍。

我在古巴住得久了，习惯了说西班牙语，现在说起来比说中文舒服。我喜欢古巴，我很小便来到这里，一切都已经习惯，语言没有问题，到处可以去，古巴大小城市我都去遍了。但在观念上我还是个中国人，对中国人有感情，乐于帮助有需要的中国人。古巴是我的第二祖国，我和古巴人的感情很好。现在有很多中国学生在古巴读书，他们有些人和古巴人结婚，我希望将来古巴开放，会有很多

---

① "唐人女"指在古巴出生的华裔女子。

② 伍先生的这位二十六岁伴侣我在华区遇见过，是白人，当时身穿白色的侍应生制服，伍先生大方地作了介绍。

中国人来古巴做生意。古巴是会开放的，到时会需要中国的资金和技术，我们在古巴的中国人就有地利。古巴物产很丰富，尤其海产，都未好好开发，土地也好，什么都能生长，但管理不好。古巴自从卡斯特罗的弟弟执政，已有一些改变，但变化不大。

我们安定堂的餐馆要向政府纳税，同时也帮助有需要的华侨。刚开始经营餐馆时，华侨坟场①很残破，坟场是1923年建好的，于是我向先友说：如果经营成功，会出钱修理坟场中安定堂的陵园。三年之后，真的用了三四千元维修了陵园。胡、梁、伍、程四姓先友是葬在安定堂陵园的。每年清明，我都会去拜祭，备好烧猪、鸡、鱼、肉、元宝蜡烛，元宝蜡烛是我从美国带回来的。

我曾经在自己家里接待过三个中国女子。第一个在2003年，是一个来自黑龙江的女子，二十六岁，因为和父亲吵架，一个人来了古巴，英文、西班牙文都不会说，住在旅馆，后来向中华总会馆求助。当时总会馆的主席是周一飞，他请我帮忙，我将这个女子带回家，让她居住，但她说"国语"（指普通话），我们无法交谈，我帮她解决了一些难题，她回到中国，写信给我，称我为"古巴老窦"（"老窦"为广东俗语，即父亲）。第二个在2005年，名张美同（台山话发音如此），三十多岁，背景很复杂，持一个小国护照流落古巴，在华区向人借钱，后来被古巴移民局扣留，我将她领出来，让她到我家中住了一星期，最后安排她去了中国。她能够说"国语"、广东话和英语，但不常说话，应该有些秘密。第三个在2007年，丈夫姓何，住在加拿大。这个女子懂多国语言，在古巴以读书为名，其实是做翻译赚钱，但她脾气不好，和屋主吵架，被赶了出来，向我求助，我让她住在我家里，住了两个月。她丈夫后来也从加拿大来了，在我处住了大约两个星期，离开前说要给我钱，我没有收。

---

① 此指安定堂在中华总义山内的坟地。

# 典型的华侨岁月

伍衮民　Kico One Eng

　　第一次和伍衮民先生交谈的印象，现在还非常深刻。2010 年底，我和家人第一次到古巴，很想寻觅一下从前祖父和父亲在那里可能留下的痕迹，后来在老人院找到了伍先生，他也是台山人，而且和我们属同一个乡，他和我父亲同时期到达古巴。有这诸多渊源，我以为他会知道我父亲在古巴的情况，于是将我父亲的信件、相片等向他展示，他细看之后，表示不认识我父亲，也不知道有这样一位同乡。我自然感到失望，但再谈下去，也就明白了原因。伍先生一直在餐馆工作，我父亲在杂货店，两人都是从早干到晚，吃、住就在工作的地方，只是休息日才到华区消遣一下和收取家书。两人虽然都在哈瓦那谋生，但当时哈瓦那有数以万计的华侨，没有遇上，有什么奇怪呢？

　　华区的老人院名为"颐侨居"，我第一次见到伍先生时，老人院原来的地方因为维修，暂时迁往离华区不远的一座修道院。2013 年底我回到哈瓦那和伍先生做访谈时，老人院已经搬回华区内原址。第一次访谈就在伍先生房间内进行，日期为 2013 年的 1 月 10 日。伍先生生平说不上有什么寻常以外的事情，但他的经历相当有典型意义，大部分古巴华侨度过的岁月和他相若——只身出洋谋生，一直埋头苦干，未能成家立室，没有机会回国，孤独面对晚年。

　　2013 年 12 月我第三次到古巴时，将整理好的访谈稿交给伍先生过目，他之后没有什么表示，但交谈中他又多说了一些情况，我将有关资料加入记录之中。

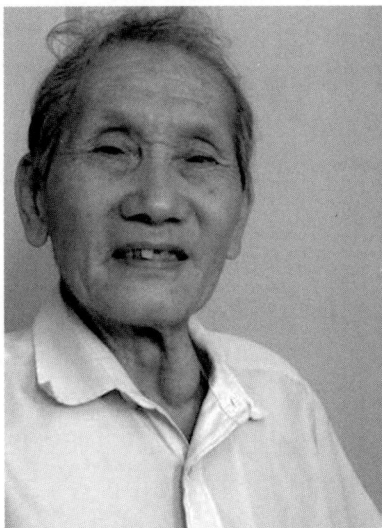

伍衮民先生，2013 年 1 月

23

我是台山四九人，今年八十四岁，身体很好。

我1953年来古巴，是从台山到广州再从香港前来古巴的。中国解放后我到广州读书，读完时政府派我去海南岛工作，刚巧这时我在古巴的叔叔将机位（飞机票）和护照寄到香港给我，我于是不去海南岛而来了古巴。

我在台城读过五六年书，1951年到广州读会计，一年的课程，是因为中国解放后要发展经济，需要这方面的人才。读完时政府分配工作，我在告示上看到派我去海南岛，就在同时，接到叔叔寄回来的信，说已经将机位和护照寄到香港给我，于是我就不去海南而来古巴了，世事有时很凑巧。

我没有兄弟，只有一个姐姐，比我大三岁。1980年她以游客身份去美国，到达后做工，有人替她申报劳工纸，四年之后得到批准，就留在美国。她曾经去过香港，之后返回美国，现在年老了，八十七岁，也没有信来。我姐姐有个女儿，1994年在美国的大学毕业后去了香港，在中学教书①。

我坐加拿大航空公司的飞机来古巴，机位价值八百多金元，从香港出发，经日本、阿拉斯加（之后还说了两个西文地名，但听不清楚）再到古巴，中间经过大约一个月。这是因为到达加拿大时，没有中国代理人来接机，被加拿大移民局扣留，不过，移民局很好，住的地方像旅馆一样，又带我们去吃唐餐，到花旗②时也是被移民局扣留，后来中国代理人来了，领我们出去参观游览，也不辛苦。经过约一个月，我才到达古巴。

我叔叔名叫伍新大，西文名字Enrique Eng。按照西文，叔叔叫Enrique的话，娃子就叫Kico，所以我叫Kico。我来古巴，是先拿到从古巴寄过来的护照，上面的名字是Kico One，One，我不知什么意思，Eng即"伍"，是后来补加上去的。

我叔叔伍新大十四岁来古巴，很能干，西文很好，能够用西文写东西，在古巴的报纸上发表。他年轻时当过餐馆仵堂，后来去了西人银行工作，当华侨部经理，是间建筑银行③，当时这银行每个月举行一次抽签，被抽中的就得到合同，可以建屋。后来我叔叔又去了另一间机构，打理西人的退休金，都是在写字楼工作，直至古巴政府反转（指古巴革命）了，他才辞去工作，回到自己的餐馆，因为当时餐馆有人回中国去了，〔人手不足〕，他要回去料理。他很早就买地建屋，1953年我来到古巴时，他买下的地还未起屋，长满了草，我还去割过草。他起了两间屋，第一间是平房，他告诉我用了近万金元，不包括地皮，包括地皮

---

① 之后好像也没有联系。
② 即美国，为上一辈华侨常用词。
③ 后来听伍先生解释，这不是一间银行，不做存款等业务，乃作订定合同之用。

的话会更贵，第二间在附近，是两层的，他说用了9 000多金元。在20世纪50年代时，有一万金元就可以在中国①买一层楼了。我叔叔起的屋是出租用的，后来古巴反转后，将屋没收了，但每个月给我叔叔90元作补偿，当时我叔叔每月有200元退休金，另加这90元，即一个月有290元，而且他已经不用照料子女，故此生活得很不错。另外我叔叔1956年时在香港买了楼，6 000多金元，将我母亲和祖母从乡下申请到香港居住。1959年古巴反转实行社会主义后，我叔叔辞去政府的工作，回到自己的餐馆打理，直到1968年退休。当时他还未满六十岁（可能指未满七十岁），但政府已经将所有店铺没收了。我叔叔1998年去世，享年九十八岁②。

我叔叔和西人女子结婚，生下一个女儿，但女儿三岁时妻子死了，女儿由契娘（干娘、干妈）养大，但这个女儿后来不怎么样。

我叔叔之后又和另一个西人女子结婚，生了一个儿子，但儿子三岁时妻子逝世，逝世时只有二十四岁。他将儿子交给姨子养育，这个姨子后来去了美国。我叔叔这个儿子很能干，他在夏湾拿大学毕业后留校任教，当教授，但后来他不喜欢，觉得辛苦，去了城市改组委员会工作，任技术组长。之后被派去墨西哥考察，回来后他又不喜欢这职位，去了政府的科学委员会，还去过外埠的大学考察交流，他现在六十多岁了。他的妻子也能干，是位老师，教小学。他们有一个儿子，读完大学后在电视台的教育频道工作，月薪有600多古巴元。

我到达古巴时，叔叔有一间餐馆，在夏湾拿老城区，叫共和餐馆，西文República，是和几个兄弟合开的。我阿爷当时也在这间餐馆工作当伫堂，他是辛亥革命成功后不久就来古巴的，大约1911年或1912年，直接从中国来。我抵达古巴后不久，他就去世了。我父亲没有来古巴，我三岁时他去世了。

我到达古巴后，先学西文，是叔叔安排跟老番（洋人）学的，学了3个月，就开始工作，在叔叔的餐馆当伫堂。开始时每个月65元，后来因为是自己亲属，加5元，有70元。我从1953年工作到1959年，一直是70元，古巴政府转变后离开，转到其他餐馆，人工反而多了，有100多元。我一直当伫堂，直至1980年才停止。

我叔叔的餐馆在火车站对面，很大，有13张台，3个伫堂，另有1个收银，1个洗水杯，即餐堂共有5人；厨房里头有4人，其中3人当厨子，1人洗盘碗，即总共9个人工作。其中洗水杯的是个西人，其余都是中国人。餐馆生意很好，在那里工作的都赚到钱回了唐山，只有我例外。我叔叔年轻时也当过伫堂，后来

---

① 估计指中国香港。
② 生于1900年，1914年到古巴。

去了西人银行工作①。餐馆是供应西餐的，帮衬的很多是工人，因为在火车馆（站）对面，又接近码头，这里很多工人，这些工人称为"古里"（苦力），穿制服，做搬运工作，不是每天有工开，有船来才有工作，但开工一天可赚30金元。一般一星期开工一天，一个月也就有120元，比其他的工作收入好，我们当仁堂的一个月才70元。古巴人是赚到钱了就去吃餐，所以我们餐馆生意很好。

但古巴反转后，生意差了，我叔叔看到这种情况，又另外开了一间铺卖蔗汁。古巴的甘蔗很多，但没有什么人卖蔗汁，古巴这地方天气热，饮料很受欢迎，而蔗汁也便宜，一杯才两毫子，所以生意很好。我叔叔很会做生意，在他打算退休的时候，认识一个西人女子，她没有丈夫，有一间餐厅，古巴反正（指1959 年的革命）后因为社会政治情况，一个女人无法打理，我叔叔帮助她打理餐厅。

我叔叔来了古巴之后，再没有回过中国。1959 年古巴反正时，他没有离开，因为当时已经有家庭、儿女。1962 年时他本来有机会去中国的——中国和古巴建交后，国庆时邀请华侨回去观光考察，每个社团可以有两到三个名额，我叔叔所属的社团姓伍的书记告诉我叔叔，请他申请，谁知他申请迟了，名额给了别人。我自己1959 年后也没有离开，因为经济上不容许。2004 年时华区里头的唐人后裔搞了促进会②，属于半私人半官方性质，可以安排华侨回中国，由华侨组织支付机位和其他开支。七八月时该组织向我要身份证，以便去办手续，但我当时想，在香港已经没有家人，就放弃了。其实这安排很好，我听去过的人说，在广州接待得非常好，政府派人带大家去各处参观，侨联会代为打听和寻找亲人下落，安排见面，还向每人发放2 000 元人民币作为在当地参观使用，非常好。我是自从离开中国之后，就再没有回去过了。

我来古巴时，全古巴有三万多华侨，各埠都有。主要从事的行业是杂货、生果、洗衣和餐馆。做餐馆的收入比较好，餐厅中做厨房的比较辛苦，做仁堂不辛苦。做洗衣馆也能赚到钱，因为古巴人不洗衣，都交洗衣馆洗，但洗衣很辛苦。我当时在餐厅工作，一天八小时③，从早上九时至下午二时，再从下午五时至晚上九时，中间休息。但要天天工作，没有假期，这和西人不同，西人行公例，每年有一个月的有薪假期，但中国人没有这样。到了古巴反转后，中国人在西人机构工作的才跟随公例，每年也有一个月的有薪假期。

---

① 即不在自己开的餐馆工作。

② "促进会"指 El Grupo Promotor del Barrio Chino de la Habana，1995 年成立，一般译作"哈瓦那华区促进会"。参见 Kathleen López, The revitalization of Havana's Chinatown: invoking Chinese Cuban history, *Journal of Chinese Overseas*, 2009, 5（1），pp. 177 – 200.

③ 原话如此，可能指 9 小时。

　　我在叔叔的餐馆工作了六年，转到其他餐馆，先后在六七间餐馆工作过，有唐人开的，也有老番开的。1959年之后，我就全为政府餐馆工作。在自己亲属的餐馆工作，薪水较少，在外人的餐馆，收入多一些。1959年时我在一间唐人开的餐馆工作，每天12小时，月薪90元，外加花利（小费收入），月入120元至130元。后来我去了豪华〔酒楼〕，是间唐人经营的餐馆，工作的全部是唐人，供应中餐，这间餐馆1959年后被政府接管了。我工作时人工每月78元，花利每天5元，即一个月花利约150元，加起来共约230元。实行社会主义制度之后，说花利是不合理的，不能拿，但大家抗议，说没有花利养家有困难，经过工会谈判，最后折中，拿一半，即一个月75元，加原来人工78元，每个月有150多元。后来管理的老番又根据营业情况，决定如果员工能完成任务的，有奖金，一个月三十几元，加起来每月也就有180元至190元，也很不错。当时每年政府还发放两套制服，虽然自己要付点钱，但吃饭也在餐馆，不必另付费。我当时住在我叔叔的住处，这本来是他餐馆旁的一间生果店，由两个唐人经营，1959年时两人年纪大了，生意也不好，我叔叔用五六千元买过来，将之改为住家，我就住在那里，也不用交租。

　　寄钱回中国的情形是这样的：1959年前，可以经由唐人的办庄和政府银行将钱寄出，寄到香港，再由香港经银行寄回乡下。唐人办庄后来被古巴政府没收了。还记得1951年我在广州时，叔叔寄钱回来，我们不用到银行领取，是银行送上门来的，当时寄回来的100元可换300万人民币。1959年古巴实行社会主义制度，1961年和中国达成协议，华侨可以寄钱回乡，但要直接寄到在中国内地的亲人（即不能再寄到香港）。最初可以寄多少我忘记了，后来是每人每年可以寄270元，我听人说，这270元换作人民币，等于1 000元，是由中国人民银行兑换支付的，由中华总会馆办理，经过大使馆。现在不准寄了。我是一开始在古巴工作就寄钱回去，年年寄，寄回去接济家人。古巴革命前，我寄过两次钱回乡下给母亲，共约300元。古巴政府反转后，则年年寄，初时每年寄100元，之后寄270元，到1995年政府不准再寄为止。我是将钱寄回乡下，再转到香港（其母亲当时已迁居香港）。

　　我在古巴的生活很简单，就是工作，当仵堂，有空时逛逛街。1959年以前华区有三间戏院，放映香港来的电影，戏票两毫半，很便宜。但我1959年以前很少看电影，1959年以后生活转好了，才多看一些。现在只剩下一间金鹰戏院，早几年要重新发展华区，中国大使馆送了放映机和录像带给金鹰戏院，于是戏院有大银幕放映电影，也有小房间放映录像带，有个时期很多人去看，但现在很少了。华区没有做大戏，但20世纪70年代时中华总会馆有过两场大戏，是唐人和土生的一起演出。

　　我于1980年退休，但没有退休金。因为当时我双脚痛，去看医生，医生说我要改换工作，不能再当仵堂，而政府安排我去看门口，我不想做，加上我手上有些积蓄，就不工作了，结果拿不到退休金。华区开放后，华人社团有生意做，经营餐厅，于是接济有需要的华侨，这是政府的规定，作为对无依无靠华侨的帮助，现在每个月给我100多元。另外，大使馆也有年金给我们，以前是春节时每人给200元，现在人数愈来愈少，最近两年是每人给300元，作为帮助款。现在古巴剩下的中国人不足200人，一半在夏湾拿，一半在各埠。大使馆也送电视机给华人社团，每个社团一部，另外，中华总会馆的冷气机也是大使馆赠送的。

　　我没有结婚，我一直工作，喜欢自由，不想结婚。以前在古巴〔中国人〕是男多女少。

　　我没有入古巴籍，我不喜欢入籍，现在拿中国护照，是中国大使馆发出的。护照发给正式的唐人。1976年有个唐人申请到加拿大，得到批准了，但没有护照，不能去，后来经中华总会馆向中国大使馆取得了中国护照才能去。

　　我于2000年住进现在这间老人院，十三年了，因为我原来住的地方倒塌了，我申请到老人院来。这老人院有如深圳，是"特别区"，条件很好，有些家具是我自己买的，电视机、雪柜（冰箱）等是政府的。我每月付20元，吃、住都在这里，生活得很好。①《紫荆》是香港的，很不错，有消息。我还有《中国新闻周刊》，北京来的。

　　我是无法再回到中国了，但我也不后悔来了古巴。人生如此，也没有什么好后悔的。我也满意现在在古巴的生活。

---

　　① 指老人院的地点在华区内，单人房，颇宽敞，空气流通很好。另：在房间里看到有《紫荆》等杂志。

# 抗日老兵　天涯飘零

## 马持旺　Mar Chi Bong

在古巴访问过的华侨当中，马持旺先生年龄最大，2013年1月和他见面时，他九十三岁，现在我执笔整理访谈记录时，他已经九十六岁了。

他是台山人，和我同乡，说起话来彼此都感到很自如。他1948年来到古巴，亦即中华人民共和国成立前夕，当时二十八岁，这样的年纪来古巴，比较大，也比较少见，其原因是马先生在抗日战争中耗去了青春。他父亲什么时候到古巴，马先生不知道，只知父亲在一个小埠种花为生，1988年逝世，没有回过中国。父子两人在古巴时，好像是各自谋生，没有什么联系。

和马先生访谈，地点是在华区的老人院"颐侨居"，此处住了十多位老华侨，每人一个房间，很宽敞，但设备简陋，马先生房间里除了一张单人床、床头一个小木柜，再无其他。访谈日期是2013年1月10日。访谈开始时，马先生在纸上写了"马发尧"三字，说是他结婚时使用的名字。

2013年12月我再到古巴时将访谈整理稿交给马先生，他看过后说很好，没有补充，我将交谈中得知的信息更正和增补到文中。

马持旺先生，2013年1月

　　我是台山白沙乡永隆里人，1948 年来古巴，来之前住在广州，今年九十三岁，来古巴时三十岁（应为二十八岁）。

　　我十二岁当兵，当时"三丁抽一"，我们两兄弟，抽中我，在台城的通济桥训练，不过是拿一枝小竹枝，当试验兵。后来去三埠（台山三埠，地名），去买东西，听到人说三埠已经失陷了（指被日本占领），当时是第二次世界大战，于是我们坐船去肇庆，再转到柳州，住在海城旅店（音），住了大约一个星期，后来有宪兵来查，说我们一定要离境（好像指要归队），海城老板建议我们去桂林第四战区，战区指挥官是张发奎。但去第四战区要介绍信，不然会被当作"猪仔兵"。于是找办公室（好像指旅店的办公室）的谢云岳写介绍信，谢云岳也是我们白沙乡同乡。我们到肇庆时是五个人，都是台山人，去了张发奎的司令部。其实我是什么都不懂，因为之前当战斗兵，一天到晚都在山里头，所以什么也没有学到。到了司令部，当了谢云岳的随从，不用训练，我们五人分开，一人一处。当时要带公事（公文），由某一连送至某一连之类，做这事情要很小心，公事绝对不能落入日本人手里。我在柳州机场工作，我们四五人，隶属团部，是勤务兵。桂林失陷后，日本兵包抄柳州，我们撤走，张发奎下令退到独山，于是出发去独山，但公路上人山人海，要将人群推开，汽车才能通过。日本轰炸，柳州失守，我们又撤往贵阳。从贵阳再过一站就到重庆了。张发奎去了重庆，下命令说我们打了败仗，要马上调往百色，再从百色到南宁，不停转动。当时有个朋友，身上带了公事，我嘱咐他一定要小心，千万不能丢失，必要时宁愿将公事烧掉，或者撕碎丢散各处，千万不能落入日本人手里。谁知他后来被日本人捉了，将公事取走，又放他回来，回来后被枪毙了。当时天气很冷，他被绑着在山头过了一个晚上，第二天被枪毙了。我也带了公事，小心扎好，夹在贵阳的百姓中间走，一直走到收容站才安全，在传达室里睡觉。我们在山上行走，到了百色，住在一间学校，再往南宁。到了南宁，上级又派遣我们去安顺①，隔一条海②，在那里睡了几晚，也可能有一个星期。我们筑好工事，准备和日本人打仗，但来了电报说日本投降了，于是马上回南宁，又从南宁去广州。去广州时，在离广州不远的锦竹滩（音）沉船了，大家爬上岸，最后到了广州。在广州时台湾人和战斗兵不和，开枪打了起来。张发奎当时已进驻广州，住在中山纪念堂，在那里常常有演讲。张发奎下令战斗兵在某天集合，一起去看戏③。

　　我在广州住了一年，因世界大战打得太辛苦了，老睡在地上睡得骨头都痛

――――――――――

　　①　安顺在贵州。

　　②　台山话将河称为海。

　　③　至此没有再就此事说下去。

了，不想再打了。我父亲当时在古巴，于是我写了一封信给他，说希望离开。然后去了香港办出国手续，十多个人一起，都是台山人。在香港住旅店，住了一段时间，经人介绍去上环一间公司办手续，向他们说想去古巴，他们说当时古巴入境很容易（下面一句好像是：在古巴哈瓦那的广安隆有一班人代为办理），然后我父亲寄信回来说已经办好了，我们接着去看医生（指做身体检查），然后十多人一起坐船到旧金山。到旧金山时，黄江夏堂①有人来接，带我们去住旅店。我捐了两元给黄江夏堂，作为善事。然后他们带我们去坐车，直到迈阿密，从那里坐飞机来古巴，这是 1948 年的事了，中国当时还没有解放。

我父亲是什么时候来古巴的我不知道，他在古巴几十年了。我有他的照片②。他在古巴种花，在埠仔，我曾经劝他回香港或者去美国，但他不想走，他最后在古巴逝世，1988 年，逝世前一直在小埠。

来了古巴后，我就在杂货店工作，一边学说话（学西语），不过卖货不需要说很多话。当时古巴贪污很严重。我在古巴很多地方工作过，在夏湾拿 Compostela 的 Calle Sol③，在 Almendores、Marianao、Jesús Maria 等④，人工百多元，我寄钱回乡下接济家人。在杂货店工作了五十多年，也做过老板，几个人在 Marianao⑤，但股东之间互相争逐，后散了伙，我又重新打工。到了 1962 年政府没收店铺，我就不做工了，当时要我去斩蔗，我不去。不做工就没有钱了，后来靠侄女从广州寄钱来接济我，钱是先寄到瑞典，我在瑞典也有侄女，再从瑞典寄到古巴来，有时候是 50 元，有时候 100 元，有时候 200 元。我的侄女待我很好，她的钱是我以前汇回去给她的，她曾经劝过我回中国去，我没有听。她现在没有信来了，已经好几年没有信来了。如果还有信来的话，我会考虑回去⑥。没有信来之后，也没有钱寄来了。以前寄来的钱我储蓄起来，但也用完了，没有钱了。最近六七年开始，政府给 200 元（应为每月），是填写了证明，承诺不会出国离开，才给这些钱的。现在是没法离开了，回去的话要向人伸手求助，也是很不好意思。我来了古巴之后再没有回过中国，既没有钱回去，也没有机会。

我来古巴前在广州结了婚，但婚后不足一个月就走了，当时有机会出国，当然要走。老婆名叫黄瑞意，留在广州，做车衣工作。我和她有通信，一直寄钱回

---

① 黄江夏堂为黄姓宗亲会，在哈瓦那有分堂，今仍在。
② 出示照片，但此黑白照片已褪色，相当模糊。
③ 这是哈瓦那老城区两条街道的名称，指杂货店在这两条街道的相交处。
④ 这三个都是小区名称，在哈瓦那市内或近郊，此外还说了两个地名，听不清楚。
⑤ 意指在此地集资开杂货店。
⑥ 马先生出示数封信件，是小侄女寄来的，称马先生为"大姑丈"，最后一封为 1989 年，署名"小红、美华"。

去，也有寄给侄女①。我老婆后来病死了，不知道什么病，哪一年病死，也记不起来了。我在古巴没有再结婚。

我入了古巴籍，大约在1950年，记不清楚了，当时要入籍才有工做，但入籍时纸张弄错了，年龄不对。1959年时我没有离开古巴，当时以为局面会转变，古巴就是翻来翻去，习以为常。结果等了一年又一年，最后没法离开。我当时开杂货店，又入了籍，所以也就走不了。其实早在五六年前中国大使馆已批准我回国，批准的文件现在还在家里②，但侄女没有信来，回去没有人照顾，也没有钱带回去，不是好办法。③

我来古巴时，古巴有三万五千华侨。1959年后很多人离开，很多是坐船走的，主要去花旗，但有的在海上被开枪打死了，也有不少人到达目的地，老番、中国人都有。这样去要花费几千美元，两千、三千、四千美元都有，但付了钱不保证成功。我当时是够钱走的，也尝试过，经过很多树林到了海边，看到浪很大，船很小，就不敢走了。我有个兄弟偷渡时被开枪打死了，他身上带了四万多美元，船也沉了，尸体漂浮过了中界线，被美国方面打捞起。因为那边是有登记姓名的，后来找到他在美国的家属，将钱交还给了他们。也有人是办手续离开的，现在还有人通过办手续去巴拿马。

我住在这里，一个月付20元。我是不想住进来的，但双脚肿，没有办法。如果行动自如，我就会去做小生意，卖点东西。现在卖东西能赚钱，从前要交百分之二十④，现在是赚多少袋（自己拿）多少。只是这里的人懒，不这样做。我是20天前才搬进来的，以前住在Leo⑤，在夏湾拿之内，不过很远，没有车到。我在那里有间房，是自己搭建的，有两层。以前那里有很多华侨，生意也很繁盛，现在没有了。

**访谈后记**

其后与余景暖先生访谈，余先生为余凤采堂主席，该堂由余、马、谢三姓组成，故马先生亦为会员之一。余先生提到马先生的一个情况，属于私隐，但此地华侨不时在别人背后说私隐，姑妄记之。余先生说马先生本来有自己的房子，在郊外，很不错，有电视机、电冰箱等，但他年老时和一个三十多岁的古巴女护士

---

① 此处好像提到有一个儿子，被人带去了，但说得不清楚。
② 指搬进老人院之前的家。
③ 关于回中国，马先生反复说了几遍，说想过去香港，但如此延误，年纪大了，最终走不成，现在没有地方可以去了，连声叹息，很有惋惜之意。
④ 好像指交税。
⑤ 音如此，未能确定实为何地。

在一起，此护士其实想谋夺他的房子，最终导致马先生要入住老人院，云云。

　　2013 年 12 月我再去古巴时，和马先生见面后他交给我一封信（见下图），请我回到香港将之寄往广州，他同时给了我他侄女黄美华及其丈夫在广州的地址，马先生希望凭此看看是否还可以联络上他侄女。我回港后将信寄出，不久被退回，信封上写"并无此人"。其后我托人将这封退回来的信带到古巴交还马先生，附一短柬向他说明情况。2013 年底见到马先生时，他的行动变得比年初见到他时灵活，走路不再用手杖了。

马先生托我寄往广州的信

# 大难不死 继续生活

## 郑士荣 Luis Bu Si

在哈瓦那华区，遇到郑士荣先生的机会很多，如果不是在老人院里头看电视或者休息，他就在龙冈公所、洪门民治党等侨社内搓麻将。他健谈，我说想和他访谈，他一口答应，访谈于是在 2013 年 1 月 11 日进行，在他居住的老人院内。这一年底我再到古巴时，将整理好的访谈记录交给他过目，他之后表示整理得很好，没有什么补充或修改的。

郑士荣先生，2013 年 12 月

　　我是新会桥美人，桥美近双水，双水是海，桥美以前叫涌美①，从前桥头、涌美（可能是"涌尾"）是两个乡，合并之后称为"桥美"。

　　我 1934 年出生，今年八十一岁（指虚龄），二十岁来古巴。我是十五岁时从乡下到新会城读书，读初中，第一学期读了半年就停了，去了江门打工，先在公安部做了两个月，他们派我回乡下去清霸，即打击土豪恶霸，我不想去，于是没有工做。后来去了一间店铺做开椰子的工作，是奶椰，店铺在仲兴路（音），也就是从三肯鸦（音）上去的地方。做了三年多，店铺关门，没有了工作，就去广州。在江门时我晚上读会计，读了三年多。在广州找不到工作，住在朋友家里，晚上继续读会计。当时广州失业的人很多，找事做很困难，我去过好几次派出所找工作，他们说没有办法，说我没有商业登记证。我父亲当时在古巴，在没有办法的情形下，我写信给在澳门的堂兄，请他帮忙带我出去。谁知他回信叫我走艇仔，即坐渔船偷渡去澳门。我去见过艇家，但觉得自己又没有犯法，为什么要偷渡呢？于是不坐，再写信给堂兄，他是和人合股在澳门做生意的，合股人回我信，开了证明，叫我去派出所申请，结果得到单程证去澳门，在澳门住了大约一年，随后办手续来了古巴。我在 1954 年由澳门经香港来古巴，坐昌兴公司的飞机，经日本，然后好像是加拿大，总之经过两个地方来到古巴，没有经过美国。

　　我父亲很年轻时就来到古巴，后来回乡结婚。他一共回过唐山两次，生下我们三兄妹，一个大哥、一个妹妹，我是老二。我父亲在古巴卖瓜菜，开个小档口做好像批发一样的生意，档口在夏湾拿的大街市，不是在华区。从大帮买入三五种东西，再卖给生果铺，他一直做这生意。他之前去过安南，做过木工，但来了古巴没有木工做。在古巴他住"鬼婆"②，但没有生孩子，"鬼婆"无得生。他于 1964 年去世。

　　我大哥已经逝世了（好像说在 20 世纪 60 年代），他在乡下时遇到很多政治麻烦，因为我父亲寄钱回乡买了些田产，成了地主阶级。他后来找到办法，偷渡去了香港，再将老婆和两个儿女等也弄去了香港，但他由于烦恼伤心，得了肺结核，在香港死了。我妹妹现在还在香港，住在九龙，结了婚，当警察的。她丈夫也是当警察的，退休后过身（去世）了，她现在也已经退休，吃长粮③。早几年有个同乡回去，我请他去探望我妹妹，是我外甥接待的。她没有寄钱给我，她不是做生意的，打工而已，没有什么钱。所以我在香港还有妹妹、侄子和外甥，但

---

① "涌"为音，未知是否此字。四邑话"涌"指溪流。
② 此为当地用语，即和洋女人同居。
③ 长粮，旧指公家对某种人长期免费予以供应的粮食，这里指领退休金生活。

都没有联络了。

我来古巴之后，做过很多工作。先在杂货店做，做了也有五六年，是在中国人开的杂货店打工，先在夏湾拿，后来和乡亲合股，在郊外买了一间店自己做。但乡村地方生意不好，收入还不如之前打工多，做了一年左右，又回到湾城打工。当时在杂货店收入不错，最好时每个月有 110 元，相当于 110 美元，而且食、住都在店里头，算是不错的，可惜古巴革命后，杂货店老板走了。在古巴开始工作后，我每个月给父亲 20 元，因为他付水脚①给我来古巴，用了六七百元。另外寄一点钱回乡给母亲。但我自己在古巴结了婚，也要用钱②。

古巴革命后我转到写字楼做会计，因为当时很多古巴人走了，需要人做会计，自此之后，我就为古巴政府打工，收入和以前在杂货店差不多，但钱没有从前那样好用了。开始做会计是 1961 年或 1962 年，做了几年，又改为修理电器，如熨斗、电风扇、电炉等，做了有十年八年。之后申请去美国，填了表格，没有工做③，于是去做油漆工，但遇上意外。当时是漆旗杆，有三层楼这般高，在一个由起重机吊起的铁笼内工作，开工不久铁笼掉了下来，很严重的意外，跌裂了脚踝，导致现在走路一拐一拐（据目测，不是拐得很严重），不过，这一跌我没有死已算幸运，猫有七条命，我有八条命。这次意外后，我没有再工作。我的前妻在花旗迈阿密，我请她申请让我到花旗，我是古巴籍，当时还未够六十岁，想去花旗打工赚点钱。其实申请时脚伤还未痊愈，仍然一拐一拐的，但他们体恤我，批准了我的申请。我到了迈阿密后，在那里打工，做厨子，做了一个多月，赚了些钱，谁知又发生意外。别人送了我一辆单车，我骑这单车跌倒，摔断了大腿骨，伤了腰，要办手续回来古巴，本来我是探亲的，只批准在花旗住一个月，结果延期住了三个月。回到古巴我又要办手续才能动手术，用了一个月时间。

我 1960 年结婚，老婆是亚洲裔人，她母亲是朝鲜人，她自己在古巴出生，古巴的人种一向很杂。她做车衣工作，我们生了一个儿子，结婚一两年后离婚，她再嫁。古巴革命后她和丈夫离开古巴，经正式申请去了巴拿马，还是卖毒品的 Noriega（诺列加）当政的时期。后来去了墨西哥，从墨西哥偷渡入美国，以难民身份在美国住下来。她对我不错，我去花旗是她帮忙申请的。和这个老婆离婚后，我住鬼婆，住过两个鬼婆，住在她们家里，但再没有生孩子，一个儿子已经不容易，不敢再生了，入息不许可。这两个鬼婆后来年老了又生病，都死去了，我现在单身一人。

---

① "水脚"指前来古巴的旅费。
② 意指能够寄回乡下的钱不多。
③ 此处好像说因为申请赴美而失去工作。

我儿子叫 Alberto，现在在迈阿密，他是 2001 年去的，当时花旗驻古巴的办事处有奖励，古巴人可以写信入去①，抽签抽中了就可以去花旗，我儿子抽中了，连同他老婆和两个儿女都去了。当时美国还有办事处在古巴，现在已经取消了。我儿子现在五十一岁，大约四十岁时去美国的。在古巴他读大学，读会计，读到第四年，没有毕业。他做过开救护车的工作，去美国前没有什么事情做，一到美国，就在机场工作，直到现在。美国的机场很严密，"9·11"事件后机场开除了很多人，幸好他没有被开除，但现时的工作也不多，一个月才做 50 小时。他有三个儿子，大儿子现在二十岁，次子十六七岁，是和第一个老婆生的，后来两人离了婚，他再和另一个女人住，又生了一个，现在才一两岁。他有来古巴看我，前年、去年都有回来，共回来过两次，今年没有。他没有寄钱给我，他的钱不够用，每个月要给前妻赡养费 1 000 元，他住在他老婆家中。他申请让我去美国②，我是 2002 年去美国的。

我到达古巴初期，情况比较好，当时才二十多岁，有打篮球、乒乓球等，常在华区看电影，但没有看大戏。华区有赌馆，赌番摊、牌九，在现在报馆对面的地方③，但我没有去过，没有钱去。我常看报纸，有读报习惯，现在还看 *Granma*④，以前这里有好几份中文报纸，《华文商报》《民声日报》，我都看。现在中国大使馆送来报刊，我也看，不看就记不住中文字了。来古巴已经几十年，有些字记不起怎样写了。学西班牙文的过程是这样的：初来时学了一年，我父亲请了一个唐人仔教我，这个唐人仔能说中文，可以解释给我听。我是早上去学做杂货店，下午学一两个小时西文，由星期一到星期五。做杂货店要懂得说西文，因为顾客是西人。在古巴，华人都能说西文，但做厨房的可以不说。我现在是西文说得久了，说起中文来也夹杂一些西文。

我 1961 年入古巴籍，是父亲怂恿我入籍的，他说我已经在这里结婚生子，应该入籍。他自己也入了籍。入籍有好处，因为这里的劳工法例对古巴籍的人不会排挤。我原来住的地方是父亲从前租下的，是间过百年的老屋，我们住了很久，革命后交一点租金，10 元一个月，后来不用交了。但因为差不多要倒塌了，不能再住，我就搬进这老人院来，是 1997 年，在这里已经十四五年了，就在华区里头，也方便。我还在华区当过厨子。住在这里我每个月交 20 元，有如房租。我退休后政府每月给 240 元，相当于美金 10 元。但医疗、住院都免费，这是古巴最好的地方。在古巴的生活是这样的：教育、医疗都好，食物凭配给，总之不

---

① 意即申请去美国。
② 此处有矛盾，之前说是前妻申请他去。
③ 指《光华报》报舍对面，在 San Nicolás 街。
④ 此为每日出版的古巴共产党机关报。

会挨饿，但不会有机会发迹，大家都没有什么余钱。我在古巴一切都已习惯，现在也没有什么选择，只能在这里过世，也就算数了。

我对政治没有兴趣，古巴革命前这里有国民党，革命后有共产党，我都没有参加，我是不谈政治的。我觉得古巴革命前比较好，我们是来做工的，革命前有工做，做上三五年就存到足够的钱可以回唐山。现在是饿不死，但没有发展前景，不像从前那样可以做生意。

1959年后很多人离开古巴，现在仍有古巴人走，去花旗、西班牙、意大利。当年偷渡离开的中国人很多，也死了不少。我认识的人没有偷渡死掉的，但我的朋友知道有，是走艇仔被开枪打死的。我没有这样做，我是希望办好正式手续才走，写了信给在美国的朋友，但没有回音。我的堂兄就是从这里去了美国的，革命后他被政府派去斩蔗，是很辛苦的工作，斩了一年，申请去美国，办了正式手续，到了美国洗盘碗，一天工作十四小时。他从前在澳门，是第二次来古巴，是个老客，回过唐山很长时间，第二次是1953年来古巴的，比我早一年。

我和乡下再没有什么联系了。之前这里搞了华区促进会①，和政府合作，办理了五个唐人回中国，第二批本来我有份的，但后来取消了。来古巴之后我没有回过中国，没有这机会了。

### 访谈后记

2013年12月我再到古巴时，郑先生将他在港家人的地址、电话给我，请我回港后尝试联络，并请我将一张便条转达。回港后几经努力，终于联络上郑先生在港的家人，之后他们有信件给郑先生，我请前去古巴的友人带到哈瓦那交给了郑先生。古巴的邮政很不可靠，往往要经由这样原始的方法来通信息。

艳桃姊，你好，祝你合家平安，我至古巴平安，仿挂念，现托雷家琇教授书上我之通信电视码，如有闲时，请迎电讯，现列号码如下，

二哥仕荣生2013年
12月17日

ileana @ barriochino. ohc. cu

**郑先生托我转达的便条**

---

① 关于促进会，参见伍衰民访谈。

# 昔日少东主　如今平淡过活

邝景云　René Fong

　　找到邝景云先生时，我的心情很紧张，因为知道他从前是广安隆的少东主，而我父亲在古巴十多年间寄回来的家书，用的都是广安隆的地址，我希望从邝先生口中知道多些我父亲的情况。但一番交谈下来，邝先生表示不认识我父亲，对他的名字也没有印象，原因是当时以广安隆作为通信处的华侨为数众多，他没有特别留意。

　　虽然如此，在受访者当中，邝先生还是比较特别的，他的家庭经营过古巴革命前哈瓦那华区一间有规模的商号，和他背景相若的华侨，1959年后基本上都离开古巴去了其他地方，他却留了下来。可惜邝先生听觉有点毛病，不时听不到我说话，故此有些问题无法深入追问。和邝先生的访谈在2013年1月11日进行，地点是龙冈公所，邝先生每日到此，午饭后和其他华侨搓搓麻将。访谈以广州话进行，邝先生有时夹杂一些中山方言。邝家的商号、资产都被没收，我以为谈到这经历时邝先生会动气，结果他语气平和淡静，和他现在过着的日子一样。

　　2013年底我再到古巴时将访谈整理稿交给邝先生过目，他之后表示整理得很好，没有什么补充和修改。由于访谈时邝先生提到自己喜欢喝烈酒，我特意带了一瓶苏格兰威士忌酒给他，他拿着酒瓶，端详了好些时间。雷、方、邝这三姓自认源于同一祖先，因此邝先生每次见到我，都戏称我为"大佬"，其实论年纪，他比我大了二十岁。

邝景云先生，2013年1月

我乡下是中山斗门，我在中山石岐第四区出生，小时候去了广州，当时我们家庭在广州有一迭楼①，抗日战争时去了香港。先住在中环，后来搬了，搬到什么地方现在想不起来了，后来又不知为什么去了澳门，之后因为经济原因搬回中山斗门乡下。我 1949 年来古巴，当时十八岁，是我阿爷办手续让我过来的。我在乡下读书读到初二，来古巴是由香港出发，坐船到加利福尼亚，然后坐火车去迈阿密，再乘飞机来古巴，海陆空工具都用上了。

我阿爷名叫邝贺②，1902 年来古巴。他回去过中国，我祖母没有来古巴，一直在中国，过后③已经很久了。我阿爷在乡下有两子一女，我父亲是大仔，我叔父是二仔，之下是姑姐（姑姑）。我阿爷安排我叔父和我来古巴，将大仔即我父亲留在乡下，我父亲故此从未来过古巴。我阿爷 1964 年在古巴过后。

我阿爷在夏湾拿开办庄，买卖中国货，名广安隆，也就是现在我住的地方。

我来到古巴之后，首先在自己铺头做了两年，学习工作，之后去一间由同乡兄弟开的杂货店工作，也是学习打工，1954 年回到广安隆，因为当时铺头需要年轻人帮手，之后一直做到 1965 年铺头被政府接收。接收之后我去了古巴政府运输部工作，在电器部，是甲组也即甲级④，解决各种电器问题，也修理电器零件，一直做到 1992 年退休。退休后来了华区做餐馆工，当厨子，打面、弄云吞等，什么都做，包括修理火水炉。先在龙冈⑤，后来去了溯源堂⑥，做了一年，因为和那里的经理发生矛盾，又去大同盟工作，大同盟即民主大同盟，是间中国人的公所，做到 1997 年。大同盟因为换人，解散了一段时间，我又回到华区，在东坡楼工作，直到 1999 年我去意大利探望我儿子才停止。2000 年我从意大利回来，之后再没有工作，直到现在。

和我一起来古巴的叔父在《民声日报》工作，当经理，他名叫邝泽生。他20 世纪 60 年代时去了美国，后来在美国过后。我当时自己已有家庭，儿子也出生了，所以没有去美国。

---

① 原话如此，可能指一层，也可能是一幢。

② 邝贺，西名 Antonio Fong，古巴革命前侨领之一，曾任中国国民党古巴党部主席，参见 García Triana and Eng Herrera, *The Chinese in Cuba*, *1847 – Now*, p. 46.

③ "过后" 即 "去世"，此地华侨流行用此词。

④ 指当甲级技工。

⑤ 指龙冈公所餐厅。

⑥ 此为雷、方、邝三姓宗亲会，亦经营一间餐厅。

我祖父的广安隆卖瓷器、粮食、药材等，伙计不多，有三人，另有两人在药材部。当时华区共有五间办庄，规模都差不多，分别是广安隆、隔邻的永兴隆，以及广生荣、恒安隆和广德隆。①

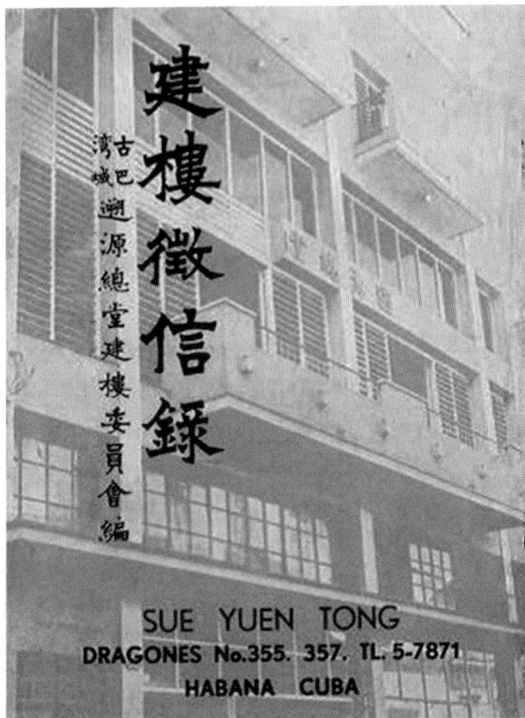

古巴溯源堂1958年刊物，邝景云先生及其祖父、父亲的名字都见于其内建楼捐资名单

我来到古巴之后先学吕文，在古巴学校学，学校很著名，读了两年，这两年只读书，没有工作。然后回广安隆做工，打理账房，在柜面卖东西。因为顾客有西人，需要讲吕文，铺头的叔伯兄弟不懂吕文，我要帮忙。我祖父只懂一点吕文，所以要靠我。当时我的人工是120元，食、住都在铺头。1950年我去了兄弟开的杂货店学习，因为那里和西人接触的机会比较多，可以多说吕文。1954年我回到广安隆工作，直到店铺被接收。接收时没有赔偿，一毛钱也没有得到，我们的积蓄也被冻结②，变得两手空空，要靠打工维持生活。我祖父在店铺被接收

①　据1960年7月《民声日报》上所见广告，当时哈瓦那华区的办庄除上述五间外，尚有东亚商店、永发办庄、位育堂和新万和。

②　"积蓄被冻结"指1961年8月古巴施行的旧货币换新货币措施，规定所有人在两天内将所有款项存进银行，政府同时发行新比索，每人只能从存款中提出250新比索，之后每月提取的数额也有严格限制，等于积蓄被冻结。

前一年即 1964 年过后了。

我有汇钱回家乡，经中国银行汇到香港，再转回乡下。恒安隆也有做接汇[1]，其他办庄包括我们广安隆没有做。

1959 年古巴革命时我们没有想过要离开，没有这样的需要，革命是政府的事，不关我们民众的事。当时很多人出国去了，我没有出国，我在美国没有家人，没有地方可以去。

广安隆有转信给华侨，很多华侨的信由中国寄过来，上面写广安隆转交，我们将之插在信箱，华侨来湾城时就自己收取，信箱很大，有三四格。

除了广安隆，我们没有做其他生意。广安隆能赚到钱。我除了打工，也有运动、娱乐。当时湾城有几间戏院，是中国人开的，这些戏院的老板现在全部都过后了。我认识其中一位，是金鹰戏院的朱家兆，他在我们旁边[2]。

我 1959 年结婚，太太是古巴人（指白人），不懂中文。当时是可以回中国结婚的，但要在古巴找个中国女人结婚很难，没有感情。我和这个古巴女子相识很久，产生了感情，相爱，就结婚了。她是车衣的，有个时期在一间老人院工作，也是车衣，后来我叫她不要做，她回到家里还是车衣。最后我们离婚了，在 1974 年和 1975 年间，她现在仍健在。我们有一个儿子，1965 年出生，名国庆（音），但他不懂得写自己的中文名字，他认得很少中文，小时候认得一点，现在恐怕不认得了，他没有学过中文。他是读运动科的，运动很出色。我的儿子在旅店工作时认识了一位意大利女子，这个女子请他去了意大利，在那里过了几个月，两人感情好，结了婚。他们住在 San Marino，我 1999 年去意大利探望过他们，住了五个月，2000 年回来。本来我儿媳妇希望我留下来的，但我怕长住的话会引起他们夫妇之间的矛盾，所以回来了。他们已经有一个女儿即我的孙女，十岁，他们每两年来古巴探望我一次。我儿子在 San Marino 的运动学校教乒乓球，他乒乓球打得很好，一九九几年时代表 San Marino 在意大利获得第二名，得到 125 美元奖金。我持古巴护照去意大利很方便，那边移民局的人很友善，说我要住多久都没有问题，有我儿子、儿媳妇负责我生活，移民局的人很放心，我也不需要向他们报到。在那里时他们给我两张卡片，绿色的在离开 San Marino 时带上，黄色的在 San Marino 居住时放在袋里，很简单。

虽然我们的铺头、财产被没收了，但生活还过得去，又有自己的家庭，做工可以维持，生活过得平平常常。

来了古巴之后我再没有回过中国，经济上不允许。我和乡下及家人完全没有

---

① 古巴华侨多用"驳汇"一词。
② 指朱家兆开设的永兴隆办庄在广安隆旁边，两者地址分别为 San Nicolás 520 号和 522 号。

联络了。

　　我在 1952 年入了古巴籍，入籍原因是这样的：铺头不时有稽查来查，当时有"五十工例"，即如果有十个工人的话，其中五个须是古巴籍。我们铺头有个姓张的古巴中国后裔，是做翻译的，他是古巴籍，我是古巴籍，我祖父也是古巴籍，共三人，足够半数了。我是这样入籍的。我六十一岁时身份证上消除兵役（原话如此），我没有当过兵。

　　我做电器时每个月人工 180 元，现在退休后每月 240 元，是不足够的，幸好我儿子不时寄些钱来接济。我住在 San Nicolás①，我一来到古巴就住在这地方了。

　　我在古巴已经完全习惯了，喜欢不喜欢这里已经不是问题，已成定局，前途定了，唯一等的是死。我现在每日都来龙冈公所，上午九时到，晚上五时半回家。回家冲凉，电视有好节目就看一下，不然就睡觉，会喝点酒，喝猛酒（烈酒）。

---

　　①　即从前广安隆所在的楼宇。

# 家庭生活充实的大厨师

## 关志生　Jorge Cuan

　　关志生先生很健谈，我在洪门民治党的大厅找到他，在一个下午，他正在休息。聊起来后，他无所不谈，语音很轻，九江乡音浓重，我有时听来感到困难。之后再碰到他，他问我要不要去他住的地方看看，我当然乐意，于是他引领我去了民治党旁边大楼的一个房间，看到他女儿和她的同居男士。之后他带我离开华区，去了他自己的居所，他妻子、长子和另一个女儿在那里。他长子当时正好在做云吞，云吞会在黑市上出售。在他住处地面的楼梯旁边，又见了他的次子，这小伙子在那里设了摊档，卖一些影音产品，看来是翻版的。如此，他的一家人我都见上了。能够这样子完整地见上一个家庭，也很难得，我在古巴的访谈，能全家见上的，除了关先生的家庭外，只有杨镇南一家和曹趁金一家。

　　和关先生的第一次访谈，在 2013 年 1 月 12 日，到了 2 月 5 日，我又找关先生长谈了一次。两次访谈，关先生说的内容都很丰富，一些其他华侨不怎么谈及的社会生活细节，他都说了，我很感谢他。不过，听他娓娓而谈，也体会到口述历史在方法上的一些局限——凭记录重组的一己所见，往往难以核实。关先生说到的若干情节，我很想求证一下，但有困难。2013 年底我再到古巴时将整理好的访谈记录交给关先生过目，之后他没有什么表示。这种情况其实很常见，老华侨对口述历史的意义，不怎么明白，不觉得有必要仔细地读一下文字记录。

关志生先生和夫人，2013 年 1 月

44

我乡下是在南海九江，我在乡下出生，今年八十六岁，1949年来古巴，也就是中国解放的那年，我是九江解放后两三个月离开的，当时二十三岁，从九江经香港，坐昌兴公司的飞机来古巴。抗战时九江沦陷，我去过香港避难，住了四年，香港沦陷后又逃回九江。

我舅父即我母亲的弟弟在古巴，他已经入了籍，但没有儿女，向一个也是入了籍的乡亲买了纸张，寄到香港再转回乡下给我们，让我们申请来古巴。当时入了古巴籍的唐人有权将儿女从中国申请来古巴，纸张上只有父亲的名字，没有儿女的名字。我们当时家里有人在香港，可以代为将纸张转回九江。本来是想办理我弟弟来古巴的，但他不愿意来，于是我代他来了。我只有这个弟弟，没有哥哥或姐妹。这纸张是办理我和一个老表两人来古巴的，所以我们两人一起来了，这个老表后来去了美国，在那里逝世，我当时已有家庭，不想离开①，没有跟他去美国。我舅父在古巴有生意，想有人来帮手②。

古巴很自由，唐人在这里读书、做工都可以，从前这里找工作很容易，不用担心找不到。我来了之后没有读书，学说话（西文）是在柜面学的，一边做工一边学，慢慢就学会了。我到达后开始在杂货店做工，在舅父的铺头，但我做的是上等工，高价，开始时一个月有120元，一般则只有60元。做了两年，已经积蓄着4 000元，因为除人工外，每年有奖金600元，此外还有花利，一年可剩2 000元③，再多做两年，我存够了钱，就回中国。当时飞机位1 200元，申请很容易，拿过境证去香港，在乡下逗留了一至两个星期，这是1958年④，中国解放近十年了。当时中国已解放。我在古巴汇钱回乡给母亲，汇了500元，无人收取被退回，原来母亲已经去了香港。后来我母亲在香港说不用寄钱给她了，古巴政府转变后，她说我要自己照顾自己，不要寄钱给她。我弟弟也去了香港，在肉食公司工作。古巴政府转变后，钱不能汇到香港，只能汇往大陆（指内地，下同），但我在大陆没有亲人，只是偶然遇到有人行船来古巴，搭他带几百元回香港给母亲。我是没法去香港，也没法回大陆，只能留在古巴。我母亲和弟弟后来都在香港去世了，我再没有亲人在那里。

我在古巴是赚到了钱的，既然汇不出去，就用3 000元在湾城旧区买了一间生果铺，兼做杂货，向银行借了2 000元，1 000元用来买货，每月还200元，十个月还完。店的租金是每个月30元，我请了一个土生仔帮手，负责送货。工作

---

① 此指1959年古巴革命之后。

② 指其舅父申请关先生及其表兄弟来古巴的原因。

③ 关先生此处说得比较混乱，他可能指从杂货店转到餐馆当厨师之后的收入，因为杂货店工资不会像他所说的那么高，亦不会有奖金、打赏。

④ 原话如此，但有问题，先说来古巴四年后回乡，再说1958年，不吻合。

很忙，早上七时起床做到中午十二时，下午二时开门做到晚上七时，之后还有执货单等工作，要到半夜十二点、一点才能睡。星期日中午之后关门休息、煮饭，吃完就可以去娱乐，例如到华区看电影。

开这间店的钱我都赚回来了，但政府转变后，店被没收。没收时计算店的应付货款为一万元，但当时店里只有900元现金，所以没有要我赔偿。幸好我的积蓄没有被没收。当时如果现金存在银行的话，会被冻结，政府再和你计数，如果款项多过限额，可以发还给你。如果本来你有屋出租收取租金的话，政府会按月给你600元作为租金，为期五年，到期房子就归政府所有了。我当时没有买屋，只买了生果店。

我先做杂货，后来煮餐，1959年后在豪华酒楼当大厨，替政府打工，做了八年。何秋兰当时在那里当收银。我当时人工不多，月薪300多元，另每日花利6元[1]。工作时间很长，从早上九时开始至晚上十二时，中间无休息，不过是做一天然后休息一天。古巴1959年政府转变时，我手上有两三万美元，但汇不出去，因为汇往内地没有人收，又不能汇往香港。当时汇钱去内地一年可以汇270元，到了内地相当于330美元，古巴币值高过美元。此外还可以通过黑市汇钱，但汇1 000元要另付1 000元。汇黑市是汇到香港，譬如说你在这里没有钱又等钱用，我给你钱，你的家人将钱在香港交给我指定的人，是私人做的，这样汇黑市是这里一元只等于香港一元，正式经过中华总会馆汇出的，是这里270元兑作那边330美元。

既然走不了，〔就安心留下来〕。我后来遇到一个女子，是本土西人，1964年开始同居，她当时18岁，我们生了四个儿女。我的女人没有工作，在家料理家务。我四个儿女读到中学毕业，没有读大学，四个人现在都做散工，本来政府有工给他们的，但都不去，宁愿做散工，这里的青年都是这样，中国子女比较好[2]。我的二儿子本来有机会做官的，还会升级，但他也不去。他当过三年兵，这里的人都要服兵役。现在我们全部住在一起。儿女们和人同居，但没有正式结婚，古巴的风气如此，很自由，合不来就分开。

我不想去美国，听说那里一天要工作十几小时，工资虽然高，但没有地方住，租金很贵。的确有不少朋友要我去美国帮手开餐馆，但我害怕，不想去。我在古巴有工做，很好赚钱，我做宴会（当厨师），是散工，但一星期可以赚两三千元，有时去外埠如 Santiago de Cuba 做，有机票提供给我。我赚到的钱用不完。在这里我不用申请工作，是政府找我工作，提供一间屋给我，很大，在三楼，有

---

① 关先生之后又说每月工资135元，上述之"三百多元"或指古巴革命前所得的工资。

② 指较勤力工作。

三个房一个厅，离华区不远。① 我的女人有一个妹妹，和我们一起住，人太多，住不下，我向政府说了，政府又给我们另一间屋②，我们在这里住了三十多年了。在古巴，手上有几千元可以过上好几年，还一边有工做，所以我不想离开了。我已经六十年没有回过中国了，现在也回不去了，机票要2 000元，出境各项开支加起来几百元，大概要用四五千元，用CUC③，负担不起。

古巴这地方其实很好，世界上没有什么地方这么好，政府提供各种必需品，上学读书不用钱，在学校有饭吃，住医院、生小孩不用钱，住宿不用钱，政府都提供。可惜这里的人民享受惯了，变得懒惰，不工作、好喝酒，将情况弄得不好。古巴本来物产很丰富，什么都有，不愁食用。以前东西是很便宜的，现在受到管制，大家靠黑市〔买卖〕，黑市的东西就贵了。

我没有拿政府的退休金，二十年前退休金每个月只有79元，没有什么用，我有工做有收入，不用拿退休金。做工是有人来叫我去煮餐，做两三个小时有50元，我中西餐都煮。多数是外国人来叫，西班牙、波兰、捷克、英国都有，有时是大使馆，来回有专车接送。有时煮一两百人的餐，用很多材料，六头猪、一百几十只鸡，是很大的宴会。最近两年没有做了，因为现在气力不足，但我银行里有钱。现在不时还有一些大酒楼叫我去做，说我到那里坐坐就可以，给我美钞，但我不去了，要我坐十个八个小时我应付不了。我教了我儿子做云吞，他现在做云吞卖给人赚些钱，是小生意，不纳税。做云吞的材料买得到的（指从黑市买到）④。

有个时期我在孔雀酒家⑤当大厨，只做中餐，在郊外，是古巴政府的餐馆，很有派头。顾客多数是外交人员和官员，房间布置得很漂亮，吃一餐要30美元。我在那里做了三年，也是有人来叫我去做的，有车接送，每日至少有10元美钞，当时是很大一笔钱，我将美钞在黑市卖掉，1元美钞可兑80元本土纸（"本土纸"指古巴比索），在酒楼内部就卖掉，不带出来，这是犯法的，被知道了要坐牢，所以不能向你多说。但他们不搜我身，搜我身我就不做了，不搜身我就可以将钱带出来，这样子我赚了很多钱，在孔雀酒家三年，赚了十万本土纸。还有粮食拿回家，是经理给的，可以拿一只鸡回去，一星期又有一个蛋糕，价值本土纸150元，我拿回去给儿女吃，一家食用这样就足够了。不过这十万元现在差不多

① 关先生带领我到过这房子，房子情况一如他所说。
② 此"另一间屋"在华区洪门民治党旁边的一幢房子内，只有一个房间，面积不大，关先生也引领我到过。
③ 古巴货币双轨制下的"可兑换比索"，需用外币换取，与本国比索的兑换比率为1∶24。
④ 关先生引领我到他家中探访时，看到他儿子正在用云吞皮包云吞。
⑤ 孔雀酒家即Restaurante Pavo Real，在哈瓦那的Miramar区。今仍在，乃一高级餐馆。

用光了，这几年用钱很多，一日要300元，一月要3 000元（原话如此）。

（问：你是怎样学当厨师的？）

我能够当厨师，是因为在乡下时跟我契爷（干爹、干爸）学过煮食，我契爷是广州大三元的厨师，大三元的鱼翅是他出（主理）的，当时卖到60元一碗。他什么都会煮，在广州做了两年，钱赚够了就回乡下九江，在乡下教我煮东西，是母亲安排我上契的。在古巴我教过自己儿子也教过其他人煮东西，但没有一个学得成功。我在古巴买了生果铺没有买餐馆来做，是因为买餐馆用的钱很多，可能要一两万美钞，又要请人做厨房、楼面等，没有这个能力。

从前古巴的退休金是每月79元，十年前增加了三倍，现在是200多元，但我也没有领取，因为手续很麻烦，要申报以前的工作和收入，要前往工作过的地方取得证明，太麻烦了。

我来了古巴之后，会看这里的中文报纸。从前这里有三间报纸馆，我做工的地方三份报纸都有，我三份都看。报纸有党派分别。

（问：从前这里的中国人有些什么娱乐？）

从前华区的娱乐很多，电影院有三间①，连同太平洋、上海就是五间②，很旺场（热闹），星期日晚上常常满座，每一间影院都有咖啡室。电影院开到很晚，一些中国人放工后吃了饭，七八点钟才到华区看电影，看到十一时结束回去睡觉。春宫戏也有放映，还有真人跳脱衣舞，女的脱得一丝不挂，价钱不贵，七毫半，看一个多两个小时。看电影只要一毫半，星期日是三毫。看大戏是二等位一元，头等位两元，大戏是中国或美国来的女旦男角做，例如小燕飞就来过演出③。这里没有正式戏班，但有人学戏，也有音乐研究社，有大戏戏班从外地来时配搭演出和伴奏。华区有一间赌馆，中国人开的，很大，赌博的人很多，日夜都可以赌，牌九等都有，可以赌得很大，我星期日也去赌馆赌博。另外古巴的旅馆等地方也有赌博，赌博很流行，很多美国人带大笔钱来赌。也有政府的白鸽票，一星期一次，中头奖有十万元，有些中国人在街角卖这种彩票。还有烟馆，也是中国人开的，吃鸦片烟，但这是犯法的。

华区有几间娼妓馆，私人经营的，光顾老举（妓女）三元，一元两元的也有，有的老举馆很大，里面有四五十个老举，什么国家的都有，法国妹、西班牙妹等，古巴的最多。有的老举在街上找生意，这里有一间客栈，几十间房，是老举用的，可以过夜，里头还有东西吃。光顾的中国人很多，因为这里的唐人多数

---

① 指新大陆、新民、金鹰，都在华区内。

② 这两间在华区外。

③ 古巴粤剧艺人何秋兰保留了和小燕飞在哈瓦那的合照照片，合照年份为1949年，小燕飞在古巴登台应当在该年。

是单身男人，中国人入了古巴籍的才有资格申请让妻子前来。在古巴的唐人正式结婚的很少，多数是同居。我初到古巴时，唐人中只有男人，没有女人，到了20世纪50年代，才有人申请妻子儿女前来。华区有个地方，四十多个单身男人住，都是白天打工，晚上回来过夜。民治党有客栈，有十多间房，里面是双层床，〔月租〕14元一间，常常住满人。

华区昔日的赌馆大楼，现在是丝绸商店

华区最大的餐馆是太平洋酒家，生意最好，属于上等餐馆，以中国顾客为主，只做中餐，可以开十围酒席，我没有在这里工作过。其他的华区大餐馆还有环球、长城、安乐园、南京，共五间，都是中餐馆。我工作过的豪华酒楼不在华区，豪华酒楼也做中餐和酒席，中国顾客为主，也有外国游客。豪华酒楼的老板是高国英①，是中国来的，在广州做□□（此处听不明白）。

20世纪50年代，古巴有五万唐人，华区的几条马路住的全是中国人，有过万人。中国人分布在各处，各处街口都有中国人做生意，这里的粮食业七成是中国人做的。早年的中国人在糖寮工作的也很多，古巴每年产四五百万吨糖，全部卖给美国。在糖寮做工的中国人多数在斩蔗，很辛苦，我没有做过斩蔗。古巴从

---

① 音，又好像是"高国桢"。又：何秋兰谓该酒楼的老板是张燮福（音）。

前有百多间糖寮，现在很多关掉了。从前还有间西班牙糖厂，每日产 3 000 包糖，每包 325 公斤。

华区较大的生意是办庄，也叫庄口。办庄也办汇钱生意，以前古巴可以将钱自由汇出，唐人汇钱多经办庄，比较少通过中国银行。当时有四间办庄办汇钱：永发、永安、广安隆、南兴隆（此处所说与邝景云不同），连同中国银行共五间。办庄抽佣，100 元要付 3 元，一星期可以汇到香港，是拍电报过去的。中国银行汇钱则用戾纸即银票（支票）。古巴革命后钱只能汇往中国〔内地〕，不能汇到香港或其他地方，经中华总会馆办理，有一本小册子登记，最早时可汇 500元，后来是 270 元，之后停止了。

古巴的白人多数做上等工，对黑人有歧视，黑人不可以进大酒店，是下等人，做下等工。

现在这里的中国人有些很有钱，因为有生意做，卖东西，尤其做餐馆，例如，Maria Lam Li[1] 有四五百万美钞，她聪明，民治党的餐馆她有一半股份，还有其他餐馆，她十多年之间就赚了这么多钱，很了不起。另一位刘金胜[2]经营中山自治所的餐馆，也很有钱，年年回中国，在乡下结了婚，又买屋买地。这里的公所都开餐馆，开餐馆很赚钱，他们从巴拿马等地办中国货进来，鲍鱼、海参都有。从前我在孔雀餐馆工作，顾客是上等人，经理告诉我，餐馆一年可以赚六十五万美元。

（问：这里的中国人有宗教活动吗？）

这里的中国人虽然很多，但没有拜神、拜祖先之类的，只在清明节到坟场拜祭。

### 访谈后记

接到古巴友人传来消息，关先生已于 2016 年 7 月 24 日去世。

---

① Maria Lam Li，中文名字林惠珍，土生华人，不会说中文，当时为古巴洪门民治党财务主任。

② 刘金胜是从中国到古巴的华侨，其名片上写着：旅古巴中山邑侨自治所主席、中山双龙饭店总司理。

# 在中国没有饿死　在古巴没有战死

叶泽棠　Luis Yip

　　叶泽棠先生长得不算高，但厚实，和他自己津津乐道的军旅生涯很匹配。2013 年 1 月访问他时他还生气勃勃，12 月再见时，他戴上了塑料体外尿袋，做完手术不久，显得很憔悴，虽然还是很健谈。然后，周卓明先生从哈瓦那发来电邮，告诉我叶先生已于 2014 年 11 月 16 日逝世，死因是前列腺癌。我不怎么感到意外，但依然哀伤。

　　叶先生是台山人，和我同乡，声气相通。和他访谈的那一天，刚好是他七十一岁生日。他到达古巴时十一岁，往后最为特殊的经历是被征召入古巴的正规部队，既参加过抗击美国雇佣军的战役，又被派到海外作战，还去了苏联接受军事训练。他一再说自己的命大，在中国没有饿死，到了古巴又没有战死。

　　弄明白我和老华侨的访谈是个研究项目，将来会以书册出版后，叶先生很重视，和我再长谈了一次，并从家里找来相册，向我展示他不同时期的留影，很多是他穿军服、持军械，以及在外国时拍摄的照片，当中可以见到诸多不同肤色的古巴战士。他还特意找来一张地图，指出他经历过的地方和路线。一个华侨小子因为古巴的军事需要，迢迢千里穿越几大洲，也是难以想象。可惜我这篇访谈记录整理好时，叶先生已不在，无从亲见。

　　和叶先生的访谈在 2013 年 1 月 12 日及 17 日进行，此外我和他妻子李月娟女士也做了访谈，记录见本书下编。两人的访谈记录整理好后在 2013 年底我再到古巴时交给他们过目，之后他们修正了一些内容。

叶泽棠先生，2013 年 12 月

　　我是台山水步群厚塘尾村人，是位于台城和水步之间的地方。1942年我在乡下出生，今年七十一岁，今天刚好是我生日，属马，我儿子属虎，我夫人属龙。我在乡下只读过一年书，沦陷、走难（逃难），没机会读书，我现在来了古巴这么久，只认得一些浅的中文字，深的认不了。

　　我父亲叫叶广培，1953年11月去世，因为精神病。他在抗战时期被日本人捉去了广西，逃回来，在三合教小学，三合是从台城通济桥再往前走的地方①。我祖母抗战时被日本人斩去头颅，她扎脚，走不动，我回到家里，看到她倒卧在茅寮里，原来头已被斩下了，是被剑斩的。

　　我1954年来古巴，当时中国已经解放，解放后我跟随母亲去了江门搞土地改革，分田地。我来古巴是逼不得已，不是自愿的。我们家三兄弟，我是老大，经济困难，在乡下只有外祖母给我们一点帮助，生活不下去。我外祖母姓刘。我来古巴是经江门到澳门再到香港，1954年9月底从香港坐飞机到加拿大、阿拉斯加，再到墨西哥然后来古巴。

　　我来古巴时十一岁，两个弟妹还小，没有来。我大伯即我父亲的哥哥在古巴，是他办理手续让我来的，纸张上将我写成他的儿子，结果古巴解放后向青年征兵防美，我要去服役。我母亲留在乡下耕田，也做买卖，我小时候因为跟随她到处做买卖，所以认识台山很多地方。我母亲叫刘养莲。

　　我大伯是中国抗战时来古巴的，他会修理无线电，但不做技术人员，去做杂货。他于20世纪60年代在古巴去世，当时我在苏联。

　　我到古巴后，先学西文，大伯让我学三个月，是私人教导，但三个月其实学不懂，之后我契娘的子女继续教我，我契娘是西班牙人，和我们是邻居。我当时认识她，是希望能凭借她的关系去工程学校读书。来了古巴之后我在华人的杂货铺工作。

　　1959年古巴解放，政府开始没收财产。之后征召青年当兵，当兵按年纪划分，十五岁到二十岁的当防空兵，二十岁到二十五岁的当炮兵。我体检时差一只牙齿，当不成空军机师，去当了防空兵②。1961年花旗入侵（指猪湾战役），不是花旗的正式军队，是花旗训练的古巴人，我参加了战争，之后被挑选到苏联受训。1961年5月出发，坐英国航空公司的飞机先到捷克，参观了十五日，再到波兰，也是逗留了十五日，再到莫斯科，参观了列宁、斯大林的纪念馆，然后到黑海，接受海军训练。一起去的有800多人，其中只有我一个是正式唐人，但有几个是土生的唐人仔。

　　在黑海，我学技术，在鱼雷艇、飞弹艇，学会了弄发电机。前往苏联，我们

_____

①　叶先生绘简图作说明。

②　如此推算，上面所说按年龄分兵种可能有错。

誓愿（承诺）要服务五年，其间没薪水，五年期满后每月有 70 元，另外回来古巴后政府会资助读书和提供住屋。在黑海时，我认识了当地领导，他看到我是中国人，问起情况，知道我还有母亲在中国，而我又很想回去探望母亲，他对我说可以出钱让我回去探望母亲十五天，但古巴方面的领导不同意，说我来苏联是接受军事训练的，结果没有去成。我在黑海一年，要日日夜夜学习，1962 年回到古巴。去苏联时是坐飞机去，回来是坐苏联船，从黑海出发，经过十八天回到古巴。①

当防空兵时的叶泽棠（右起第二人），1961 年

　　1961 年我在苏联时古巴政府转换货币，旧的要交出来，换成新币，十八岁以上成人可换取 250 元，做法很严厉，不给银行人员事前通知，某一天规定关起门来，在电台宣布换钱②，我外父因此损失惨重。当时我夫人年龄不足，没有资格换钱，我自己又不在，不能换钱，因为政府规定要本人亲自前往转换，到我回到古巴时，换钱期限已过③。另外，我回来古巴后，向政府申请住屋，但政府不给。我的问题政府不能为我解决，到了 1964 年底五年期限满时，我就离开了，

---

　　①　叶先生之后出示照片，有他十多岁时的留影，有土耳其海岸、黑海、希腊炮台、大西洋、斯大林出生地等照片。此外还见到 1961 年叶先生服役时之鱼雷艇、防空军高射炮、苏联防空坦克车等。俱已翻拍。

　　②　关于此次转换货币，参见邝景云先生访谈。

　　③　此时叶先生仍未结婚，"外父""夫人"是从结婚之后的关系回说。

我离开时被严厉批评，但我不能不为自己的将来打算，一定要离开。1962 年从苏联回来到 1964 年我离开军队期间，我在海军中工作，管理机械，要到各地去，不在固定地方。

离开军队后我日间工作晚上读书，读书是读中学，读到六年级毕业。但同时要当后备军，继续接受训练，学用各种军械。后来被政府调去中东和非洲作战。去中东是 1966 年，去了六个月，接近以色列的地方，然后回到古巴①。去非洲是一九七几年，去索马里，那里有内战，两派抢夺政权，有苏联军队指挥，我去了几个月，和苏联指挥官不和，吵架，被调回来。在这两个地方我不是在前线打仗，是管理迫击炮。

回来之后，我觉得一个人年纪大了没有学好技术不成，于是去了工人大学读机械②，1980 年毕业。1981 年派我去欧洲，去了捷克、波兰、匈牙利、德国，是工厂的主任派我去，我当时是铁质材料的技术人员，在欧洲陪同工厂领导去买机器，逗留了大约一年。我当时的薪水有 200 多元，我出国期间薪水发给我夫人。

回来之后继续在工厂工作，修理船上机器、汽车、工厂机器和制模，有工人中学的学生轮流来工厂学习，我也要教他们。厂里有 8 个技术人员，1 个西班牙人和 6 个本土人，只有我是唐人，后来这些技术人员都申请出国去了，剩下我，工作很辛苦，早上四时半开始，晚上七时、八时才回家。1990 年，苏联、东欧社会主义崩溃，之后日子愈来愈难过，我以患糖尿病为名，趁机申请退休，在1994 年退休。之后没有工作，一个月百多元退休金。

我 1977 年结婚，夫人名叫李月娟，西文名字 Teresita Lee，她在古巴出生，父亲是鹤山人，母亲是新会人。解放前湾城有一间中文学校，她在那里读过，会说、会写中文。她是粮食科学家，因为腰骨有病已经退休。我们有一个儿子，现年二十六岁，中等职业学校毕业，学计算机，但没有正式大学学历，什么工作都做，他和我们住在一起，离华区不远。

现在古巴生活困难，很多东西要用美金买，本地钱 24 元才换美金 1 元，即使你每月有一千几百元的收入，换成美金也是很少，不足以生活。

在猪湾和花旗③打仗比较容易，是一对一打，在非洲是一对三，既有敌人，又有毒蛇昆虫，还有野人，当时是索马里和埃塞俄比亚打仗，古巴派兵支持埃塞俄比亚，在 20 世纪 70 年代。在安哥拉，有很多食人族野人，有些将人捉来煮熟了吃，有些捉来生吃。又有很多毒蛇，本来我在乡下见过毒蛇，不害怕，但非洲

---

① 此说恐不确，见下文。

② 后来又说是工程师学校。

③ 此处"花旗"指美国在背后支持的入侵军队。

的毒蛇很厉害，还要同时打仗，是很危险的经验。①

我的命很大，在中国饿不死，来了古巴打仗打不死，运气很好。我的经历在中国人当中很独特，我一个中国人走了这么远的路。在中国，我是经历过真正的饥饿，吃过树根、树叶、蕉苗，大家在山头将树根都挖光，也吃过竹米。竹米救过很多人也弄死了很多人，竹米有毒，要懂得处理，浸完水才煮。在古巴，大家吃过苦，但不是饥饿，和我在中国经历过的不能相比。

2004 年我回过中国一次，是古巴政府安排的，我自己不用出钱，机票是古巴负责的，在中国的开支由中国负责，但结果古巴方面的手续出错，弄得我在中国只停留了十天。本来古巴和中国就此行订有合同，古巴派二十个人去中国，中国方面已经订好了旅馆、汽车等，但结果领队的唐人女弄错了手续，去的人只是原来应有人数的一半，中国方面亏本，于是将行程缩短，我去北京、上海、乡下三地加起来才十天。回到乡下我见了弟妹，但他们不明白外面的情况，不知道大哥在外面吃苦，以为我去了金山，回到乡下会很阔佬。

来了古巴，我有寄钱回乡，寄多少没有一定数，是偷偷经私人寄回去的。

古巴解放以前很好，解放初期也好，什么都有供应，20 世纪 70 年代以来逐渐变差。现在很多东西名义上不用钱，但其实挂羊头卖狗肉，譬如出国，你没有美金根本没办法。

现在回顾起来，我来古巴是走错路了，从前在乡下吃苦，以为来了古巴日子会变好，但古巴政府转变之后，情况很糟糕。中国是愈来愈好，有希望，古巴是愈来愈差，没有希望。古巴听苏联的话，弄成这样子，如果当时古巴听中国的话，就不会走错路。古巴要改革，如果不改革不转变，没有前途。

---

① 叶先生叙述到海外作战，说得不甚明白，虽然我在访谈时尝试问清楚，但不成功。计此时期古巴派军队出国参战，有 1973 年的中东战争（以色列和阿拉伯国家的战争）、1975 年的安哥拉战争（抗击南非入侵）和 1977 年的非洲之角战争（埃塞俄比亚和索马里的战争）。但 1966 年的中东"六日战争"，古巴并没有派军队参与，叶先生上面说的"去中东是 1966 年，去了六个月，接近以色列的地方"，不准确。1973 年的中东战争、1975 年的安哥拉战争和 1977 年的非洲之角战争，从叶先生的叙述来看，他可能参加过。古巴派兵到海外作战，对一般兵士保密，不让他们知道目的地和行程，这可能是叶先生无法说得明白的原因。参见 Mary-Alice Waters, *Our history is still being written：the story of three Chinese generals in the Cuban revolution*, New York：Pathfinder, 2005。

# 孑然一身　不以为悲

## 陈享财　Tan Siu Chong

陈享财先生个子矮小，行事比较奇怪，他每日到洪门民治党的餐厅吃午饭，但之后就离开，不会像其他华侨那样留下来聊聊天或者搓麻将耍乐，可说相当不合群。我找他访谈，他也不愿意逗留在华区内，去了相隔几条马路的 Hotel Inglaterra（英伦酒店），坐在这酒店的餐厅边喝饮品边和我说话。他好像不大喜欢华区和其他华侨，但何以如此，我没有弄明白。他住在华区旁边，他说是 Alfonso 的地方，这位 Alfonso 是他极为要好的朋友，我到过他们的住处，也和 Alfonso 聊过。这地方从前是个洗衣场，水盆、去水道等还在，Alfonso 为陈先生在大楼的入口通道搭建了一个阁楼，要爬一条长木梯才能上去，看起来很简陋，我本来想爬上去看看内里是什么模样，但陈先生不乐意，只好作罢。不过，由于我和他同乡，可以用家乡的台山话交谈，他对我相当友善，说要带我去吃饭，又说要送我他制作的云吞，我当然没有接受。

和陈先生的访谈，效果不甚理想，他说话时语调急促，声音高尖，往往自顾自地一直说下去，很难打断他，也很难向他提问，即使提问了他也不一定回答，不知道是因为他没有听明白问题，抑或他不想回答而说了其他话题。幸好他知道我是希望记录华侨们在古巴的经历，故此说出来的内容还属于这范围之内。

访谈在 2013 年 11 月 14 日进行，这年底我再到哈瓦那时将整理好的访谈记录交给陈先生，他之后没有任何表示。

陈享财先生，2013 年 11 月，英伦酒店的户外阳台，背景是演奏的乐队

我叫陈享财，西班牙名叫Cocó，身份证上的西名是Tan Siu Chong。我在中国出生，乡下是台山斗山，1927年出生，今年八十三岁（应为八十六岁，不知何故致误）。1949年来古巴，当时二十四岁（虚龄），我在乡下耕田，读过五年书。是我叔叔弄我来古巴的，买纸弄我来，是真纸，出生纸，是叔叔办理侄子过来，办理时我叔叔将我的出生年份报了1926年。

我有四兄弟，我是老大，有两个弟弟抗战时死了，走日本（躲避日军）被飞机炸死的。还有个弟弟叫陈平享，住在台城，近通济桥。他今年六十八岁了，2008年时去了美国，在纽约，他女儿嫁了去美国，办手续将父母申请了过去。

在台山时因为家里穷，我做点小生意帮助家庭，到处去卖瓜菜咸鱼，所以台山很多地方我去过。但广州我没去过。我从香港坐船来古巴①，坐了一个月，从香港到小吕宋（菲律宾），经日本、檀香山到大埠（三藩市），坐火车到罗省（洛杉矶），再到迈阿密，然后坐飞机来古巴。在香港时我去过胡文虎别墅游玩，要一级一级上去，很华丽。在香港时我住了十五天，在湾仔的六国饭店。办理手续让我来古巴的叔叔名叫陈森彩，十八岁来古巴，在古巴三十几年，我来古巴前没有见过他，他也不认识我。他用了五六百元办理手续让我过来，到我赚到钱时，他已经去世了。他在古巴做餐馆，生前没有赚到钱。他1957年去世，到现在五十几年了，如果他还在，现在是115岁。他对我很好，我们像父子俩一般，我现在每年清明都去拜祭他。他没有结婚，没有老婆，单身一人，像我一样。

我来了古巴之后在杂货店工作，一边做工一边学话，学吕文，每个月只有30元，当时二十八九岁。学识话之后可以赚多些钱。之后我在厨房做餐馆工，洗盘碗、洗灶头、帮厨、真厨②，在一间大餐厅，是政府餐厅，有七八十个工人，在厨房里头工作的二十多三十人，只有我一个是唐人，故此没有人跟我说中文，全部说吕文。做了三十四年，两年在另一餐厅③。在餐厅一星期工作五天，星期六日休息。每日上午七时上班，下午三时放工，晚上可以去行街、探望朋友，我有去华区看电影。④

我一直有寄钱给我乡下的父母，对我家庭帮助很大，以前270古巴元到了中国可以兑4 300人民币。我是年年寄钱，赚得多时寄多些，赚得少时寄少些。古

①　其后补充说船名"哥顿"，即S. S. General W. H. Gordon，正式译名"戈顿将军号客轮"，华侨一般称之为"哥顿船"，属于美国总统轮船公司（American President Lines），1946年至1951年载客行走于中国、美国之间。

②　音如此，可能是"跟厨"。

③　陈先生说出两间餐厅名字，但听不清楚，第一间好像是在哈瓦那市中心的Capitolio附近，Capitolio为古巴革命前的国会大楼，1929年建成。又：未知此处所说的"两年"是否包括在三十四年之中。又：据陈先生出示之职业证件，其职位似为助理厨师或厨师副手。

④　陈先生另外好像说在不用上班的日子会煮一些食物拿去卖，但听得不清楚。

巴解放后还有寄，1985 年到中华会馆登记寄侨汇，华侨可以寄，古巴人不可以。驳外汇是我在这里给你古巴钱，你在中国交人民币给我父母。如果有人来古巴，也可以托他带钱回去。1995 年、1996 年时古巴政府禁止寄钱出国，我最后寄钱是 1996 年或 1997 年，父母都去世了，没有再寄。

我做工做到六十岁退休，老了不能做，政府给我退休金，每月 200 元古巴纸，相当于 8 美元，现在每 1 美元兑 25 古巴元即比索。200 元古巴纸我够用了，我不抽烟。

我现在还有做工，煮了芽菜、炒饭、包好云吞去卖，卖给餐厅，给西人吃的，一包两三元，卖得很好，一天可以卖五六十包（似指云吞），赚二三十元。我有钱存在银行里头，需要时提点出来用。

古巴解放时我没有钱，没法离开。当时我叔叔已经去世了，我变得像个孤儿。我没有结婚，在中国没有老婆，如果有的话我不会来古巴。在古巴也没有结婚。

我现在和 Alfonso 住在一起，他对我很好。我认识 Alfonso 十五年了，他原来是行船的，去过加拿大、法国、德国等①。他向我买云吞，大家认识了，他请我去他的地方住，我出 1 500 元，他替我搭了间阁楼给我住，我不用付钱（租金）。他母亲是唐人女，父亲半黑半白，从山埠②来到湾城。他叫我阿叔，他儿子叫我阿公。他儿子是医生，现在去了委内瑞拉③。我晚上和 Alfonso 谈天，教他说中文。

我白天到民治党吃饭④，晚上回家自己煮食。Alfonso 有什么事的话我给他钱支持他。

我朋友很多，西人对我很好。

我来了古巴之后没有离开过，没有回去过中国。

我没有入古巴籍，入籍没有用。

---

① 但之后又说Alfonso打鱼。
② 古巴华侨将一些比较偏远的小镇称为"山埠"。
③ 古巴每年向委内瑞拉派遣为数不少的医疗人员，换取该国的石油，Alfonso 儿子可能因此而去了该国。
④ 洪门民治党的餐厅每日供应免费午膳。

# 得失荣辱　都已淡泊

林文燮　Vicente Lam

　　林文燮先生几乎每天都到龙冈公所午膳，和他妻子一起，之后在那里看电视或者搓麻将，我说想和他做个访谈，他爽快地答应了。他说的是夹杂着广州话的开平话，很好懂。林先生很有礼貌，语气温和平缓。他在古巴一甲子，日子就在华人圈子里度过，经历和其他华侨相比，说不上特别。从他蓄须的照片，才引发他说出拍电影的活动，他在演艺方面的兴趣，也真的难以从外表看出。

　　访谈在 2013 年 1 月 17 日进行，地点是洪门民治党的餐厅。2013 年底我再到哈瓦那时将整理了的访谈记录交给林先生，之后多次见面，他都没有什么表示。

林文燮先生和妻子，2013 年 12 月

我 1940 年出生，今年七十二岁（应为七十三岁），1953 年来古巴，当时十二岁（应为十三岁），我父亲在古巴有一间餐馆，他有病，办我过来帮手。我是从乡下开平经香港来古巴的，乡下是开平赤水墟。20 世纪 50 年代时还有唐人来古巴，1954 年或 1955 年我还有几个叔伯来到古巴。

在乡下时要下田劳动，种禾放牛，小学读到三四年级，稍为识字。来古巴时父亲叫我在香港买些书，以便学习用，但来了之后要学西班牙文又要学中文。稍为长大一点，就要到餐馆学做工，学做仁台，学卖咖啡甜水（汽水），学收银，读书只是读了三年①，之后说我长大了，要转到夜校读，日间在餐馆帮忙工作。有时要早上三四点起床，跟叔伯去街市买鱼、肉、菜、番薯、蕉仔等，叔伯教我如何挑选货品，买好之后用车运回餐馆。餐馆在 10 de Octobrey Arango②，是我父亲和八九个表兄弟、亲人合股开的，有十多张台，还有几个卡位，做仁台的有三四个人，厨房里有一位厨师，两个助手，还有一个洗盘碗。我是仁台、收银、卖咖啡、烟仔、大烟都做，是学徒。我父亲在餐馆负责收银，他什么时候来古巴我不清楚；我看过他的护照，他 20 世纪 30 年代回过中国，回去过一次或者两次我不清楚。

我和母亲一起从乡下去香港，但父亲只办理我来古巴，母亲没有来，是什么原因我不清楚。是我父亲向人买纸张让我来的，来时用的名字叫"钟旺"。因为用了这名字，我父亲病逝后当我想领取他的银行存款时，就出现麻烦了，因为没法提交出生文件证明我是他的儿子，结果我可以接手他的生意，但不能提取他的存款，我找过大使馆，但他们也帮不上忙，钱于是都被政府取去了。古巴 1959 年解放后，东西买不到，供应没有了，餐馆也经营不下去。本来我父亲逝世后，合作开餐馆的叔伯叫我打理餐馆，但东西买不到，我没法打理，只好安排员工离开，等政府没收。当时有个唐人仔，也是姓林的，他有两三个姐妹，是支持共产党的，他们看到我经营不下去，和我商量，说不如捐献给政府，和我父亲一起开这餐馆的叔伯也各自谋出路，有的离开了古巴，有的做洗衣、卖生果等，我没有办法，没有生意又没有钱，只好将餐馆送给政府了，是 1962 年或 1963 年送的，政府也没有给我钱。

我来了古巴之后，没有在这里的中文学校读过，我知道有这间中学，但自己没时间去上课。餐馆的工作很多，从早到晚，又要上学学西班牙文，后来我父亲说我有个表兄弟在加拿大，要我学点英文，于是又学习英文，更加没有时间了。华区也只能一个星期来一次，看看电影。学西班牙文开始时是一位唐人女表姐教

---

① 指在古巴的学校。

② 即在 10 de Octobrey 和 Arango 这两条马路相交处，在哈瓦那市内。

我，用一本书教我西文怎样说，学会讲几句后去一间私人学校学习，要付学费，和一班小朋友一起学一起玩耍，慢慢就学会了。在私人学校读了三年，因为要帮手做工，转读夜校，后来工作忙，没有时间，就没有读了。

我父亲是 1960 年或 1961 年去世的，当时六十一岁，是肺痨病去世的，我来到古巴时，他因病每天都要去打针，又要吃药，但古巴解放后受到美国压制，药品进口不了，没有药，他被送到肺痨院，很快便去世了。

我父亲有一些钱放在房间里，房间是和三四个叔伯一起住的，钱有多少我不清楚，是放在一个箱里的。我父亲去世后几天，我想去取回这些钱，但发觉都被叔伯们瓜分了，他们说我要给他们钱①，但我没有钱，他们就拿走我父亲的钱。我父亲还有钱存在银行，但因为我没有证据也没有出生证明，没法提取，我和律师去过大使馆希望能办手续，但也是没有办法。结果什么都没有了。

之后我只好去打工，先是做了一年多经理，是政府安排的，接手经营一间小的唐人餐馆，后来我辞职不做②，政府说，辞职的话有两样工作我可以做，一是收银，一是在餐馆负责收取货物。收货物很容易发生纠纷，我于是选择了收银，就是按政府规定的价钱收取款项。一直做到六十岁退休，但我眼睛不好③，于是不做了。退休金开始时是 160 多元，后来加了 40 元，之后又加 40 元，现在是 242 元。开始时是够用的，但现在东西愈来愈贵，例如凉水（汽水）从前只卖 2 毫，现在 5 元，咖啡从前两三毫，现在 1 元，所以很困难了。我做收银时，是一个月 130 元，后来转到好一点的餐馆收银，工资多一些，最后到了一间上等餐馆，每个月 180 元。这间餐馆叫豪华餐馆，近 Habana Libre，关志生在那里当厨师，何秋兰在那里收过银④，是何秋兰离开后我负责收银的，因为餐馆要找唐人来工作。

我来古巴到今年刚好六十年，没有回过中国。我母亲本来在香港，20 世纪70 年代时我想办手续让她来古巴，当时我已经结婚生子，母亲来的话可以照顾小孩，我的女人就可以外出工作，但母亲说不想来，想去其他地方，什么地方她没有说。我父亲去世后，我申请了证明（指死亡证明）寄回去给母亲，她后来和一个也是姓林的结了婚，1983 年写信给我，说已经去了加拿大，请我过去见她，我到了加拿大，才知道她已经和这位老林伯结了婚。如果她早些跟我说，我可以考虑举家搬到加拿大，那么她可以照顾我们的小孩，我和我女人就可以去做

---

① 原话如此，不知所指为何。
② 原因听不清楚。
③ 好像说是一只眼视网膜脱落。
④ 参见本书关先生、何女士访谈。

工。这事我现在说出来也感到不好意思。① 我现在即使想去加拿大也不能去了，机会已经错过，我女人也说加拿大太寒冷，她不想去，我们在那边也不认识人，自己年纪也大了。1980 年时我母亲说过想申请让我们去的，但已经太迟了。我的表弟妹也去了加拿大，但是我当时不知道。

我母亲来过两次古巴探望我们，最后一次是在 1998 年，当时说好 2000 年再来看看我的孩子们，但到了 2000 年时她说身体不好，不能坐汽车，我只好再去加拿大探望她，看看她有什么病和能否帮助一下，于是在 2002 年去了。在 2004 年我还去过一次，住了两三个月，当时我问母亲要不要我留在她身边照顾她，她说不要，说我回来古巴好了。谁知我回来才两个星期，她又打电话来要我过去。这时我去加拿大的签证已过期，只好去大使馆再办手续，手续还未办好，我母亲就逝世了，在该年的十一月。她去世时八十六七岁。我本来想去送终的，但到大使馆办手续要出示有关证明，要几个月时间，来不及，我在加拿大的表弟妹将丧事办妥了，告诉我不必去了，所以最后我没有去。

我是独子，没有兄弟姐妹。我父亲有个弟弟，是盲的，他和他母亲关系不好，自己去了其他地方，后来我们去了香港，他又回到家里，几年之后他也去世了，我再没有亲人了。

我在古巴和一个唐人女结婚，她父亲开始时也是做餐馆的，我认识她时她在街市卖鱼，我后来接管餐馆时她弟弟也在那间餐馆工作，是做会计。住在她隔邻的西人刚好我也认识，于是和她有了往来，大家都喜欢对方，后来向她父亲请求让我们结婚，他同意，于是就结婚了。② 以前她父亲教过她几句中文，她很久没说，现在不会说了。

我是 1965 年二十五岁时结婚的，后来有两个小孩，两个男的，大的现在四十五岁，小的四十一岁。大的做厨师，在 Playa 地方③，是间上海餐馆，他以前也在豪华餐馆的厨房工作过。小的做汽车修理，是机械方面的，他在学校读汽车修理，政府就派他做修车的工作。我大儿子和一个女子一起，女子怀了孕，还未结婚就生了一个儿子，这个男孙和我们一起住。后来他又和另一个女子结婚，再生了一个女儿，这个女孙现在十六岁了，读中学。男孩已经读完中学，喜欢计算机，能弄很多游戏，但由于没有这方面的文凭证书，不能做正式的计算机工作，只可以在家里做，替人维修之类的，自己赚点钱。孙女自己生活，没有和我们一起住。

---

① 意即此事令林先生有家丑外传的感觉。
② 林先生称她为"老黄女（或老王女）"，其姓氏应为黄或王。
③ Playa 为哈瓦那市的一个区。

　　我来古巴时用"钟旺"这名字，在中华总会馆登记用自己的中文姓名"林文燮"，西班牙名字跟随我父亲，是 Vicente Lam。正式文件上我没有将"钟旺"改回自己名字，一直作 Chong Vicente Wong Lam①。我没有入古巴籍，一直是中国籍。我曾经申请入籍，但名字总弄得不好，没有成功。我父亲倒是入了古巴籍，所以他能够回乡，我看过他的入籍证明。我留胡子是因为我当时正在拍电影，电影中我是留胡须的。② 我在汽车上被人偷了证件，要补领身份证，刚好这时我在拍片，做演员，留了胡须，于是拍了这样的照片。我拍电影已经好几次，有时是古巴片，有时是外国片。有时扮财主佬，有时是其他角色。是因为电影里有唐人角色，所以找我。钱有时多有时少，有时一次给我一到两元，或者三十至四十古巴元，晚上拍摄的话可能会有十个 CUC。我现在退休了没有事情做，眼睛也不好，有人找我拍电影我很乐意。不然就在这里老人院打打麻将耍乐。我喜欢演戏。

　　1959 年古巴革命时我父亲患病，没有想到要离开，叔伯们也各有生意，都没有想过离开古巴。有少数几位表兄弟是走了的，但我不认识他们。有个表兄去了加拿大，一九六几年时写信给我，说可以去加拿大他那里，但我当时刚好结婚，不愿意离开。一九六几年时古巴社会还不错，我们有工做，也不想离开。一九九几年之后古巴情况就转差了。

　　我现在上一个中文班，是中国来古巴的留学生教的，学几句国语，方便做传话。在民治党的地方上课。老人们没什么事情做，打发一下时间。

---

① 林先生出示他的身份证，其上所见名字为 Chong Vicente Wong Lam Kong。
② 林先生向我出示他的身份证，证上照片中的林先生留了胡子，我问他为何留胡子。

# 虽在困境　壮心未息

## 陈松大　Mun Ton Chang Alberto

在哈瓦那完成了十一个访谈后，我乘飞机去了古巴岛东部的 Camagüey 市，协助我工作的古巴青年奥斯卡（Oscar Amador Peña）也一起去。Camagüey 以人口算是古巴第三大城市，正式中译名是"卡马圭"，但华侨们称之为"甘玛畏"或"甘玛隈"，是四邑方言的读音。该地从前华侨很多，超过一千人，现在凋零了，出发前我请中华总会馆的周卓明先生翻查一下关于该地现有华侨的资料，他说尚余三人，并将有关的姓名、地址给了我。

按地址找陈松大先生时，发觉他已经不在该处，应门的是位古巴女士，白种人，明白我们来意后，她叫屋内一位年轻女子带领我们去找陈先生。后来了解到，陈先生以前的确住在这里，应门的女士是他前妻，年轻女子是他俩离婚后，这位前妻再婚和第二位丈夫生下的女儿。到了陈先生家，他对于有不认识的人老远从香港来探问，既惊讶又兴奋，很友善地和我谈话。他女儿也在家中，穿白色制服，是位护士，混血儿，面孔很有东方味道，是陈先生离婚后和另一女士生下的。访谈到末段，两位七八岁可爱的小女孩下课归来，是陈先生的外孙女。小朋友大概没有见过什么东方人，对我很好奇，我为她们拍照，她俩更感兴趣。可惜拍出来的照片不甚理想，之后有朋友去古巴，我托他带照片，请周卓明先生将之转到 Camagüey 交给陈先生。

和陈先生完成访谈后，他带我们去找谭树枢先生，至于该地的第三位麦姓华侨，陈先生说其人住处很远而且身体很不好，恐怕已经不能说话，故此没有寻访。

访谈日期为 2013 年 1 月 21 日，在陈先生家中。重洋阻隔，访谈记录无法交陈先生过目。

陈松大先生，2013 年 1 月

我乡下是台山海晏，近广海。陈松大是我本人的名字，西名 Alberto，但我来古巴用的名字是陈满堂。因为我有个疏堂①阿伯在古巴，已经入了古巴籍，他在这里做生意。当时中国大使馆②和古巴政府交涉，华侨在这里有生意的可以申请儿女过来，这位疏堂阿伯在台山有两个儿子，大儿子名陈满堂，二儿子名陈满城（音），他是财主佬，在古巴中过彩票，于是将我当作他儿子申请来了古巴，用"陈满堂"③ 这名字。④

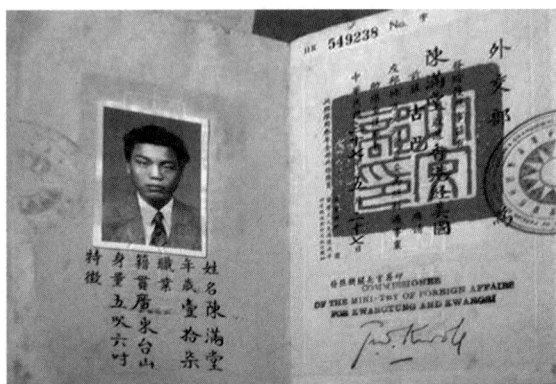

**陈先生来古巴时用的护照**

我是 1948 年来的，当时十七岁，在乡下读过一点书，读到四五年级。我来两年后即 1950 年，我父亲在乡下逝世，我只见过我父亲一天。我有四个弟弟，我是老大，四弟在乡下出生四十天之后死去。我是坐船来古巴的，因为穷，没钱坐飞机。谭树枢因为家里有钱，坐飞机来⑤。我从香港出发，在香港过了一个多两个月，睡双层床，等批准，然后坐船去旧金山。一个月有两班船，很大，好像航空母舰⑥。坐了十八天船，经过菲律宾、日本横滨、檀香山、旧金山，在旧金山见到一个代理人，懂得中、英、西三国语言，然后到迈阿密坐飞机来古巴，飞机上来古巴的中国人一共 42 人，多数去湾城，只有我一个来 Camagüey。我最穷，身上只有一套衣服，像个农民一样，一些家里做生意的有钱，穿得好还戴了手表。我来了之后做卖生果蔬菜的小生意，赚了钱，每个月寄 100 元回去给我弟弟

---

① 即亲戚关系较为疏远。

② 指国民政府驻古巴的大使馆。

③ 陈先生出示当时的护照，1948 年 5 月 27 日签发，名字为"陈满堂"，西文 Chang Mun Ton。另外陈先生也保留了当时在香港接种天花、霍乱等疫苗的记录文件。

④ 意即因为有了钱打算回中国养老，不必将自己的儿子申请来古巴。

⑤ 谭先生的访谈另见。

⑥ 之后陈先生说 360 元，可能指船票价，但不能确定。

陈松均，当时古巴元的价值等于美元。以前中国人来古巴要经过美国，要交100美元给驻美国的领事馆才拿得到过境签证。

从前古巴有三万多华侨，我来到Camagüey时这里有1 200个华侨，台山人最多，社团有陈颖川堂、李陇西公所、海晏公所、龙冈公所、民治党、国民党，还有俱乐部，里头有麻将打。不过，Camagüey没有华区即Barrio Chino。华侨做生意的少，打工的多。有个老叶，是台山人，在这里有二十多间餐馆。谭树枢是几代人在这里了，他从台城和母亲去香港，然后自己来古巴，他祖父、父亲已经在Camagüey。我是1948年来的，谭树枢一九五几年来。华侨做杂货、餐馆、洗衣熨衣的最多，从前打工只有40古巴元一个月，不过吃饭、抽烟、喝凉水都不用付钱。这里的社团有麻将打，10元一档，有的打输了，将人工赔光了还不足够，要欠账。

Camagüey华侨男的多，女的很少，只有三个，一个老黄（或"王"），一个老谭，一个老叶，是新会、台山人①。有些华侨是在乡下结婚，没有带妻子来。是可以申请来的，但要钱，湾城有办庄可以申请华侨的妻子来古巴，要一千元②。

古巴革命后，有二十多人去了花旗，其余的都死了，老谭（名字听不清楚）死了之后，现在就剩下三个中国人③。我来Camagüey是因为有个阿伯在这里做小买卖，当时的凉水很便宜，这里制造的可口可乐只卖五仙，菠萝粥夏天时吃了对肠胃很好。我来了古巴之后一直在Camagüey，早期和这个阿伯一起住，靠近街市的地方，帮他忙生意，早上四时就要起来，卖早餐给工人吃，这些工人吃了早餐就去上班开工，又卖牛奶。以前古巴的牛奶很好，现在的不好，勾了水。

如果有大本钱，我想回中国去请两个师傅过来，在这里制味精和酱油，利钱很高，味精可以卖4元一斤，酱油3元，现在古巴没有味精、酱油卖。我想开制造厂，可能要在湾城，需要十万美元的本钱。④ 不做生意生活不能解决，我现在的老粮（退休金）每个月242元。我女婿是工程师，每月也不过五六百元，但我们每日的伙食就要百多元，我有两个孙女，早餐晚饭，开支很大。我以前是做生意的，开餐馆，后来被政府接收了，是1968年3月13日，政府最后一次将无论大小的生意通通接收，我像地主一样，被迫去做田工，斩蔗除草。我认识的朋友多，过了一个月，他们帮忙将我弄出来⑤。

我很顾家，在古巴几十年了，有救济家庭。我和这里的阿伯做小买卖，卖蕉

①　指这三位华侨的妻子是从中国前来古巴的。
②　之后又说几百元、两千元，很笼统。
③　包括谭树枢，另见访谈。
④　说这段话之前陈先生说希望我回港后联络他在台山的亲人，资助他在古巴做生意。
⑤　之后说的不清楚，好像是让他去唐人餐馆的厨房工作，但陈先生不愿意，后来去当了司理。

仔、西红柿、瓜菜、番瓜等杂货，一个月有一二百元。钱是从 Camagüey 的银行汇出，汇到香港的办庄，办庄代理，送回乡下给家人。要抽佣，100 元抽 10 元。办庄名叫马达赐（音），在卢押道 10 号，六国饭店旁边，有位伍宜学（音），也是我们海晏人，办庄很多。古巴政府转变后，我寄黑市回去，这里有两个华侨，自己去了美国，家人留在古巴，我给他们家人钱，他们在美国寄钱到中国给我母亲、弟弟，300 古巴元换 100 美元。后来中华会馆可以寄侨汇，但很不公平，他们自己人可以寄很多，我们就有限制，有三种限额。我继续寄回去给母亲和弟弟，有时用黑市办法，即有些人不寄的话我就用他的限额，付他一点钱，改换地址，但人名是不可以改的。我一直很顾家，在乡下起了三间屋①，我自己不抽烟不喝酒。

我回过中国两三次②，第一次是 1988 年。1988 年之前情况不公平，不是民主同盟的人不让你回去，大同盟的人支持共产。其实每年的五一劳动节和十月十日③都有人回去，但如果你不是大同盟的人，就不能去。1988 年我是用古巴钱回去的，和一个姓谭的乡里两个人回去，经中山公所安排。中山公所在湾城李陇西堂、林西河堂旁边④，这个姓谭的乡里八十多岁，又哑又聋，身体不好，坐轮椅，有女儿在台山，他回去医好了身体。我们经加拿大、俄罗斯到广州，香港不能去，没有过境证，在中国停留了八十天，过了新年。我回去之前的两年母亲逝世了，当时九十多岁。

第二次回去是在 2006 年或 2007 年，也是和乡里老谭一起回去，去了一个月，由莫斯科飞香港，在香港没有停留，坐车到深圳，从深圳再坐车回台山，要80 元。我母亲在我回去之前一个月去世了，没办法⑤。回来时再经香港，停了一日两夜，有位陈达文（音）照顾我，为我付钱，可惜我没有机会和他再见面了⑥。我 1960 年和一个唐人女结婚，姓甄（音），她父亲也是海晏人，她在古巴出生，不会说唐话（汉语），是正式结婚的⑦。我有一个女儿⑧，但和女儿的母亲不是正式结婚的，大家是街坊，相熟，我的女儿不会说唐话⑨。我有两个孙女，

---

① 指家人用寄回去的钱盖屋。
② 应为两次，见下文。
③ 原话如此，应指十月一日。
④ 哈瓦那有中山自治所，陈先生所说应为此一华侨社团。
⑤ 原话如此，与上文所说矛盾。
⑥ 陈先生对我说，希望我回到香港找找这位陈先生，但他没有此人的地址等信息。又：据陈先生的忆述，他只回过两次中国，不是三次。
⑦ 后来离了婚。
⑧ 访谈时陈先生的女儿在旁，是位护士，在医疗站工作，医疗站在陈先生住处附近。
⑨ 意即陈先生离婚后再和另一女子相好，生下我访谈时见到的这个女儿。

大孙女现在读初中，很聪明，成绩很好，常常得 90 多分。

我现在住的这地方是 1960 年我结婚时买的，用了 25 000 古巴元。现在有人出 200 美元向我买①，但如果我卖了，到什么地方去住呢？

我在台山还有两个弟弟，一个在台城，一个在海晏，此外还有一个妹妹，不知道死了没有②。

我没有入古巴籍，还是拿中国护照。

### 访谈后记

我回到香港后，致电陈先生在广州的弟弟陈松均，找到他并多次电话联系。我将陈先生这篇访谈记录寄到广州给他，他收到后来电致谢。他说打算到古巴探望他哥哥，但不知何时能够成行。

---

① 原话如此，但价钱听来很不合理，200 美元只相当于 4 800 古巴比索。

② 之后陈先生请我回去转告他弟弟陈松均，说他在古巴精神很好，但生活困难，物资贫乏，请他弟弟设法接济一下。又请我转告他弟弟，如果去古巴探望他，可以经由加拿大前往。陈先生出示了他弟弟的名片，我做了记录，他弟弟是广东省台山市广播电视局的副局长。

# 奈何不获上苍眷顾

谭树枢　Vicente Tam

　　这一篇访谈记录的写法不一样，不是以第一人称自说，是间接叙述。

　　和陈松大先生完成访谈后，他带我们坐人力三轮车去找谭树枢先生，谭先生的住处位于 Camagüey 市中心，是幢很旧的平房，在两条马路相交的角落。和谭先生访谈的日期是 2013 年 1 月 21 日，陈松大先生在场，两人可能在古巴生活得久了，互相交谈时用西班牙语，不说中文。

　　这次访谈，没有录音，我只是做了笔记，在古巴的三十多次访谈，只有这一次是这样子。没有做现场录音，原因有两个，一是谭先生听力不好，沟通比较困难，没有办法引导他谈话，只能等待他听明白或者领悟到我想知道什么时，才主动说出来。二是谭先生的经历比较凄惨，我不想打开录音机好像迫使他说话，觉得让他自发、自己愿意说时说出来比较好，故而没有录音。不过，谭先生当时很清楚这是一次访谈，他怕我会弄错他祖父和父亲的名字，还特意将两人名字为我用笔写下来，虽然他已很久没有写中文，写起来有点吃力。另外他也让我用照相机将墙上悬挂的照片翻拍，翻拍时他在旁向我解说。但不知什么原因，这些翻拍的照片效果都不好。访谈结束，我回到住宿的地方后，赶紧凭笔录和记忆将谭先生所说的写下来，这篇记录就是如此完成的。

谭树枢先生，2013 年 1 月

谭先生是台山白水乡荣华村人，2013 年 7 月足七十一岁。他是谭家在古巴的第三代，祖父谭荣记来了古巴，何时前来，谭先生不清楚。谭荣记之前在另一个埠开杂货店，后来迁来 Camagüey，很长寿，1988 年在古巴去世，享年九十八岁。他是一个人漂洋过海的，妻子没有来古巴，她后来去了香港，在香港逝世。谭荣记儿子即谭树枢的父亲名谭灼舜，是独子，从乡下前来 Camagüey，来了之后做餐馆工，应该是在他父亲即谭树枢祖父的餐馆里工作。谭灼舜也是只身来古巴，妻子没有来，留在乡下，她后来也去了香港。谭灼舜 1987 年在古巴逝世，享年七十三岁，换言之，谭灼舜比他父亲谭荣记早一年去世。

谭荣记和谭灼舜都回过台山，看来谭荣记在古巴积蓄了一些钱，谭树枢先生说他回去广州买了"一迷楼"，地址是大德路六十九号三楼，此处现在是他的大嫂在居住。

谭先生父亲回过台山，在妻子已经怀孕但未生下谭先生时返回古巴。谭先生有一个哥哥，两人都在 1953 年前来古巴，哥哥年头来，他自己年底来。谭先生来了古巴之后，再没有离开过，一直在古巴。他哥哥来了之后不喜欢古巴，在 1958 年离开，去了香港，后来遇上意外，不幸身亡，去世时只有四十二岁，我听不清楚也无法确定他是在广州抑或在香港去世的。对于意外的情况谭先生叙述得详细一些：他哥哥在工厂割伤了手指，本来并不严重，但医生治疗得不好，他之后头晕，在海边行路时跌下海里，被送入医院，9 天后死亡。他哥哥遗下一女儿，名谭紫清，现在在香港。谭先生向我出示了一封他这位侄女 2006 年寄给他的信，她当时因为搬了家，写信通知谭先生她的新地址，自此之后她再没有信来。在访谈中，谭先生一再叹气，说因为自己没有钱，亲人不想联络他了。

谭先生在 Camagüey 和祖父、父亲住在一起，他是做厨师的。餐馆由他父亲传下来，谭先生接手经营。古巴实行国有化后，餐馆被没收，谭先生转到其他地方工作，他和陈松大先生一起在一家政府餐馆里工作了 25 年。

谭先生和祖父、父亲一直在古巴，古巴革命后也没有离开。

谭先生 1976 年在 Camagüey 结婚，妻子是唐人女，一位在古巴出生的混血儿，其父是中国人，来自开平，姓张，母亲是古巴人。谭先生婚后生下一女儿，1978 年出生，他妻子怀孕时因为照 X 光处理不当，女儿生下来弱智弱能，访谈中谭先生说过两次他女儿一直像个初生婴儿，什么都不知道，不能自理，大小便都要靠谭先生照料，故此谭先生要全时间照顾这个女儿，甚至他到市场买点东西，也要请邻居来照顾女儿，方能外出。谭先生妻子 2009 年去世，当时七十三岁。现在谭先生和女儿住在一起，是幢旧平房，屋顶是木造的，楼顶很高。访谈在厅中进行，另有一房间，用布帘隔开，里面黑漆无灯光，谭先生提起布帘，请

我看看睡在房里头的女儿，我看到一张婴儿床，四周有木栏杆围着，里头躺着一个细小瘦弱的身躯，面朝里头，我不敢多看。

谭先生和父亲、哥哥的合照

谭先生现在和女儿住的房子是 1976 年他结婚后搬进来的，之前他和祖父、父亲住在另一地方，也是在 Camagüey。现在他住的这房子本来是他妻子和她母亲即谭先生的岳母居住的，因为岳母有病，他搬进来一起住，以便照顾。现在他岳母、妻子都已经去世，剩下他和女儿。墙上挂了几张照片，彩色的一张是他结婚时和妻子拍摄的，一张黑白的是谭先生和他父亲、哥哥三人的合照，另一张黑白的是他父亲的肖像，这些照片我都翻拍了，翻拍时谭先生在旁向我一一说明。

谭先生本来有一个机会去香港和他母亲见面，2000 年①时他准备好了去香港，但出发前脚部要做一个手术，听医生吩咐要休养四个月，行程推迟，谁知他母亲就在这期间去世。故此他 1953 年离开中国后就没有再见到过母亲，为此，谭先生在访谈中一再叹息。

谭先生的大嫂名李盛意，现在居住在广州大德路谭先生祖父从前买下的房子里。谭先生收到大嫂寄来的一封信已经很久了，但一直没有回信。他嘱咐我回港

---

① 此年份凭记忆记下，可能不准确。

后尝试联络李女士，告诉她信已寄达，但因为自己精神差，没有回信。另据谭先生说，他大嫂似乎在办理手续取回或取得大德路的房子，故此谭先生在古巴用钱请了类似律师的专业人士开具了文件，说明他祖父在古巴是独自一人，并没有再结婚，故此也没有家眷。这相信和中国的遗产法律有关，但好像中国方面的房屋委员会①不相信，以为谭荣记这么长时间在古巴，不会不在当地结婚生子。故此谭先生一再嘱咐我回去之后告诉李女士，说他祖父、父亲在古巴确实没有再成家立室，两人只在中国有家庭。

谭先生大概体会到自己的经历凄苦，所以一再慨叹说人生犹如一场梦。他说从前在古巴赚钱是很不错的，古巴比索基本等于美金，可以赚钱寄回乡，但现在古巴钱是没有价值了。现在回一次中国要用很多钱，他知道自己是负担不起了，没有这样的机会了，说时连连叹息。

在古巴所做访谈中，谭先生的遭遇可说最为不幸。他们家从祖父开始是四代在古巴了，但到了他弱智弱能的女儿，也就终止了，无法延续。他的上两代算是好景，到了他遇上古巴革命，落入艰难境地，到了他女儿，也就结束了。

访问谭先生之后的一天，我离开了 Camagüey，出发前再去探望了谭先生一次，送了点钱和食品给他，他连声多谢，再次叹息自己没有机会回中国了，祝我一切顺利，我登上人力三轮车离开时，他站在房子的门前向我挥手，我不敢回头多望。

回到香港后，我写信寄到广州给李盛意女士，告诉她谭先生近况以及谭先生嘱咐的话，附上照片。后来李女士从广州打电话来，说领取房子的事已经办好了，我请她写信寄到古巴告诉谭先生。另，我回港后亦去信给谭紫清，后来谭小姐根据我信内所附名片上的邮址发来了电邮，告诉我谭先生所在地太遥远，她要帮忙也没有办法。

香港作家周耀辉在《纸上染了蓝》这本小书写他妈妈，里面有这样一段：

小时候，我听过香港电台一个节目，叫"幸福玻璃球"，开场白大概是这样的：幸福是一个玻璃球，掉在地上，变成了很多很多的碎片，我们都在捡拾，有人拾到多些，有人少些，但，人人都有一些。

谭先生的祖父、父亲也许捡拾过一些幸福的碎片，到了谭先生，这些碎片不知怎的萎缩起来，以至于消失了，填补的是连串的不幸，绵绵难尽。

---

① 谭先生用此名称。

72

# 第一位成功访谈的女华侨

伍美婵　Rosa Tang Yi

  完成了 Camagüey 的访谈后，我接着去 Ciego de Ávila，这是古巴中部的大城市，正式中译是"谢戈德阿维拉"，老华侨则称之为"舍咕"。安顿好之后，雇了辆车，前往附近的城镇 Morón，探访伍美婵女士。伍女士有家人在香港，我通过曾经去过古巴的朋友认识了他们，从而得知伍女士的所在，也了解到她的基本情况。伍女士在港的家人还托我顺道带钱给她。由于有了这样子的事前联系，和伍女士的访谈很顺利，她和我都是台山人，语言上易于沟通。直到和伍女士做访谈为止，我都只找到男性华侨进行访问，原因一是古巴华侨男性占绝大多数，二是女性华侨一般不大愿意接受访谈，她们多数主持家务，不外出工作，觉得没有什么好谈的，性格也比较内向。伍女士成了我成功访谈的首位女华侨。

  访谈于 2013 年 1 月 23 日在伍女士家中进行。访谈完毕，伍女士带我到附近游览，然后请我和助手奥斯卡在她家里吃午饭，与她儿子、女儿、媳妇、孙子等一起，很热闹。回到香港后，我将整理好的访谈记录交给伍女士在香港的家人，他们读后提供了一些数据，我作了补充。

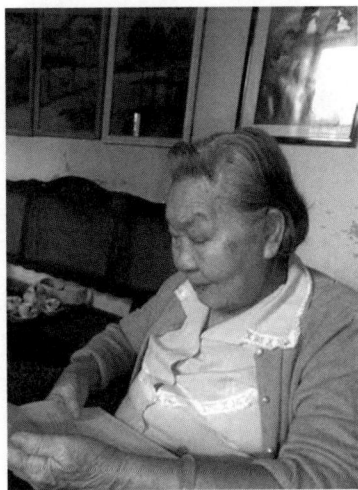

伍美婵女士，2013 年 1 月

我乡下是台山四九下坪昌平村，从前在下坪有个车站，往五十墟在这个车站转车。昌平村有山，有一间中学。我今年八十八岁（应为八十九岁）。我不在乡下出生，是两岁时被送回家里去的。黄茅田我去过一次①，是打仗的时候，我躲日本军队，在大山里躲了两天。

我在乡下读过四五年书，后来沦陷，日本仔来了，要逃难，学校也关闭了，没有书可读，抗战胜利后也没有再读了。我父亲本来是华侨，在小吕宋，一半做生意一半打工，后来回乡下，遇上抗战，他去香港，但香港又失陷，他回到乡下，抗战胜利一年多之前在乡下去世。我有两个妹妹，一共三姐妹，我是老大，两个妹妹读书，我就没法读书了。本来我乡下的家庭环境不错的，我祖父开店做生意又耕田，我伯父耕田又养塘（指经营鱼塘），后来打仗，损失很大，亲人一个一个离世，于是家道中落了。

我是买纸来古巴的，用假名，当时的唐人十居其九是买纸来古巴的。我有个亲戚也姓伍，也是下坪人，她丈夫在夏湾拿，已经入了古巴籍，这张纸是她丈夫买了准备为她办理来古巴的，后来她丈夫在香港的古巴领事馆办手续时，别人告诉他，他是古巴籍，有权申请妻子来古巴，所以他没有用这张纸。过了一年，我丈夫想申请我来，就用这张纸，用了 500 多元买来的。我丈夫当时还未入古巴籍，后来才入籍的，他当时想申请让他在乡下的儿子来古巴，因此入籍。我原名伍美婵，纸张的名字是 Rosa Tang Yi，我之后没有改回原名，是可以改的，但我丈夫说不要改，如有什么事发生而要去美国的话，用纸张上的名字较容易，从前由古巴去美国是很容易的事情。我两个妹妹没有来古巴，一个后来去了美国，一个留在乡下。她们都没有来过古巴，来古巴不是容易的事情。在乡下的妹妹有一个儿子，有成就，是搞电学的，替人修车，起了一间屋，两层，这个妹妹现在已经有孙子了。

我是 1950 年来古巴的，当时我丈夫甄祥林（西名 Felipe）从古巴回到台山，我 1947 年和他结婚，1948 年他先回古巴。我丈夫在乡下读过书，是有才学的高才生。他在台城开了一间布行，但遇上钱银变水（指货币大幅贬值），用钱买入的货卖出后得到的钱不值钱，无法再买货，他带回的外洋钱损失很大，生意没法做了，和我结婚后就先回来古巴了。

我丈夫在乡下有一个儿子②，当时已经十四岁了，本来想让这个儿子和我一起来古巴的，但我丈夫希望他在乡下多读几年书，他说这样的话就不会忘记唐话，不会说唐话的人会变成洋人，没有家庭观念。结果我经香港来古巴时将他带

---

① 因为笔者说自己的乡下是台山黄茅田，故伍女士有此响应。
② 和前妻所生，甄先生的前妻当时已病故。

去了香港，放在亲戚处。1954年弄了纸张让他来古巴，他在香港机场出发时连行李也过了磅，但登机时说不能来，于是他就留在香港，之后在那里读书、成家立室、做生意，住在亲戚家里，全靠自己，后来还开了一间厂，干得很有成绩，我们都称赞他，他也很自豪。他三年前已经在香港去世了①，他没有来过古巴，不过，他的家人和儿女来过古巴四五次，探望我丈夫，我丈夫1997年去世后，1998年他们还来过一次。

我丈夫是1926年或1928年来古巴的，初时在夏湾拿做工，有个兄弟（同乡）和人合伙做生意，是个有钱仔，生意不错，赚了钱他自己想放假回乡，和我丈夫商量，将生意转让给他，他于是开始做生意，是开生果店的。之后他又办理了手续让一个乡里来古巴，教导这同乡在Morón买一间店来做，遇到波折，要经由Morón的会馆调解。当时这里的唐人会馆有三间：中华会馆、民治党和黄（或"王"）氏会馆，经调解后买下店铺来做，但这个乡里经营不成功，写信给我丈夫请求帮助，我丈夫于是来了Morón和他一起经营，过了一年多，这个乡里在乡下的家人写信来要他回去，我丈夫为他弄到了水脚，这个乡里就回乡去了，我丈夫就自己经营，赚了钱。又过了一两年，我丈夫的父亲要他回去，他于是回去，因为回去才有了儿子，他本来是结了婚才来古巴的，但第一次来时没有儿子，第二次回去才生下儿子。儿子出生了他又回到古巴，他离开古巴期间，店铺是一个兄弟代为经营。抗战胜利后，他又回到乡下，这时他老婆已经病死了，就和我结了婚。我们结婚后他在台城开布行，做不下去了回到古巴，和朋友合伙买下这一迭屋②。我到古巴是直接来到Morón。我是坐飞机来古巴的，用了900多元。

我丈夫在Morón很受尊重，我这样说不是骄傲，是真的，他朋友很多，很多是做大生意的西人朋友。他在这里是经营旅馆和餐馆，一直做到被政府没收。

我来到Morón时，这里有七八百个中国人，华侨会馆很大，Morón管辖五六个埠③，中国人在这里做餐馆、衣馆、种菜园，在坐监屋（监狱或拘留所）那边有一大片地，唐人在那里种菜、种薯仔。初时唐人也做糖寮，Morón这地方管辖六个糖寮，很兴旺，糖寮是花旗鬼开的。这里的火车站很漂亮，从前更好，前面有个大花园，进出车站很有秩序。1959年后离开的中国人很多，有过埠的，有回中国的，另外有很多人在这里去世了，现在这里只剩下我和另外几个真正的中国人。

在Morón做生意常有赊数的情况，我们发一本小簿给客人，登记账目，但客

---

① 据伍女士在港家人回忆，甄先生儿子2008年去世，即五年前，不是三年前。
② 指访谈所在的一排房屋。
③ 伍女士随之用西班牙文说出了几个地名，听不清楚，估计她的发音也不一定准确。

人到月底又说没有钱，下个月再算，到了下个月，还是没有钱，然后转到其他店去消费①。但不发小簿又没有生意。

我来了古巴之后没有出外工作，在家里照顾儿女，我有两子一女，大儿子名奕浩，西名 Felipe，和他父亲一样；二女名翠芳，西名 Hilda；三子名奕瀚。我有四个孙子女，都是在这里出生的，最大的也叫 Felipe，四个儿孙当中有一个现在〔在〕美国。我儿女不让我到外面做工，说我不会说西班牙话，不要工作。

伍美婵女士和丈夫甄祥林先生、三位儿女的合照

我们经营的旅馆有三十多个房间，住的人有的住久了不走，又不付钱，革命后政府推行"居者有其屋计划"，将房间给了他们，也不收他们的钱。但这些人都是暂时在这里住，等待政府分配给他们正式房屋，因此在这里住得很不负责任，水渠常常堵塞，楼底也漏水，害得我要清理。

政府没收了旅馆后，我就开始做工，打理旅馆，每个月 60 元，我丈夫的工资也是 60 元。我做了十多年工，50 多岁时退休，退休初期每月只有 40 元，现在 200 元，不过当时的 40 元比现在的 200 元值钱。

我丈夫 1997 年去世，九十四岁，他年纪比我大 24 岁②。他经营的旅馆是三个人合股的，他是老大（可能指大股东），由他当经理，其余两人一个开餐馆③，

---

① 指钱收不回来。
② 此处所说年份、岁数等似不甚准确。
③ 好像指在此地开餐馆。

另一个开杂货店。旅馆客人很多是附近山埠来 Morón 办事要过夜的人。革命后，政府在 1964 年将旅馆没收了，没收了不但没有钱给我们，还要我们交钱，补纳以前的税款。我们本来住在这大楼后面的地方，革命后我丈夫的西人朋友对他说，最好自己开一条通道从我们住的地方通到马路上来，不然的话如果政府在大楼边建墙，我们住处就没有出口了，经此提醒，我丈夫才开了现在这通道。我是1950 年到达古巴就在这里居住的，这通道是 1962 年开通的。

我从乡下来古巴时，不知道后来会变成这样，以为会回中国，但后来变得不可能，幸好有特殊机会，才回过中国。因为有家人在香港①，我丈夫回去过三四次，我自己则回去过两次，第一次和我丈夫一起，香港的家人接我们过去，去了六个月②。第二次在 2007 年，由舍咕民治党安排回去，民治党请一些老客（即老华侨而未有机会回乡者）回去，一批六七个人，去了一批，我属于第二批，回去台山在我妹妹处游玩了十多天，香港的亲人又接我去香港住了十多天③。

1959 年古巴革命后，我们办理去美国的手续，但没有去成，革命前规定十六岁以下可以去美国，革命军人政府改为十四岁，我们申请时大儿子十四多岁，律师说待到手续完成时，他已超过年龄了，有一些朋友④向我丈夫 Felipe 说：不用申请了，几个月后儿子超过十五岁，不会批准的。我丈夫于是改变主意，他和大儿子留在古巴，让我和二女儿、三儿子去美国，当时古巴有些中国人这样做，部分去美国，部分留下，之后再申请留在古巴的亲人过去。但二女儿说如果哥哥不去，她也不去，她当时才十一岁，说父亲已经六十多岁，在美国又不认识人，过去会很困难，宁愿大家在一起，共同进退。最后大家都没有去了。当时能够去美国的多是有钱人，像我们这样的中等人一般期望政府会转正，于是等待。我丈夫是国民党人，国民党的人写信叫他去美国，但他自己一家老小好几个人，去了美国不知如何照料，自己又不会说英文，去了要做洗地洗盘碗的工，自己已经六十多岁，很难去的。有个亲戚去了美国，写信回来说在美国做洗盘碗的工，洗得手指也烂了，像我丈夫这样向来做生意自己没有做过劳苦工的，看到这样就害怕了。我丈夫一直对儿子说要多读书，书读得好出来不用做辛苦工，坐在办公室拿笔工作就有温饱了。古巴解放时我才三十多岁，我的想法是希望离开的，但我丈夫的想法不同，他不想。其实我来到古巴时是不喜欢这里的，我在夏湾拿的报纸看到美国的唐人女可以做车衣、洗衣的工作，自己赚到钱，有个唐人婆自己丈夫死了，她工作养家，供四个儿女读完大学，但我在这里无法外出工作，好像被关

---

① 甄先生和前妻所生儿子在香港。
② 在 1989 年，见本文末的"附记"。
③ 据伍女士在香港家人回忆，此次她来港在 2009 年或 2010 年。
④ 好像指在政府里工作的朋友。

在米缸里头的老鼠一样，想到自己的前途心就沉了下来。在 Morón，当时从中国来的女人就只〔有〕我一个，在附近两个埠仔各还有一个，一共就三个，其余都是男的，在夏湾拿的中国女人多一些。有几个男的在这里娶了当地女人，但他们生下的唐人仔不认自己是中国人。现在会馆里头的唐人仔、唐人女很多了，有几百人。会馆得〔到〕政府支持，有生意可做，进一些货，以便宜价钱卖给唐人，三个月一次，但不是唐人货，是一般商品，如油、洗衣粉，唐人货只是夏湾拿中华会馆才有。会馆也开餐馆①，有钱可赚。

我丈夫是中华会馆主席，他来到 Morón 一年多大家就让他当主席，一直到他逝世。他回中国期间由其他人担任，他回来又再让他当。他在这里很开张（混得开），报纸上常见他的名字，认识他的人很多，他死后丧事很隆重，电台也有报道。由于他朋友多，古巴 1959 年解放之后我们的生活不算艰难，经常得到朋友帮助，1990 年开始他的香港家人又来探望，带钱给我们，我们又去过中国，他买东西，认识的人往往便宜一点卖给他。

我大儿子是学核电的，后来去了农业大学。二女儿读化学，在大学的医院工作，是位教授，教很多外国学生，也有中国学生。她读的是正式大学，半工半读，还读了不少其他文凭。她离了婚，有个儿子，但偷渡去了美国，在迈阿密，已经去了七年，希望明年能够回来探望我们，因为规定要过若干年才可以回古巴，他正在申请。②

在古巴，读书不用钱，老人有老人院可住，退休人士想锻炼身体，有免费地方可去，早上前往，吃完午饭才回家，不用钱，看医生也不用钱，有病要住院的话也不用钱。我不久前两只眼都做了白内障手术，现在看得清楚多了，也不用钱。

我和两个妹妹没有通信了，太长时间没有写中文，我现在已经不懂得写，打电话给美国的妹妹，因为两地语言不同，也无法沟通。

### 附记

伍女士在港亲人提供以下资料：

甄祥林先生在香港的儿子名甄奕源，1935 年生于台山，十四岁时来港，1959 年本应由香港往古巴，遇上古巴革命，无法前往，之后在香港定居、读书及工作。甄祥林先生在港亲人首次由香港往古巴探望甄先生是 1989 年，共前往

---

① 指 Ciego de Ávila 的民治党分部会馆。

② 没有说三子情况，只提到他妻子是护士，住的地方是以前中华会馆的馆址，是住在那里的会馆书记请他们进去住的。

七八次。甄奕源先生于 2008 年在香港去世。

　　甄祥林先生曾先后来港三次，第一次在 1980 年，第二次可能在 1983 年，这两次都是单独来港，第三次在 1989 年 3 月，此次与伍美婵女士同来。又伍女士再于 2009 年或 2010 年来港，此行是与陈细九等华侨先回去内地，之后来港，此时甄祥林先生已逝世。

# 流落小镇　家乡已忘

谭立章　Ruben Tam

　　找到谭立章先生访谈，有点偶然。伍美婵女士的访谈完毕后，她告诉我，在 Morón 还有一个中国人，住在不太远的地方，由于我雇了车，走动方便，于是向伍女士问明了地址，就过去了。谭先生当时在家，正在做点维修房子的事，看到我出现，觉得很奇怪，道明来意后，谭先生乐意说自己的经历，于是顺利完成了一次访谈。由于房子在维修，室内有点乱，和谭先生一起住的妹妹也在，这妹妹是谭先生父亲在古巴再婚生下的孩子之一，母亲是古巴白人，亦即古巴华侨说的唐人女。谭先生 1950 年到达古巴之后，就在 Morón 这地方工作和生活，没有离开过，一生经历不算复杂。他说以前 Morón 有百余个中国人，现在只剩下他和伍美婵。离乡六十多年，谭先生没有回去过，和家乡的联系已完全断绝，连家乡的面貌都记不起来了。

　　访谈在 2013 年 1 月 23 日进行，在谭先生家中。

谭立章先生，2013 年 1 月

　　我今年八十九岁（或九十岁），1923 年或 1924 年出生，记不清楚了。我是开平赤水人，从前赤水来古巴的人很多。我在乡下读过六年书，完成了高小。

　　我 1950 年来古巴，当时二十五岁（二十六或二十七岁），这时候我父亲已经在古巴，在古巴几十年了，他在乡下结婚，生下了我，我一岁时他就去了古巴。他是自己一个人去古巴，我祖父在家乡，没有去。我父亲在 Morón 做生意，和三四个人合伙开杂货店。合伙的人后来回中国去了，他继续经营。

　　我有个叔叔在菲律宾做生意，要办手续让我去菲律宾，于是我去了香港办手续，住在深水埗、旺角，在香港住了几年。后来打仗，香港沦陷，我就回到开平，在开平住了几年，1950 年去了香港再来古巴。我来古巴是坐飞机来的。

　　我母亲没有来古巴，她住在乡下，解放后去了香港。我父亲在乡下只有我这个儿子，不过他在古巴又结了婚，娶了古巴人，生了三个儿女，我到达古巴时他们大约三四岁，所以我在这里一共四兄弟姐妹，其余三个不会说中文。我父亲九十多岁才在这里去世，是十多二十年前了，具体在哪一年，现在记不清楚。他身体很好，不是病死的，是因为年老，跌断了脚骨，要打针，他心脏承受不住而死的。我父亲来了古巴之后就再没有回过中国，但他有寄钱回家乡，家人用他寄回去的钱起了间新屋，又买了些田地。

　　我来古巴之前结了婚，十八岁时在开平结婚的，还生了一个女儿。后来中国解放，我母亲、我老婆和我女儿去了香港。我老婆后来在香港和另一个唐人结了婚，然后一起移民去了美国，不过她不适应美国的气候，过了两年就死掉了。我现在还有一个女儿在美国。

　　（问：那你为什么不办理手续让你老婆过来古巴呢？）

　　当时古巴的薪水很低，一个月只有 50 古巴元，又要寄些钱回乡下和香港，剩下就没有多少了，如果我老婆来了根本无法维持，所以没有办理手续让她过来。古巴的唐人很少将老婆接过来的，十中无一，单身的多。我在古巴没有再结婚，一直单身，因为钱不够，结了婚无法维持，譬如现在一个月才 200 元（指退休金），根本不够用。

　　我来了之后帮助我父亲做杂货，一直做到古巴解放，商店都被没收了，但我们的杂货店没有被没收，因为解放之前我们关了门，不做生意了。之后我和父亲都替政府打工，继续做杂货，我一个月有 70 元，一直做到退休。我在古巴就是做杂货，没有做过其他工。

　　我来到 Morón 时这里有一百多个中国人，有一间中华会馆，可以在里头饮茶、打麻将，现在只剩下我和伍美婵两个。以前这里的唐人主要做杂货、洗衣、餐馆这三样工作。Morón 以前有糖寮，有唐人在里面打工，人数不多，在糖寮做工很辛苦，现在改为用机器了。唐人开菜园的也很多，种白菜、豆仔、生菜、番

薯、西红柿等，自己挑担子去街上卖，也很辛苦。菜园是向古巴人租赁回来的，在湾城也有唐人做菜园，还有种莲藕的。也有些唐人不做工，专门赌博，有私人赌馆。也有唐人卖彩票，是政府的彩票，一张两角半钱，卖一张可赚五毛钱，中了头奖有一万元，有唐人中过两万多元，两万多是很大笔钱了。

（问：那你在古巴的兄弟姐妹如何呢？）

我弟弟做医生，是外科医生，在 Camagüey。现在和我住在一起的妹妹从前在卫生局工作，是护理人员，现在已经退休了。还有一个妹妹去了美国，去了已经十多年了。

（问：古巴解放时很多中国人去了美国，当时你们有没有设法离开呢？）

去美国要渡海，船只细小，很危险，有人死掉了，所以不敢。当时 Morón 的唐人只有三几个去了美国。

（问：来了古巴之后有回过中国吗？）

我来了古巴之后就再没有回过中国，我来古巴时坐飞机要 1 100 美元，如果来回的话要 2 000 多，很昂贵，不容易。

我的女儿在香港住了很长时间，没有回过开平，她在香港工作，之后去了美国，去了也有几十年了。她从前是写信给我，现在是打电话，每个月都有电话来。我没有去美国见过她，她来过古巴两次，第一次在 1998 年，和我的妹妹一起从美国来①，第二次在 2004 年。她间中寄钱过来，从美国可以汇款来古巴，但比较麻烦。

现在的这间屋是我父亲从前盖的，杂货店就在旁边。现在我妹妹住在这里，我住在旁边。房子已经很陈旧了，但要维修的话很昂贵，修一间房也要 1 000 多美金，要维修整间屋就要六七千美金。

我在古巴已经 62 年，快 63 年了。现在年纪大了，很少去湾城了。

我在乡下还有侄子、堂兄弟等。我离开太久，乡下什么模样都忘记了。

---

① 妹妹即其父亲在古巴所生之女儿。

# 小镇女性　守护一家

陈燕芳　Inés-Gaen Ba

在 Ciego de Ávila 市找老华侨访谈，主要靠陈细九先生帮忙，他是该市洪门民治党的主席。他开车先和我们去找陈燕芳女士，在该市郊外一个叫 Venezuela 即委内瑞拉的小镇。小镇人口不到三万，陈女士是这里唯一的华侨。往访之前陈先生用电话联系了陈女士，结果我们抵达时，她穿上了整齐、明亮的衣服在家里等待，还烘焙好一个大蛋糕，访谈结束后请我们一起吃，令我非常感动，在物资贫乏的古巴，这是极其难能可贵的事。访谈时陈女士的女儿也在场，她是土生华裔，不会说中文，但和她母亲一样，友善热诚，将家庭照片、一些相关证件拿出来给我们细看。

至于陈女士的经历，和伍美婵相若，都是远嫁来了古巴，之后生育孩子、照顾家庭。丈夫年龄比她大，无可避免也就去世得早。委内瑞拉是个小地方，全镇只有陈女士一位中国女性，全镇华侨也只有他们一个完整的中国家庭。往后我能够访谈到的其他女华侨，情况亦大致如此。

访谈在 2013 年 12 月 3 日进行，在陈女士家中。

陈燕芳女士（右）和她女儿，2013 年

　　我叫陈燕芳，西班牙名 Gaen，是从中国名字翻译过来的①，因为这个名字西人叫起来困难，我丈夫替我另取了西名 Inés。我今年八十五岁，1951 年 4 月 18 日来古巴②，坐飞机来，当时二十一岁③，是从九江去香港再来古巴。

　　我乡下是南海九江，在乡下读过一点书，当时生活很艰难，读书不是付钱，是给米，一学期二三十斤米，因为当时银纸变水，付钱没用，读书要交米。我读了一个学期，1949 年解放，1950 年只能读点夜校，之后不让我外出，不能读书了，其实我很喜欢读书，中国家庭的教导就是这样。之后就来了古巴。我父母早已去世，是我伯父让我来古巴的。

　　我父亲和我伯父都曾经在古巴做工，还有一个叔叔在湾城，现在都已经去世了。我父亲和伯父后来回到中国，我是父亲回到中国后才出生的。我父亲抗战时逝世，伯父在广州做药材铺，是出口药材的，他是解放后逝世的。

　　我是来古巴结婚的，是我丈夫办理纸张让我过来，然后在这里结婚，他当时已经入了籍，可以正式申请我过来，用自己的真名字申请。1951 年 4 月 20 日、21 日结婚，在夏湾拿九江公会举行婚礼，摆酒席，当时九江公会的地方是租回来的，后来才有了自己的地方，是自己的一幢楼。

　　我丈夫叫李泽棠④，西名 Santiago，全名 Santiago Lichac。他很小就来了古巴，回去过中国两次。我们结婚是经一个在古巴的唐人介绍的，这个唐人和我丈夫合股做生意，他因为有私事，要回中国，我丈夫让他先回去，他将我介绍给我丈夫。我在结婚之前在九江见过我丈夫，当时是抗战胜利之后，很多人回国，有的在中国结了婚，将妻子带回去，我是来了古巴才结婚。坐飞机来古巴时同机的有四个中国人，三女一男，女的都是结了婚，过来她们丈夫处，这几位古巴解放后都走了，我因为没有办法，走不了。

　　我结婚之后就来了现在这个 Venezuela 埠，我丈夫经营的杂货店就在现在我们住的这地方对面。他一直是做杂货店的，和人合股，这种杂货店西人叫mida⑤，什么东西都有，酒水、玻璃杯、烧炭用的风炉等都有，不是名贵的东西，这里是乡村，农民不会买贵价货，喜欢便宜的。他的杂货店请了两个伙计，他自己也

---

　　① 应指"燕"字的音译，不敢确定。

　　② 指抵达日期，见下文结婚日期。

　　③ 在陈女士出示的照片中，有一张附有她的生日，为 1927 年 6 月 20 日，若然，则到古巴时应为二十四岁，2013 年时八十六岁。

　　④ 陈女士费了很大功夫仍无法在纸上写出"棠"字，后来找出李先生生前中华会馆的会员小册，才知道是"棠"字。

　　⑤ 发音如此，无法查考。又，据陈女士出示的照片，她丈夫经营的杂货店名为 La Campaña。

做。古巴解放后已经清算掉了①，是政府没收最后的商店时被没收的②，没收了连一毫子也拿不回来，他之后替政府打工，薪水 75 元。因为他之前当杂货店的经理，有些税项要还清，故此只能拿这样的薪水。在银行的存款也没有了，只剩下一点现金，于是变穷了。

陈女士结婚照，1951 年

　　我来了古巴后没有工作过，我是想做工的，做工可以赚自己的一份薪水，但我丈夫不让我做，要我照顾家庭，有两个孩子要照顾。大儿子 1952 年出生，叫李绍昌，西名 Fausto，是个机械工程师；二女儿 1953 年出生，名李茜玲，西名 Silvia María。我丈夫 1980 年去世，当时七十岁，他的年纪比我大很多。古巴解放后我也没有工作，所以我自己没有退休金，我丈夫逝世后，我领取他的退休金，开始时是每个月 40 元，当时的东西便宜，现在每月 200 元，但买东西都用美金，这点钱就不足够了。

　　古巴 1959 年解放后我们没法子离开，虽然纸张都弄好了，这是因为我们的

---

① 指杂货店被没收。

② 应在 1968 年。

儿子在这里出生，要当兵，古巴的入伍年龄是十六岁。本来他是要去当兵的，后来幸运地不用去。当时我丈夫认识很多人，其中有一个古巴军人，入农村来了这地方，光顾过我丈夫的杂货店，我丈夫接待得很好，凑巧这军人的夫人是我儿子学校的老师，知道我儿子读书成绩很好，后来就申请不用当兵了①，当兵的话很辛苦，做牛做马。于是我儿子读完了小、中、大学，古巴的好处是读书不用钱，另外就是有什么病痛的话，看医生、住院也不用钱。我儿子现在已经六十岁了，结了婚，住在东省的 Santiago de Cuba，有一子一女。女儿和我一起住，她本来已经结了婚，但丈夫要去美国，她不去，因为去了没人照顾我，到了美国也不容易生活，结果她离了婚，已经十多年了，她不想丢下我。她很孝顺，但在这里出生的不及在中国出生的孝顺。

我来到这个 Venezuela 小埠时，这里有 30 多个中国人，杂货店有六七间，三间牛肉铺，天天宰牛，餐馆两间，还有一个台山人做洗衣。但只有我一个中国女人，很凄凉。这里的男人有两三个和当地女人结婚，其余的都单身，有些是妻子留在中国没有来，中国家庭就只有我们一家。古巴解放后，这里的中国人有三四个回了中国，其余走的不多，因为政府要发展农业，要做过除草、斩蔗的工作才让你离开，还要有人担保。我们一家四口，只有一个人做工，无法离开。

我回过中国一次，在 2006 年，是民治党安排的，一共 9 个人去，由古巴去莫斯科，最后去香港，去了一个月②，回到了南海九江，九江现在很漂亮，我不认得了。回到乡下感到很开心，也很苦③。在乡下还有一个伯母，住在九江，有两个叔伯细佬，即伯父的儿子，住在澳门。我很久没有读中文了，执笔会忘字，我偶尔会写一下，以免完全忘记。

---

① 大概指因为这军人疏通，儿子不用服役。
② 关于这次回中国，见陈细九先生访谈。
③ 指心情痛苦。

# 少小离乡　闯出一片天地

陈细九　Luis Chang Wu

陈细九先生八岁来到古巴，现在基本上不能用中文表达了，访谈时他说西班牙语，由我的助手奥斯卡译作英文，这份访谈记录就是如此整理出来的。他现在是 Ciego de Ávila 市洪门民治党主席，我到这地区寻找老华侨访谈，事前和他取得联系，他帮忙找到陈燕芳女士，自己也答应说说经历。和陈先生的访谈是 2013 年 1 月 24 日在民治党的大楼内进行。陈先生属于幼小来到古巴，在这里读书、成长的一类，融入了古巴社会。古巴教育发达，这些华侨完成了高等教育，成了专业人士，各有成就，陈先生闯出的一片天地尤其可观。同时，他们依然努力和家乡、华人保持联系，这样的情况，还见诸黄锦芳、黄锦念两位女士。2013 年底我第三次到古巴时，以为有机会再见到陈先生，因为民治党在哈瓦那举行周年大会，各地民治党的负责人会出席，但结果没有见到，原来他去了西班牙探望女儿，不在古巴。

陈细九先生，2013 年 1 月

我叫陈细九，乡下是番禺梅山南村，1946年3月1日在乡下出生，八岁时来古巴。我伯父即我父亲的哥哥在古巴，我父母留在中国，没有来古巴。我一共四兄弟和三姐妹，我排第四，有一个弟弟来过古巴探望我，是几年前的事情①。我大哥出生不久就死掉了，之下有一个姐姐，排第三的哥哥身体有缺陷，结果由我来古巴。我1954年到达古巴时，我伯父在这里已经20多年了。他当时有些资产，做不同的生意，有一辆货车，为雀巢公司的工厂运送牛奶。我还有一个姑姑在香港，两个叔伯在秘鲁。

我伯父在 Jatibonico 市，离 Ciego de Ávila 五十公里，他在这里结婚，娶了在古巴出生的唐人女，女方的父母都是唐人。我伯父叫 Joaquin Chang，中文叫陈振佑（音），但这名字我不会写了。他来了之后再没有回过中国，不过一直有寄钱回乡下。1959年古巴革命后，推行国有化，我伯父的生意都国有化了，他打算去美国，先将子女送去了美国，自己和妻子也等待去美国，但在离开古巴之前，伯父心脏病发作去世，当时是1978年，他的妻子后来去了美国。

我来之前在广州读过五六个月书，然后在香港也读了五六个月，我到香港是办理前来古巴的手续，用的是假纸张，由我伯父在古巴办理好。在香港我住在亲戚家里，我姑姑替我办各种手续，（问：要不要亲自到古巴领事馆之类的机构面试呢？）我记不起来了。我坐飞机经日本、夏威夷、加拿大，加拿大哪一个城市想不起来了，之后经墨西哥再到夏湾拿，飞了将近八天，在日本时因为天气不好，停了两天，在墨西哥也因为天气不好，要过一个晚上。和我一起来的有一个我称为表兄弟的人，他当时十七八岁，其实他不是我的真正表兄弟，这人的父亲在古巴，和我伯父一起工作，这个人后来在20世纪70年代从古巴回中国去了，坐一艘古巴船，当时古中关系还很好，船只运糖去中国，可以搭载一些人，收费很便宜。

我来了之后，要有西班牙文名字，我伯父和朋友商量后，取了 Luis 这名字，我姓名最后的 Wu 是我母亲，她叫胡萍（音），我父亲叫什么名字我不知道，因为只是"爸爸、爸爸"这样叫，不知道他名字，反而因为我寄钱回乡要写母亲名字，所以知道，我父亲死得早，我母亲是大约十年前才去世的，我回中国时见过我母亲。

我先到夏湾拿，在那里住了一个月，住在伯父一位朋友家里，这人是做生意的，然后就到 Jatibonico 我伯父处。由于我只有八岁，要上学，我伯父让我去一间私立的天主教小学读书，早上到学校上课，中午在学校吃饭，大约下午五时回家，在家里吃晚饭。在这间学校我要学习各种西方礼仪，当时我很顽皮，常打

---

① 此弟弟的女儿后来到古巴读书，见下文。

架，所以我伯父特意安排我读这间学校，希望我学好礼仪。但我在这学校只读了两年，就因为和老师有冲突，要转校，结果转到了另一间私立学校，没有宗教的，在 Arroyo Blanco 市，离 Jatibonico 十四公里。我其实没有读完小学，因为伯父不断搬迁，每搬到一个新地方，就让我进该地的学校，随便选个级别，学年还未结束，又搬去另一处，进入另一间学校。古巴革命之后，我拿到一个特别的奖学金，这奖学金是颁给参加过扫除文盲运动的人的，我其实没有参加过扫盲工作，但把握时机，拿到了奖学金，这是 1962 年的事情。凭这奖学金我进了一间特别中学，学习技能，1967 年毕业，成了农业技师，然后开始在一间糖厂工作，同时在大学进修，在 Santa Clara 大学，读了五年，1972 年毕业，拿到了农业工程师的资格。之后为古巴政府工作，首先在 Santa Clara 一处蔗场，后来进入该省份的农业领导部门，然后遇到我的女友，她在 Jatibonico 工作，因此我就申请转调来了 Jatibonico 的糖厂任职，然后又被派到 Ciego de Ávila 做农业研究的工作，担任一间蔬菜公司的主管，之后是 Ciego de Ávila 市城市农业项目主任。在古巴的特别时期①，中国农业部邀请古巴专家到中国访问，我被选中，和古巴农业部一位副部长一起去中国访问，我向中国大使馆申领了护照和签证，就去中国。

我没有退休，六十六岁时当选为此地民治党主席，我要求从农业部门退下，转到民治党工作，现在专门在这里任职。我是 1978 年搬到 Ciego de Ávila 居住时参加了民治党的，来了这里大约半年后，经这里的唐人介绍而加入。后来我当上了副主席，现在是第三度当主席了。

我虽然一直在古巴政府部门工作，但没有入古巴籍，保留着中国国籍，拿中国护照，不过我是古巴永久居民。在古巴，国民和永久居民有同样的权利和义务。我没有申请过入古巴籍，觉得没有这样的需要。

我来古巴，费用是伯父付的，用了 200 多比索，我来了之后读私立学校，要付学费，也是伯父付的，他将开支都登记下来，我要偿还。我读书时就一边打工一边还钱，替伯父打工，在他的商店卖货或者用三轮车送货。当时的中国人都这样做，来古巴的旅费和其他开支冲抵之后靠工作的收入来偿还。即使到了古巴革命胜利之后，当我成了农业技师时，我还在偿还伯父的欠款。到我伯父逝世时，我已全部偿还完毕，甚至还多付了，就当作给他的"小费"吧。

我来了古巴之后没有机会学中文，工作的地方也没有人说中文。我用中文写信回乡下给我母亲，要靠伯父和朋友帮忙才能写。没有机会学中文，我感到很遗憾，我是希望学中文的，所以后来我将我女儿带去了中国，让她在那里学中文，做我自己没有机会做的事情。之后，也是为了这原因，我说服了我的弟弟，让他

---

① 指 20 世纪 90 年代苏联解体后，古巴的经济困难时期。

的女儿也就是我的侄女前来古巴学西班牙文和读旅游课程，她拿了一个古巴政府的奖学金前来进修，在古巴读了六年书，她现在已经回到中国去了。当时拿古巴政府奖学金前来进修的，一共有三个中国学生。

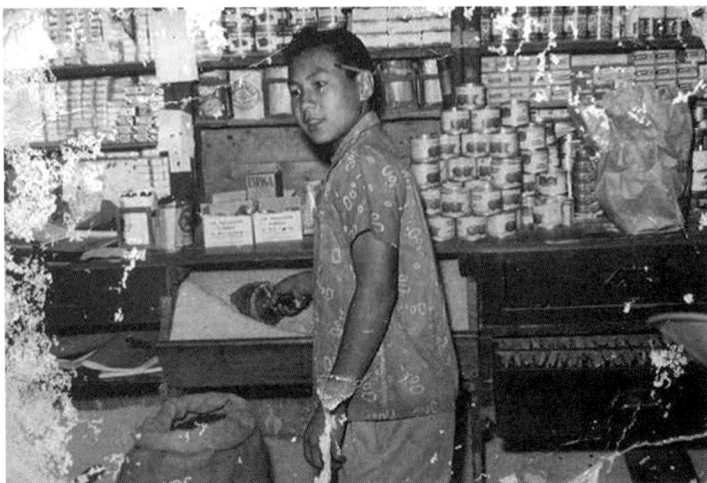

陈先生小时候在杂货店的工作照

我到了古巴之后的第二或第三年，就开始寄钱回乡下，我替伯父打工，他没有直接付我工资，替我存起来，也替我汇钱回乡，一年一次，每次 270 比索古巴钱，当时一比索等于一美元①。

古巴革命发生时，我十三四岁，当时对政治没有兴趣，但在学校里受到鼓动，也就卷入了革命历程，前往参加生产劳动之类的。当我成了农业技师之后，就要受军训，同时进行。（问：你认识的中国人当中，有积极支持革命的吗？）有支持革命的中国人，有一些还从事情报工作，中国人当中有社会主义分子，他们支持革命。

我汇钱回乡下，汇到古巴革命后政府不准汇，停止了一段时间。后来又准汇钱，我又再汇，汇多少视乎亲戚关系有多密切，密切的比如父母亲就可以多汇一些。当时古巴有一些中国人有亲戚在乡下，但他们没有钱汇回去，我就用了他们的配额，于是就可以将比政府规定的多的钱汇回乡下，后来我回中国时有钱可用，就是因为在中国已积累了这些汇回去的钱。当时中国刚开始改革开放，汇率低，我汇回去的钱兑换后变成大数目。我自己的收入很微薄，于是就种菜、养猪，卖掉之后有了钱，就汇回乡下。当时规定，最多汇 275 比索，但一比索汇回

①　每次汇 270 比索是指在 1959 年古巴革命后，见本书"附录二"。

去等于一美元，我母亲将钱分了一些给我的兄弟后就存起来，于是积存了不少钱，他们买药、买衣服和还债就用这些钱。后来中国改革，准许私人做生意，我弟弟想买车辆运送花（可能指运送鲜花），就问我能否借用这些钱买车，我答应了，他就买了十二三辆车，赚了很多钱，富有起来了。

　　我第一次回到中国在1981年，当时中国搞经济改革不久。后来，我陪同古巴一位农业部副部长去中国时，已经是我第四次去中国了。其实我毕业成为农业工程师时，本来有机会去中国的，当时古巴政府派农业专家去中国、越南，考察古巴送过去培植的甘蔗生长得如何，我申请了，但被拒绝，原因是我持中国护照，不是古巴国民。1981年第一次回中国时的经历很有趣，我离开时是小孩，回去时已经是成长了的大人。我回去是探望母亲，母亲当时大约八十岁，弟妹们都已经结婚。当时中国刚开始改革开放，人们都很穷，没有什么钱。我在古巴工作，没有和中国人来往，中文已经忘记，不大会说中文。我到了夏湾拿，和那里的中国人说话，发觉他们说的我很多都不明白。于是，去中国之前，我申请了无薪假期，向人借了一部录音机，去了夏湾拿的各个华侨社团，和老人谈话，将谈话录了音，因为我害怕回到中国不会说话，见了母亲也不会说话。后来到了北京，从中国驻古巴领事处拿了一份说明，详细地列出要注意的事，例如怎样乘车之类。我其实只记得我们村的名字，但不知道怎样回到那地方，乡下的地址是写在一个信封上的，我在广州找了一个的士司机，向他展示信封，请教他怎样回到我们村去。结果回到村子时，大约在中午，我的弟弟和村民、邻居正在田里吃午饭，他们当时收割木薯，于是我也和他们一起下田收割，我是搞农业的，做起这工作来驾轻就熟。在乡下过了一个星期，我就什么都能说了。我回乡，我母亲很高兴。这一次我在乡下住了三个月。回到古巴后我继续寄钱回，将钱存起来，之后回乡时就有钱用了。第一次回乡之后六七年，我又回去。陪同古巴农业部一位副部长去中国，这已经是我第四次回去了。我第三次去中国回来后一个月，收到古巴政府发来的传真，通知我到中国去，这是1991年的事情。换言之，1981年至1991年，我去了中国四次。第四次的行程是北京、四川、福建和广东，在农业部副部长离开后，我在中国多逗留了十五天，以便回乡探望家人。行程中我们探访和农业、粮食生产有关的企业、合作社和工厂等，在广东时探访了农业大学的研究中心，广东和古巴气候接近，种植的东西也多相同。行程结束时，我们作了一个报告，在古巴驻华大使馆内。我担任民治党的工作后，安排一些未有机会回中国的老华侨回乡，一共办过三次这样的团。我最近一次去中国是三四年前了，我有一个女儿在西班牙，一个儿子在迈阿密，这两三年去探望了他们，没有去中国。今年有个活动在中国举行，如果收到邀请，我会去，但也要看看财政上是否负担得来。

　　我妻子的父亲是中国人，母亲是西班牙人（西班牙裔古巴人），我们结婚已

经四十年了。她是家庭主妇，没有工作，我加入民治党后，她也加入，为民治党当义工，从前民治党穷，没有钱，大家只能当义工，现在财政改善了，可以聘请专门人员任职。

我女儿读外国语言，主修英文，我带她到中国①，希望她学点中文，她很喜欢中国，决定留下来读书。她在广州读中文读了六年，然后在那里工作了大约一年。我女儿的学习费用是我弟弟付的，所以我也安排我弟弟的女儿来古巴学习。我女儿在广州时认识了一位一起学中文的西班牙人，两人在中国结了婚，男子的父亲要他们回到西班牙去打理他们家族的生意，他们就去了西班牙，已经去了四五年了。他们生了一个女儿，现在三岁了。我女儿在一间店工作，工余也教点中文，赚取外快。

我儿子在古巴是当医生的，他毕业后工作了六七年，然后去了美国，现在在迈阿密，去了已经五年了，是非法出境去的，坐快速船，之前没有告诉我，他离开四天之后女儿才从中国打电话来告诉我，因为他害怕，担心从美国打电话过来对我们会有影响。他自己一个人去美国，妻子和女儿还在这里，一年之后，他妻子拿到一个工作签证去了秘鲁，带了女儿去，之后她们从秘鲁再去美国，现在一家都在美国。他们这样过去我觉得很不好，其实有办法正式申请离开的，这样非法过去很危险，有人就因为这样被杀，很没必要。

我侄女从中国来古巴读旅游课程，她在这里过了近七年，大约四个月前才回到中国去。她抵埠后先等了几个月，因为要等学年开始，第一年学西班牙文，在夏湾拿大学，之后五年来了 Ciego de Ávila 读旅游课程。

Ciego de Ávila 的民治党现时有 280 个会员，其中只有九个是从中国来的②，其余是土生的第二代或者第三代唐人。

（问：这里的民治党看来财政情况很好，经营自己的餐厅，又组织和资助华侨回中国，这些华侨不必付费用，何以财政这么好呢？）

我们得到批准，可以从事一些商业经营，例如生产和售卖农产品，将收入积存起来，进行各种活动。接下来我们要进行的大项目是修好民治党这幢大楼，这大楼已经很古老了，以前非常残破，花了很大功夫才改善成现在这样子，之后还要改善。这大楼很重要，如果大楼消失了，这里唐人的历史和踪迹也就没有了。改善大楼需要很大财力，中国大使馆会提供一些资助，但主要还是靠自力更生。

---

① 好像是 1997 年的事情。
② 包括陈先生、伍美婵、谭立章、陈燕芳。

**访谈后记**

访谈结束后，陈先生领我们参观民治党大楼，这地方相当大，主厅现在用作餐堂，后面有连串房间，从前是让单身华侨作为宿舍或者过境时居住用的，现在多改为仓库，储存货品，供民治党买卖用，属于陈先生所说商业经营的部分。大楼的二楼开辟了几个房间，内部装修不错，家具齐全，作宾馆用。另大楼内放置了不少饰物，如石塔之类，是陈先生历次到中国时带回来的。之后陈先生又开车带我们参观他正在开辟的一个"古中友谊农场"，面积相当大，里面种植着各种蔬菜。

# 现代遗民　海隅余生

周柏图　Felipe

完成了 Camagüey 和 Ciego de Ávila 两地的访谈后，我到了 Cienfuegos 市，位于古巴的南海岸，这城市现在的中译名是"西恩富戈斯"，老华侨则称为"善飞咕"或"善灰咕"，这个西班牙文的字义是一百把火，古巴 1959 年革命的几位英雄之中，有一位叫 Camilo Cienfuegos，姓氏和这城市的名称一样。2010 年底我第一次到古巴时，来过这地方，遇到一位古巴黑人，他从前留学苏联，学核电工程，请我们到他家里吃晚饭，告诉我们 Cienfuegos 的近海发现了石油，中国会派遣技术人员前来帮助勘探和开发。

我这次在 Cienfuegos 的联络人是唐仲喜女士，她刚当上此地民治党的主席，非常热心。她带我探访这里的老华侨，第一位是周柏图先生，在郊外的 Rodas，是个人口三万多的小镇。这名字的中文音译是"罗达斯"，相当于英文的 Rhodes，原指古希腊的罗得岛或罗德港，周卓明先生告诉我，老华侨称之为"车辙"，何以如此，我不得其解。不过，见到周柏图先生时的情景和之后他的访谈，给我留下非常深刻的印象。

往访前，我们没有通知周先生，他看见唐女士带了一个陌生的中国人到来，非常茫然，呆呆地望着我好几秒钟，到我开口说明来意后，他一个字一个字地说：对不起，我已经很久没有说中国话了。这眼神和声音至今让我印象深刻，真没想到，在通信如此发达的今天，会在古巴这小镇遇上周先生这样的"遗民"。

在之后的谈话中，周先生说起话来有点吃力，他太长时间没有说中国话了！一个字一个字地吐出，有点书面语的味道，用词也古旧，说"我的妹子""我的叔子"这样的词语，我可以明白，但觉得陌生。有时他要稍微停顿，才想得出要说的话来。唐女士在旁边向他说：你可以说西班牙文，我来翻译。但周先生还是坚持说中文，当中复杂的感情，我想我多少能体会到。周先生的经历，在古巴华侨当中说不上独特，但他的眼神和语调，透露了一种独特的处境。用"遗世而独立"来形容周先生，也许贴切。我不会再有机会见到周先生了，也无法得到他的音信，只能默默遥祝他余下的日子过得安稳。

访谈于 2013 年 1 月 27 日在周先生家中完成，唐仲喜女士和沈杰林先生在场，这两位的访谈记录另见。

周柏图先生，2013 年 1 月

我名字的"柏"写作"伯"也可以①。西名叫 Felipe。1931 年出生，现在八十二岁，番禺南村人，这里现在变作白云区，接近机场。

我九岁时因为抗战，去了曲江、星子，接近湖南。我是一个人走的，我家人将我送到孤儿院，我跟孤儿院的人一起走难。

打完仗我回到乡下，还见到日本军人②，美军轰炸江春机场，我看到炸弹成串炸下来，炸死了很多人。江春机场是日本的秘密机场，离广州不远，在我乡下三四公里远的地方，但不是白云机场。

我在乡下读过四五年书。我们这一代人属于最艰难的一代，出生的时间不好。打完仗回乡下后，我替人看牛，看了两三年，之后搬去太和市，在药材铺当学徒，直到 1951 年来古巴，当时我十八岁③。我在乡下有父母，有一个弟弟和两个妹子，我是大哥，只有我来古巴，他们都没有来。我的叔子周镜星在古巴，他有一个朋友认识古巴的外交部部长④，叔子办纸张让我来古巴，我是用自己的真实姓名前来的。坐飞机坐了三四天才到达，之前到香港办手续，在香港住了一年零两个月，我是和叔子周全星也就是周镜星的弟弟一起到香港办手续来古巴的，在香港时租木屋一起住，在九龙的山岭上。我在古巴的叔子用了多少钱办理手续让我们来古巴我不知道。

---

① 唐仲喜女士在旁边插话："我为他汇钱时是用'柏'字。"
② 此处周先生说"五十七年时"，不知何解。
③ 此处不准确，如 1931 年生，应为二十岁。
④ 原话如此，且一再提及，也可能指认识外交部的人。

我叔子周镜星很早来古巴，1925 年、1927 年左右，他做过斩蔗和很多其他工，之后做生意，开一间杂货店，就在 Rodas 这地方。他在这里结婚，娶了古巴女子，现在还有一个孙女在，1969 年他在古巴去世。

我来到古巴之后就在我叔子的杂货店工作，每月有 65 元，食、住都在店里，但衣服要自己买，不过当时衣服很便宜，一件上衣一元，一条裤子三元半到四元，现在不同了，上衣要 100 元，裤子要 200 元。从前古巴钱价值很高，18 元可以买一两金，古巴元比美元要高。我来到古巴后要还钱给我叔子，每个月还 50 元。

在杂货店是每天都工作，一年只有一两个星期休息，每天从早上七时开始，到凌晨一时才结束，工作很多，很辛苦，我来之前不知道会这样辛苦，比在乡下更辛苦，如果知道是这样，就不来了。

杂货店一共四个人，我卖东西，也做其他工作，做到下午七时[①]，然后冲凉、食餐，再准备第二天的事情。因为工作时间长，没有什么娱乐，只能看看报纸，如《民声日报》《华文商报》。不过也有机会去夏湾拿游玩，有时请一两个星期的假就去了。

我有汇钱回乡，古巴政府未转变前，汇钱很容易，夏湾拿有办庄代汇，汇多汇少没有一定，一年总有四五百元汇回去，很可靠，钱都汇达，当时的人不好猾，不像现在。四五百在当时是不小的数目，现在的古巴钱是没有什么价值了。政府转变之后，限制就多了，要经过很多途径才能汇出，汇出的钱在中国只收到一半，另一半中间人拿了（指黑市汇钱）。现在完全停止汇钱已经好几年了，连汇钱用的小册子也失掉了[②]。古巴现在很穷，反而中国变得富有，现在是应该从中国汇钱来古巴才对。

1962 年政府接收了我叔子的杂货店，我叔子之后每月拿 98 元退休金，我继续在店里工作，替政府打工，到 1967 年离开，因为当时经济情况很差，杂货店没有什么东西可卖，进来一些很细小的番薯，一下子就卖光了，因为当时粮食缺乏，人们都饥饿，我看到连吃的都没有，就离开了，去了农村工作，在农村可以偷些番薯、芋头、粟米等来吃，不然找不到食物，是非常艰难的时期。在农村也是替政府打工，做除草的工作，没有固定薪水，做多少算多少，我在农村做了一年半。之后我去了 Matanzas 的一个埠 Ciénaga 打工，是个沼泽区，用泥土填平，

---

① 指店在七时关门。
② 这种小册子由中华总会馆发出，对每次汇款做记录。

改成农地①，做了五年，非常辛苦。

之后我回到 Rodas，在养鸡场工作，直到现在。我已经退休，每月拿 242 元退休金，在鸡场工作是义务的，没有钱，但有得吃，又可以拿一些饲料回来自己养猪②。鸡场离这里三公里，我每日骑单车往还，在那里吃早餐，每日有一块鸡肉吃，另外不下蛋的鸡或有病的鸡，鸡场会丢弃，可以取回来吃。这鸡场是政府的，规模很大，有上万只鸡。我养的猪自己吃，也卖给别人，是交给人剐的。

我在番禺还有弟妹，都已经六七十岁了，现在已没有通信，中文我已经忘记，不会写了。

我来了之后没有回过中国，没有钱回去，现在老了，回去也没有用。以前是有钱的，但都投到实业（"实业"为原话）中去，盖现在这房子用了四十千（四万元），在农村搞经营时又用了很多钱，有个时期想扩大一点，想买庄园养牛、种蔗等，谁知后来政府变了，收不回来。如果早知会这样，就不会做这么多事情。

我来到古巴后，就住在现在这房子里。当时 Rodas 埠有六七个中国人，现在只有我和一个姓陈的。③ 现在 Cienfuegos 也只有六个中国人。④

我在古巴六十多年了，过得很不容易。1959 年古巴政府转变时，我叔叔没有离开，他当时已经七十多岁，老了，到其他地方也没有用。他是有些钱的，当时都藏起来，谁知后来政府改变货币，他藏起来的钱没有用了⑤。

我看西文报纸，知道现在法国的飞机可以载五百人，中国正在建航空母舰，中国的火车达到时速 350 公里。我做了白内障手术，可以看报纸。我有个侄女即周镜星的孙女，是眼科医生。⑥

和我一起来古巴的叔子周全星抵埠后也一起在杂货店工作，他做到店被没收，即 1968 年，之后做单车修理，直到 2010 年逝世。他也没有回过中国，他在古巴没有结婚，但他乡下有老婆和女儿，后来还有孙女，他们没有来古巴，他自己一个人在这里，和我一样。

我没有结婚。古巴华侨当中女的很少，因为在这里要做苦工，女子不适

---

① 西班牙文 ciénaga 意为沼泽，古巴 Matanzas 省南部有一叫 Ciénaga de Zapata 的地方，为加勒比海地区最大的沼泽，现在已变成一个大农业区，很多旅游书有介绍。周先生当时可能参加了将此沼泽区填平为农田的劳动。

② 周先生将屋内一个角落辟作猪栏，内养猪四只，都很肥壮，故此屋内有臭味。

③ 据其他人说，这位姓陈的华侨已经逝世。

④ 在场的三位，另何裔坤、一位姓黄或王的，另一位不详，何裔坤的访谈另见。

⑤ 即 1961 年 8 月旧比索停止流通后不能再用。

⑥ 意指白内障手术是这侄女做的。

合来。

　　我来了古巴五年之后才学懂西班牙文，是靠中西文字典学的，不懂的就问人，一边工作一边学，杂货店有很多西人拿着西文写的单据来买东西。我在这里几十年了，中国语言不会说了，要说西语①。我没有入古巴籍，现在还是中国籍，但中国大使馆我没有去过。

　　现在古巴政府政策改变，允许私人做生意，当然是小型的，但我没法子再做生意了，年纪大了，也无从找到货物。从前做生意不一样，不需要资本，办庄送货物前来不用马上付款，可以赊账。

---

　　①　访谈时周先生夹杂西语，由沈杰林帮忙翻译。

# 人在天涯　随遇而安

## 沈杰林　Julian Antonio Eng

　　找周柏图访谈时，唐仲喜女士、沈杰林先生也一起去的，完了之后，我跟随沈先生到他的家，是 Cienfuegos 市附近的 Palmira 埠，在他家里和他进行访谈。在古巴见到的老华侨，多来自中国农村，质直朴实，沈先生少年时在广州、香港混迹过，显得相对世故，心智较为复杂。访谈之余我和他聊天，谈到一些古巴社会的阴暗面，他似乎很有兴趣，也颇知道一些，如旅游业当中的色情服务。他也看报纸，对中国的政治情况相当留意，很想和我讨论，至于他看什么报纸，消息从何而来，我不清楚。他自费回过中国四次，这在华侨当中很罕见，为了得到回去的机会，他先部署到中国会馆服务一下，四次回中国的旅费自然不少，他如何积累的这笔钱，他没有说，我也不便问。

　　我从 Cienfuegos 回哈瓦那，是他的一个儿子开车送我们回去，我按照他说的价钱付车费，从哈瓦那返回 Cienfuegos 的一程，这儿子设法找人坐他的车，有没有找到，我不知道。沈先生这儿子是古巴华侨所说的唐人仔，完全不会听和说中文。

　　访谈日期为 2013 年 1 月 27 日。

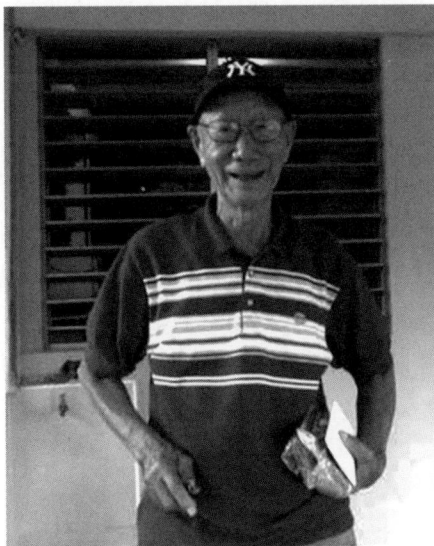

沈杰林先生，2013 年 1 月

我叫沈杰林，西文姓名是 Julian Antonio Eng，入古巴境时将护照上的姓氏弄错了，写成 Eng 即姓吴，我后来想改正，但要交 200 元，我便不改了。

1931 年，我在乡下出生，乡下是番禺白云区①龙归镇柏塘村。七八岁时日本打中国，我在乡下没有走难。我在乡下读过书，开始时读私塾，抗战胜利后读正式小学，读白话文。后来读中学，也是在番禺，在一个较大的村。读了一年多不到两年，父亲说没有钱，不读了。当时钱化水，贬值，上学要交米给学校。

我是独子，之下有妹妹。我父母耕田，有些田地，解放后被划为富农，被拉去斗，后来改划为华侨，才比较好。

我十七八岁开始做工，去了广州，在娱乐场所打工，其实是赌馆，不合法的。1948 年去了香港，因为香港有朋友。在香港时住在皇后大道西，在士多铺打工。在香港有些乡里，大家都说香港站不稳，各人都找后路要离开。我有个舅父即我母亲的哥哥在古巴，于是写信给他，请他办理手续让我来古巴。现在回想，不来还好，不来的有些在香港反而发达了。

我舅父像其他在古巴的老人一样，二十多年前来这里，自己一个人，老婆儿女留在乡下，没有过来，也出不了中国境，只有我来古巴。我来时凭的是一封信，古巴政府发的，拿着这封信来到古巴，有人来接，很简单，没有护照，信是西班牙文的，之后收起②，我再没有见过。在香港时也没有什么手续要办，只需去往高等法院发誓，不需经律师，也不用去古巴领事馆，总之是拿着舅父寄来的一封信，连机票也是他寄过来的，我只需要到航空公司登记机位。我当时有香港身份证，之后香港更换身份证，我在古巴一点都不知道，早已过期了，后来我拿着这身份证想去香港，因为已经过了期，不能入境。

我坐飞机来古巴用了两天多，经菲律宾、关岛、旧金山、新奥尔良、迈阿密到夏湾拿。同机上还有三个人也来古巴，我之前不认识他们，之后也没有联络。我舅父用了千余元买纸，另机票七百多元，共花了约两千元。我来了之后他也不和我计较，我为他打工，他当时已经年老，六十多岁，准备将杂货店转名给我。他九十多岁去世。他曾经在夏湾拿打工，在善飞咕买了间店之后就一直在善飞咕，这间店有三四个人工作。他还有一间店在另一个埠，交由乡里或者兄弟打理，善飞咕的杂货店后来我接手做，食、住都在店里，这杂货店现在改为小食店了，原本是间木屋，后来拆了再建。我一直做杂货，现在仍有帮手，是义务的，做惯了也不觉得辛苦，是杂货店的经理要我去帮忙，有一顿饭吃，也可以拿点食物回家。

---

① 中华人民共和国成立后广州行政区划多有变动，番禺、白云现在是广州的两个区。
② 可能指入境时被取去。

　　杂货店 1968 年被没收，我到其他店工作，为政府打工。我刚开始在舅父的店工作时，没有固定人工，舅父为了计数报税，写我每月 50 元，这也方便我将来申领退休金。他偶尔会给我点钱，很通气。我行街、到湾城玩也需要点钱，我们是亲戚，不大计较。他也代我汇钱回乡下接济，他一份我一份，由他一手办理，经由湾城的办庄汇出，湾城有几间办庄可以驳汇，但会抽佣。杂货店被没收后无法再驳汇，要自己想办法，后来又规定每人每年可以汇出 270 元到中国。之后说中国已经发展了，不准再寄，哪一年中止汇钱我记不起了，也有五六年了，现在是全停了。

　　舅父在这里没有结婚，有养子，说来不是很好听，是"老举仔"（妓女生下的孩子），养大了就算数。

　　这个埠我到来之前华侨很多，此地从前多糖寮，很多老华侨来这里斩蔗，不是定居，有一个华侨团体，一百多人，都是单身男人，但我来了之后人数就少了。善飞咕的华侨更多，有五六个社团、宗亲会。但只有一个人赚了钱从中国接女人来结婚，其余都单身。

　　我在杂货店工作是八时开门，至晚上八时关门，店比较小，事情不多。这里的团体开赌（即准许在团体内进行赌博游戏），有打麻将等作为娱乐消遣。我做到 1968 年店被没收，之后被政府派去其他杂货店工作，为政府打工。初时每月 75 元，最后 150 元，据此工资计算退休金，我因为工龄比较长，每月有 270 元退休金。

　　我在古巴没有结婚，和一个古巴女人住在一起，生了两个儿子，现在有四个孙、一个曾孙，曾孙快三岁了。这个古巴女人也打工，做下人（原话如此），后来我们分手，她嫁人，两个儿子跟我。

　　我来古巴前在中国结了婚，但老婆现在已经死了，我有一个儿子在中国，我离开时他两岁多，现在六十多岁，准备退休了，住在白云区，和我有联络。

　　我回过中国四次，最早一次是 1983 年，当时中国已经开放，有了机会，于是申请，飞机票本来要用美元买，我们没有美元，写信请银行代出美元，得到同意后拿着证明用比索买机票，用了两千多比索。第二次在 1987 年，也是这样做。1991 年时听说再不去的话以后要改用美元买机票了，于是又赶紧回去了一次。最后一次是 2007 年，这次要用美元了，用了两千多。以前每年可以汇 270 元回乡，积累起来回到乡下时就够用，不用带钱回去，但也只能回乡下，不敢去其他地方。是坐飞机先去莫斯科再飞北京，坐火车往广州然后回乡，每次回去三个月，不能超过这个时间。1983 年第一次回去时老婆已经去世了，是生病死的。我姐姐、儿子则在。

　　我没有入古巴籍，拿中国护照，护照上姓沈，古巴身份证上姓 Eng。

一九七几年时我在善飞咕的中华会馆帮过一下手，当时想申请回中国，会馆的主席说要到会馆帮手，才有机会，于是我去帮手。最初三次回中国都是三四个人一起。因为没有入古巴籍才能去，入了的话就不能去了。

善飞咕以前有好几个华侨团体，国民党党部、民治党党部、陈颖川堂、城北同乡会等，城北同乡会也有一百几十个会员。听说以前有茶居、茶楼，但我没有见过。此地华侨种菜的也不少，光是我住的这个埠就有三个菜园，是租地种菜。生意较大的是办庄，办货品进口然后批发，善飞咕有两三间办庄。1959 年时有很多华侨离开，有钱的想走，年轻的也想，但也有人逃走失败，损失惨重，总之各人情况不同，说之不尽，我看到这样，觉得算了，而且舅父年纪大了不能离开，我也不想留下他一个人，只好随遇而安了。

# 本色未改的"香港仔"

何裔坤　José（Pepe）Josep

在古巴所做访谈的受访者中，何裔坤先生是唯一一位地道的香港人，在香港出生，从香港去古巴。2012 年底我筹备去古巴时，一位友人在 *South China Morning Post* 每星期日出版的 *Post Magazine* 上看到一篇文章，是该报记者 Hugh Chow 访问了一位古巴华侨，友人于是通知我，我找了这周刊来看，文章登在 12 月 9 日的一期，受访者就是何先生。我于是通过电邮向 Hugh Chow 查询，得知他旅行去了古巴，偶然遇上何先生，于是根据谈话写成报道。何先生住在 Cienfuegos，我由此得到他的地址，访问了周柏图、沈杰林之后，就去找何先生，唐仲喜、沈杰林一起去，访谈过程中这两位就坐在旁边聆听，偶然插话。唐女士称他为"何仔"，对我说他也是民治党成员，但不时欠交会费。

虽然去了古巴五十多年，何先生和其他华侨比较，"香港人性格"还是很明显，这从他自述的经历多少可以看出。他本来很健谈，看来很想向我透露或炫耀一下他的独特事迹，我们用广东话沟通他也感到自如，但可能有唐、沈两位在场，他不时欲言又止，最后还显得草草收场。这一次的访谈，我觉得效果不太理想。现在回顾，我应该在翌日独自找何先生再谈一下，但当时没有想到这样做，错过了机会。做口述访谈要善于应对不同情况，我的经验确实不足。

此访谈于 2013 年 1 月 27 日在何先生家中进行。之后没有机会将整理好的访谈记录交何先生过目。

何裔坤先生，2013 年 1 月，其住处门前

103

我叫何裔坤，西文名字是 José，1939 年香港出生，我伯父办理手续让我来古巴时，登记我在古巴出生，又将我的年龄报大了三岁，因为当时我十五岁（原话如此），不可以坐飞机，十八岁才可以。从前来古巴的一般都这样，或者认别人做老窦，或者报大年龄。

我 1939 年出生后香港沦陷，要去内地走难，去了高明等地方，打完仗回到香港居住。我的祖籍是南海县西樵乡，但我没有回过乡下，在香港读完书就来了古巴。1991 年回去香港时，才第一次有机会回乡下，在清明节时拜祭祖先。我对中国的这些地方很陌生。

我在香港和父母一起生活，有八个兄弟姐妹，其中两个现在已经去世了。我排第二，之上有个大姐，换言之我是大仔（即长子）。我父母在香港去世时由于我在海外，担幡买水①由二弟来做，他们后来寄了照片给我，对这些中国传统习俗我是不清楚的。

我父亲在香港是制药的，但不是做药材买卖，是造当归，从中国进口归头自己制造。我在香港读书，学校叫复兴中学，在西营盘第三街，靠近斜路，上去是葡属球场，有间葡属学校。我只读完小学，没有读中学，本来有机会读的，但不读，等来了古巴，自己也不好学，在街上四处走。当时年轻，喜欢运动，爱踢足球和打乒乓球。当时李惠堂已经退休，在电台讲述足球，出名的足球员有姚卓然、何祥友、莫振华等，乒乓球方面香港当时最出色的是薛水初。我在香港没有工作过就来了古巴。

我 1955 年来古巴，我伯父办手续让我过来的。他是我父亲的大哥，名叫何文绪，他很小就来古巴了，什么时候我不清楚，他是他的伯父即我伯公办手续让他来古巴的，这位伯公自己是"卖猪仔"来古巴的。我伯父来古巴接手伯公的生意。我伯父在这里赚到了钱，回去广州买屋和结婚，之后将妻子办理来了古巴，他们没有儿女，于是将我和两个表兄当作自己儿子办理过来，两个表兄先来，我最后，我到古巴时伯娘已经在这里十多年了。伯父办理我们过来，是先在这里登记自己在中国有三个儿子，出生日期多少，每人给个西班牙名字，三人都随伯父姓 Josep②。当时的华侨很多这样做。

我坐泛美 Pan Am 飞机来古巴，用了三天时间，经加拿大温哥华、墨西哥，在墨西哥停了一两天，再飞来古巴。同机还有一个同胞，因为我年纪小，是他照

---

① 担幡买水是儒家文化圈治丧时的一个仪式，有清洁死者的功能，由死者的至亲于丧礼中负责。担幡，指由死者的长子嫡孙提着引魂幡，代表引领亡灵升天。或谓出殡当日孝子手执木棍，棍端绑有白色布条随风飞扬，谓之幡，告知丧事之用。买水，即"买天水"，指大殓之日，孝子手执一钵沿街痛哭，行至河边即拿小钱扔入河中，然后用钵装水，回家为死者擦洗以洁净亡灵。

② 何先生西名中的 Pepe 则是其名字 José 的俗称。

顾我，到墨西哥时带我到酒店之类的，住酒店的开支和其他费用已经包在机票之内，这个同胞之后去了什么地方我记不起来了。

我来古巴的费用是一千多古巴元，当时的古巴元比美元高，我伯父在当地的黑市还用了多少钱我不知道。我自己没有付过钱，在香港也不需要办什么手续，护照寄过来，就像古巴国民回国这样过来了。来了之后就从我的薪水扣钱还给伯父，但也扣不了多少，杂货店包食包住，我一个月十二、十五元，四年之后古巴就行共产了。

我伯父在善飞咕和另一个山埠有杂货店，我抵埠后先去山埠工作，后来才来善飞咕，善飞咕的杂货店除我之外还有一个洋人工作，我伯父自己也做，他老婆也有来帮手。

我一抵埠就开始工作，在杂货店卖东西，日间做工，晚上去私人先生处学拼音，是一种家庭教师。其实没有怎样学过西班牙文，在杂货店柜台后面就渐渐学会了，正如古巴人说的：多撞板就学晓了。

除了一段短时间在夏湾拿外，我都在善飞咕，一直在杂货店工作。1959 年古巴革命后，我伯父的两间店先后被没收，我继续在原店工作，为政府打工，工资大约每月 150 元。后来我遇到个机会，转行当了乒乓球教练，当时已经没有什么杂货店了。我当乒乓球教练当了三十多年，在小学、中学教，也是为政府打工，是一种体育学校，上午读书，下午体育，或者相反。学校有不同体育运动的教师，我教乒乓球，古巴在乒乓球方面比较缺乏人才，所以找了我。薪水比在杂货店多一些。

我现在退休也十多年了，古巴是六十岁退休，我证件现在的年纪是七十五岁，即十五年前退休的。

古巴革命后我伯父没有离开，我相信他也没有打算离开，他当时年纪已经很大了。他还以为政府会有改变，没有将旧银纸换新银纸[1]，后来成了废纸。当时的华侨也有类似情形，有一位姓邓的本来也是开杂货店，也是不肯换银纸，后来要回香港了，旧银纸没有用又带不出去，晚上在家里用一个猪油罐烧旧银纸。我伯父已经去世，他哪一年去世我记不起了。

我来了古巴之后没有汇钱回香港，反而是香港方面寄钱来给我。我的弟妹都没有来过古巴。

（问：你是古巴籍，要当兵吗？）

要当的，但我没有当过，是后备兵，没有打过仗。

我在这里和古巴的西人结婚，老婆原本在我表兄弟的雪糕店打工，卖雪糕，

---

① 指 1961 年 8 月旧比索换新比索。

就是比我早来古巴的表兄弟，我老婆现在亦已退休，不工作了①。

我有两个女儿，都在美国，一个是抽签中了去的，美国在世界各国都有这种抽签，事前申请，抽中了就去美国，是一种吸引人才的办法。另一个女儿是先去了哥伦比亚，然后再去美国。两个女儿都读完了大学，我现在已经有两个男孙了。我平均两年左右去美国探望他们一次。

我回过香港两次，在1991年和1993年。很多地方不认得了，但西营盘有些地方还认得，例如我们从前游玩的雀仔桥还在，长长的水厕也在，再往上走就是东华医院，但高升戏院等都拆掉了。我回香港时父母都已经不在了，但弟妹还在，是弟妹在香港办了手续让我回去的，机票也在香港买好。我每次都住三个月，1993年之后就没有再回去过，也没有计划再回去，去一次要三四千美元，太贵了。

从香港来古巴的人不多，可能由于这原因，不久前有人来访问过我②，现在你又来访问，令我觉得自己是个重要人物。不过，中国人保守，在这样的访谈中是不想说太多的。

### 补充

在上述 Hugh Chow 的报道中，何先生说了一些情况，不见于上面的谈话记录中，现补充如下：

（1）何先生1955年到达 Cienfuegos 时，该市有大约二百名华侨，有三个华侨社团。

（2）何先生的妻子名 Sofia，两人结婚已经四十七年。

（3）何先生有高血压及糖尿病，古巴的免费医疗对他帮助很大，这也是他留在古巴不愿到他处的原因之一。

### 访谈后记

访谈结束后，何先生说很喜欢看香港"八卦杂志"，请我回香港后寄一些给他，过期的也不要紧，但古巴的邮政很不可靠，我问他怎样寄过去呢？他说可以寄给他在美国的女儿，再由女儿带去古巴或者他去美国探望女儿时阅读，他在我的记事簿上写下了两个女儿的地址，从运笔来看，他比较少写字。

访谈翌日，我再到何先生住处，向他道别和送上感谢信，他站在门口和我谈了几句，这时我看到他住处的窗外挂了一块小纸牌，说房子出售，附有价钱，数目多少，我当时没有记下，不知他的房子最终卖掉了没有。

---

① 何先生现在在家里做点租赁图书的小生意，访谈期间有人来借书、还书和付钱。

② 即 Hugh Chow 刊于 *Post Magazine* 之访谈。

# 绝处求生　柳暗花明

唐仲喜　Chung-Hsi Tang

　　在 Cienfuegos 市找寻华侨访谈的三天，我都住在唐仲喜女士家中。完成了和周柏图、沈杰林、何裔坤的访谈后，最后就是唐女士了。访谈在她家中进行，没有旁人，时间也充裕，唐女士可以从容地细说。古巴 1959 年革命后，再没有华侨到来，唐女士是罕见的例外，所以她的故事，在古巴华侨当中广为人知。她前来古巴的背景、到达之后的遭遇，都和她丈夫胡乙富先生关系密切，可惜这位胡先生已殁，无法从另一方面补充、印证唐女士诉说的故事。唐女士到古巴后，不向环境低头，以巨大的勇气和毅力，闯出一片新天地，实在令人钦佩。从她的叙述可知，唐女士事业心很强，她的成绩来自艰苦经营，相信其中也有不得不如此的刻意钻营。唐女士到古巴后，中国开始改革开放，这为唐女士不时回中国购买物品回古巴转售提供了条件，之后古巴亦逐渐开放，唐女士的可用机会也就更多了。

　　访谈日期为 2013 年 1 月 28 日，是年年底我再到古巴，刚好民治党在哈瓦那举行大会，唐女士前来出席，我见到了她，将访谈记录交给她过目，她修改了里头几个地名。

**唐仲喜女士，2013 年 1 月**

我没有西班牙名字，Chung-Hsi Tang 是我中国护照上姓名的译写。

我乡下是恩平，我在恩平出生、长大、读书，在圣堂镇读到初中毕业，考高中，我们初中五十多人应考，只有两人考入江海中学，这中学是开平最好的高中。我在江海读到差一个月才毕业，因为母亲没有钱，停了学，回家在农村帮我母亲工作。我有一个姐姐，比我大四岁，也在乡下农村帮母亲忙，我父亲在我三岁时就去世了。

我在农村帮母亲几个月忙后，去了恩平圣堂镇的机械厂工作，开始时是做安装工，后来做车床工，领取国家规定的工资，每月 36 元。我到机械厂工作不是政府分配的，是我姑丈安排的，姑丈是厂长，可以安排自己家属到厂工作，因为他的儿女年龄都小，就安排我去。我在机械厂做了一年，之后来古巴，来古巴是1975 年 12 月 25 日。

我本来是不认识我丈夫的[①]，只听说是个回到中国的华侨，回来参加国庆，是中国政府出钱的，他准备在中国结婚。他在恩平的表弟认识我阿爷，阿爷当时已经八十岁了。我姐姐当时已经结了婚，她在我十七岁时结婚。我阿爷说：不如让我结婚，趁他还在的时候高兴一下。我叔叔、母亲也同意，赞成我结婚和出国，觉得一个女人在中国每月收入 36 元没有什么前途，应该嫁出去。报纸上也说这个华侨是中华会馆的主席、财政，很吸引人。当时唯一反对的是我姑丈，他说报纸上说的不可信。我自己其实也不想离开，想留在乡下照顾母亲，我很疼惜我母亲。但为了表示对阿爷尊重，没有办法也只好结婚。我结婚时还是未够年龄的，当时国家规定女的结婚要达到二十四岁，男的二十八岁。我叔叔是农村大队的党支部书记，他替我在大队办好了手续，拿了出生证明，将年龄增加了三年，即将 1956 年改为 1953 年。我现在护照上写的出生年份就是 1953 年。

结婚前我只见过我丈夫一个星期，没有和他说过话，因为我当时还是旧观念，觉得他这样子从外国回来的，戴蟾帽，穿皮楼，看得不习惯，也觉得不好看，当时是 12 月份，很寒冷，他穿得像我们在电影里看到的特务。

但没有办法，就登记结婚了，全部是他表弟和我叔叔经手办理的。当时恩平女子嫁到外面的不多，有的话多数嫁到香港，但像我这样嫁给年纪这样大的没有，他比我大了三十二岁。我其实是反对的，我喜欢工厂的工作，和几个年龄相同的女工友很好，一些老工人不加班时我会顶上，以便多赚些钱回家帮助母亲，心里不想结婚。因为我疼惜母亲，也不能反对。我没有回恩平结婚，是在工厂工作到早上七时，然后乘车去新会，当时我丈夫、周卓明和中华总会馆的主席苏子

---

① 唐女士丈夫名胡乙富。据中华总会馆的华侨登记表，胡乙富先生西名 Bienvenido Cesar Li Lam，祖籍恩平东成下绵湖村，1930 年 10 月生，1948 年 6 月到古巴，2001 年 12 月 5 日逝世。

伦住在新会，我去找他们，然后跟我丈夫旅行结婚去了。他们三人在 1972 年回国参加"十一"国庆，在中国逗留了六个月，我 1973 年结婚，实际只有十七岁，但证件写十九岁，1975 年来古巴，实际只有十九岁，但证件写二十一岁（此处岁数俱按原话）。

我丈夫带了一份从古巴中文报纸上剪下来的报道回中国，没有报头，我不知是什么报纸，可能是《光华报》，上面说他是 Cienfuegos 中华会馆的主席、秘书、财政等，一大堆头衔，所以我阿爷、叔叔以为他在外面的地位很高。他回来和我结婚，听母亲说给了 200 元人民币，后来他常常向人说用 200 元买了个老婆，说得很难听。

我丈夫也是恩平人，十八岁来古巴，是他叔叔办理手续让他过来的，不过，他很少提及这些事。我们结婚后他在 1973 年 3 月回古巴，准备办理手续让我过来，当时我已怀孕，怀了平仔（即儿子胡海平），他希望我到古巴生小孩。但当时在中国办出国手续非常困难，我去过北京三次，我丈夫他们来中国时认识了一位蔡先生，住在北京华侨大厦的，他打理（负责）我申请护照的手续。1973 年 12 月 26 日我生下平仔，拿了护照，但平仔太小，不能坐飞机，之后又说平仔开了眼，要另换护照，后来平仔又常常感冒，结果上机起程之日，平仔刚好两岁，是 1975 年 12 月 25 日。

我们来古巴的旅费我丈夫只负担部分，他当时每年只能寄 270 元回乡[1]，他在乡下有母亲和四个兄弟，钱分了部分给他们，所以我要借钱才凑足旅费，借得不多，几百元。当时夏湾拿中华总会馆的主席是段克诚[2]，他的老婆住在广州，我因为办手续来古巴也到了广州居住，我丈夫胡仔（胡乙富）有个妹妹胡连金住在广州，段的老婆住得和我们接近[3]，她知道我要来古巴，对我说要小心，告诉我她丈夫在古巴另有女人，古巴的日子并不好过，我借了钱，到了古巴之后可以找段克诚，请他将钱寄回乡下，将数目说得大一点，让他多寄点钱回来，作为补助。她还有一些东西托我从中国带来古巴给段克诚。

我到达夏湾拿，找到段克诚，将东西交给了他，对他说我在家乡向家人借了500 元买机票来古巴，请他帮忙寄回去。中华总会馆有钱存在银行，也有办法将钱汇出，当时一般人一年只能汇出 270 元，但中华总会馆可以汇多一些。结果他汇了 500 古巴元回我家，这是一笔不小的钱。我母亲收到了，很高兴，想不到她

---

[1]　此为当时古巴华侨汇钱回中国的限额。

[2]　据古巴中华总会馆的华侨登记表，段克诚西名 Gervasio Tong，祖籍广东番禺，1926 年生，1948 年 10 月 23 日到古巴，1960 年入古巴籍，1977 年 9 月返回中国。其妻周氏，两子劲游、劲锋都在中国。段克诚当过中华总会馆的副主席，不是主席。

[3]　唐女士当时好像住在胡乙富妹妹家中。

女儿一抵埠就寄这么多钱回家。但我丈夫没钱归还，我要另想办法。我前往古巴时，听我丈夫的话，带了三四十条丝巾去，作为礼物。我准备卖掉部分，当时总会馆有位李伯，台山人，我将丝巾交给他拿去卖，结果卖掉二十多条，每条60元，我拿50元，另10元给了李伯，事实上他是和另外一个人合作一起将丝巾卖出的。我得到了钱，还给了段克诚，又请他将钱寄回乡下。

我是经过苏联来古巴的，在莫斯科有大使馆的人来接，带我在机场内一个地方坐下来，给我蛋糕和酸奶，我不要，请他给我热开水，用来冲牛奶。在机场坐了六个小时，大使馆的职员又回来了，当时旁边有一队黑人，职员说是古巴的篮球队，来打球的，他向其中很高的一个黑人说明，请他帮我忙，又向我说，跟着这个黑人下飞机，就到古巴了。上飞机后这个黑人为了帮我们，换了座位，坐在我旁边，但我儿子没有见过黑人，常常哭。飞机上就只有我和儿子两个中国人。下机时黑人也帮忙。上午七时到达夏湾拿，但之前没有办法通知我丈夫来接我，于是打电话去中华总会馆，周卓明竟然接听了，按道理不会这么早有人在的，但刚巧那天周卓明回了会馆。然后我乘坐的士去会馆，开车的是个黑人女人，到达后她在路上转来转去，我意识到她不认得地方，于是从车里伸出头向上望，一望就望见楼上有几个中国人也正向下望，其中一个是周卓明，我就叫司机停车。周卓明下来，付了车费，带我上会馆，见到段克诚等人。周卓明接着打电话到Cienfuegos通知我丈夫，他于是乘火车来夏湾拿，乘了六个小时才到达，到达时已经是晚上十一时。我就在中华总会馆睡了一个晚上，在周卓明的办公室。第二天就起程去Cienfuegos，花了十八个小时才到，因为火车中途坏了，车上又没有食物，只能喝水，也没有牛奶。幸好我之前请段克诚煮了几个鸡蛋让我们带上，他煮了四个给我们。

到了Cienfuegos就住进那里的中华会馆，一住就住了八年。抵达后，知道我丈夫在古巴原来没有工作也没有钱，也知道我自己因为没有钱，不可能回中国了。于是我对我丈夫说：我现在上了你这条船，大家都希望它能浮不会沉，我现在有一个儿子，希望多一个，男的女的都好，让他们有个伴，不会孤单。我丈夫问：那怎样养呢？我说：捱吧。几个月后我怀了孕，后来生下女儿。我在古巴初期不适应，思想上也困扰。后来想想，还是车衣服比较实际，可将儿女留在身边，自己弄点新设计，能赚多少是多少。幸好我在Cienfuegos有一个表姐对我很好，她父亲叫唐杰，在乡下时和我们一家关系很好。唐杰很早就来了古巴，我到达时他已经八十多岁，两个月后就去世了。唐杰有脚病，走路一拐一拐，我从中国带了些内衣、袜子和医脚病的药给他。我到埠后他来看我时，只带了两只辣椒来，说用火烧来吃，我不习惯。唐杰有两个女儿，都是校长，一个在中学，一个在小学。我这两位表姐由于在古巴长大，只说西班牙话，当时我和她们要用手势

沟通，好像哑巴交谈，但又能相互明白。她用手势对我说：要做工，老了才有退休金。但是我丈夫一出现，她就不再说话了。

唐女士的儿女小时候，穿的是唐女士缝制的衣服

　　表姐的丈夫在纸厂工作，我开始车衣服时，需要大一点的纸张画图样和做剪裁，她就拿纸给我，当时找纸张很困难，她却一捆一捆这样拿给我，又给我不同颜色的粉笔，也是一盒一盒地给我。于是我就看画报设计服装，表姐丈夫纸厂里有个法国人，他有一本时装书，他不要，给了我，我用来作为参考，结果很成功。我是用了很多办法，令衣服上有各种装饰，全部都是自己用手做出来的。衣车（缝纫机）是自己买的，用了160元，由于表姐是校长，分配到一张票，可以用来买衣车，她不需要，给了我，我就买了衣车，是部脚踏衣车。我住在中华会馆，车衣（缝制衣服）也在里面，很辛苦，腰骨也受损，我车衣一直车到1990年。这两个表姐对我都很好，其实我本来不认识她们，只是她们父亲在乡下和我阿爷关系很好，我为她们两位车衣服、改衣服是不收她们钱的。她们虽然是校长，生活上也是很贫乏的，我有时会帮助她们，例如送肥皂给她们，我拿中国护照，当时还可以去特别的商店买一些古巴人买不到的东西。这两个表姐都患有病，年纪小的一位年前因为癌症去世了，我还送了20美元。

车衣开始是替人车校服和学校庆祝会的小孩服装、跳舞衣服等。1980 年我得到那本时装书后，又开始设计和车时装，例如一整套的沙滩装，一家人各有不同款式。我用布票买比较便宜的台布、床单布等，有时还要染色，用来车时装①。我将这些时装放在中华会馆展览，吸引了很多古巴人。在中华会馆有一个大柜，我在里头放了各种时装的纸样，有大小不同尺码，还有一些样本，客人适合的可以购买。一般是客人自己带布来，和我商量车什么后由我来车，我收取费用。这样子赚到的钱比打工的收入好得多。但我的工作时间很长，儿女睡觉后我才裁剪，日间则一边照顾儿女一边车衣，一天只能睡三四个小时。

我在中华会馆住到 1983 年才搬来现在这地方。

（问：来了之后有学西班牙文吗？）

我来古巴时带了一部收音机来，放在衣车旁边用来听西班牙文自学，儿女和其他小朋友玩时也讲西文，我也学。还有我两个表姐轮流来我处，她们教我西文，借书给我，我教她们一点中文。至于中华会馆华侨说的西文，就很混乱，口音各人不同，说得不准，很复杂，不要向他们学。我学西文是自学的，根本没有时间到学校去学。我现在可以担任中西文翻译②。

Cienfuegos 的中华会馆渐渐无法维持，因为中国人愈来愈少，没有经费。1980 年开始，古巴政府要求结束 Cienfuegos 的中国人社团，将房子收回，包括中华会馆、民治党、陈颖川堂等。我反对，主张要坚持下去。1980 年中华会馆关门，我们一家全靠我车衣来维持。会馆关门后大门不能开，我们要用一个小门钻出钻入，电话线也被剪掉，无法打通。我们在这样的环境下住了两年。当时会馆的大厅被政府用来放很多书籍，是一些屋契，每天有人来工作，但这些人不讲卫生，随地小便，不上厕所，弄得很臭，这对我两个子女不好，儿子经常感冒，女儿还进过医院，在医院住了一个多月。1982 年底政府派人带我们去看房子，准备让我们搬出去。我是中国籍，政府不敢逼我离开中华会馆让我无家可归而流落街头，何况我还有两个年纪很小的子女。1983 年我打算离开古巴回去中国，3 月时就搬到现在这地方来③。

我丈夫其实是替古巴政府的密探局工作，什么职位我不知道（说到这里，唐女士稍为停顿，显得犹疑）。政府收回中华会馆时，有一封信给他，要他签署④。到了 1982 年 12 月无法撑下去了，一切开支都靠我。当时我丈夫全无办法，连买烟的钱都没有，又偷我的钱去赌博，我要将钱小心收起来。最后，政府将现在这

---

① 唐女士在此出示照片，可看到当时设计和缝制的时装，多为童装，穿在儿子、女儿身上。
② 唐女士名片上也说是翻译员。
③ 古巴政府收回中华总会馆，向唐女士提供住所作为补偿。
④ 此处似谓由于这封信，唐女士才知道了她丈夫替密探局工作。

间屋提供给我们住，有一封由市政府发出的信，证明我们可以在这里住，但没有屋契。我后来听别人说，没有屋契不可靠，有可能被他人霸占来盖新房子，我于是用了60元请人用砖将屋子围起来，防止地方被人侵占，然后打听如何将房子买下和得到屋契，知道要用80 000比索，可以分期，但分期会拖很长时间。1983年我回去中国一次，回来时带了一批物品，卖掉后将所得连同之前积蓄起来的钱全部用来买这房子，一次性付款，拿到了屋契。

　　我和我丈夫是正式结婚的，但他自己无法维持下去，就去了一个古巴人处居住，是个赌博的地方。我自己要带两个子女，1987年我申请让我母亲来古巴。1992年时我又申请了我丈夫的侄子从中国来古巴，让他在这里住了四个月，当时我和丈夫已经分居。我安排这个侄子来古巴，是希望他明白真相，不要以为我侵占了他们在古巴的财产，占了他们的便宜。我丈夫是由他伯父办理手续来的古巴，他的伯父在乡下结婚十九日后就来古巴，老婆留在大陆，他自己在Cienfuegos开生果店，1972年去世。他老婆对自己的丈夫和我的丈夫都有意见，埋怨她自己的丈夫来了古巴这么多年为何没有钱寄回乡下，我丈夫却回乡下讨老婆，以为我丈夫用了她丈夫的钱，其实两人在古巴都是穷光蛋，都没有钱。1983年我回到乡下时这个女人还向我埋怨，很想来古巴看看她丈夫留下的生果店。我听到她这样说，心里不好受，于是就出钱让她儿子也就是我丈夫的侄子前来古巴看看，让他知道他父亲的生果店我碰也没有碰过，他大伯即是我丈夫连自己都养不起。于是，我付出一张机票，就令真相大白，洗脱他们对我的误会，也让他们明白，是他的大伯将我一生的青春都误掉，知道我和他已经分居。事实上，这个侄子来了古巴后，我丈夫自知颜面无光，也不怎么愿意见他。这个侄子看到了真实情况，之后回到中国去了，但后来他又想来古巴，我回复说，你还是留在中国好，我不能负担你来来回回中国和古巴的费用。现在将这些事情说出来，我的心也舒缓了一点。

　　关于我丈夫替古巴密探局工作的事情，我以前从未向人提及，今次说出来是第一次。这件事他没有正式向我说过，但他申请让我来古巴在中国填写表格时，我见他填中华会馆主席、古巴密探局。之后，我女儿一岁时，我写信给在大陆的母亲，请她寄一些花边、小手帕等东西来，她就用信封寄小手帕，一封寄一小条，这些手帕上面写着星期一、星期二等，我收到后发觉欠了两日即两条，老是等不到。我丈夫在中华会馆有间办公室，只有他自己有锁匙，于是有一次我趁他外出，用他的锁匙开了他的办公室，看看我的两封信会不会在里面，发觉这两封信被他扣起，拆开撕碎了，丢弃在字纸篓内。其实我母亲不识字，她是请人代笔的，只会说简单的问候。字纸篓内还有其他信，是从美国和其他国家寄来给古巴的中国人的，都被拆开撕碎，我将碎纸拼起来还可以阅读。我后来问他是怎么一

回事，他说是替密探局工作，凡是从美国寄来给中国人的信他都有权检查。他这样做合法不合法我不知道，但他这样监视中国人，连自己老婆也监视，我心里感到难过①。

为了这事我和他吵过架，我对他说：你替古巴做密探，怎么自己弄得这样倒霉，连买烟的钱都没有，要在中华会馆捡别人吸完的烟头来吸。他还有一个古巴朋友，不时到我们这里喝酒喝咖啡，他进门入屋时，故意向我显示他身上有手枪，我不喜欢这个人。他是 Santa Clara 地方的人，住在 Cienfuegos 大同盟②的房子里，本来这地方是只让中国人住的。我丈夫说他也是密探局的人。1990 年时我买了辆车，是向大使馆买的苏联车，这个人看到，说车漂亮，他有办法替我买到车呔。之后我故意向我丈夫说话刺激他，说这个人也为密探局工作，好像很有办法，他自己却究竟得到什么好处？我丈夫说，他也向密探局提出过要求，但密探局只给过他两次钱，每次 50 元，他没有工资。我当时已经和他分居。

现在这房子本来质量很差，我是逐步改善和装修，加建了一些房间，是积累了一些钱就买材料做，都是自己动手。

我母亲 1987 年来古巴和我们一起住，住了八年，1996 年在这里去世，中间没有回过中国。她本来很健康的，照顾全家生活，但 1991 年发生了一件事，对她打击很大。这一年我女儿十五岁，按拉丁美洲标准，十五岁是成年了，要隆重庆祝，我于是回了中国，和儿子平仔一起去，准备买些东西带回来，去之前和我丈夫说好，请他照应，看顾我母亲，他答应了。谁知我离开后，家里被人入屋打劫了，我女儿当时上学，丈夫外出，他是驾了我的汽车去教人学开车，家里只有母亲，她吓得心脏病发作，之后要进医院，进医院后我丈夫根本没有去探望过，全靠我女儿和邻居照顾，我回到古巴时，母亲还在医院里。我和丈夫的感情本来就不好，经过这件事，我决定不再养他，请他离开，街坊朋友也劝我这样做，他终于离开这房子，去了别人处住。他离开后，我们变得安宁了。

我丈夫胡仔 2001 年去世，埋在什么地方我不知道，他搬出去已经好久了，我也不想儿女受到他影响，和他没有来往。他人很懒，有退休金不去拿，连自己的伙食也不拿，他的伙食簿（配给簿）放在我这里。我认为他有心理问题。他的脾气也很差。他做中华会馆主席几十年，因为他有枪，他带枪带到 1983 年，他将枪交回政府的事是他亲口对我说的。他回中国六个月后③，收到政府的信，要他交还手枪，他交还了。后来他说自己当时很笨，因为那支枪是古巴和西班牙

---

① 关于唐女士说的"密探局"，参见余景暖、吴帝胄访谈。
② 应指古巴华人社会主义同盟。
③ 可能指从中国回到古巴六个月后。

打仗时留下来的，有历史价值，也很有名，是件古董，上面有刻字，枪柄是金做的，很重，他后悔当时没有将金枪柄除下来，除下来的话可以卖很多钱。他去世十五日后我收到通知，但之前没有听说过他有病，他后来和屋主的关系不好，有冲突。他死后没有通知我就埋掉，这在法律上是有问题的，因为我们是正式结婚的，没有离过婚。不过他的死亡证上却写他是"离婚"的，这是做假。不过我也不想追究了，太麻烦了，我的烦恼已经够多了。

我母亲是 1996 年 12 月 31 日去世的，1 月 1 日出丧，新年出丧，很特别。她本来埋在政府安排的一片地，很低也很湿，经常被水淹。过了一年多，我用 2 000 元美金买了一片比较高的地，将她迁葬，请人用水泥盖了两层，一层给我母亲，一层留给我自己。2004 年我回乡下时姐姐说母亲要起身然后再安葬①，我回来之后请人将骨殖起出，晒干，撒上爽身粉，用干净布包好，再安置。骨殖起出时上面有一层金色的霉，姐姐说这是好彩头。这片地是我买下的，可永久使用，现在最少也值 5 000 美元了。我姐姐没有来过古巴，她不能坐飞机，我出机票她也没法来。

我的身世其实很复杂，我是读初中时才查出头绪的。我和姐姐都很早出嫁，都是十七岁时，是祖母迫着我们出嫁，因为我父亲早死，我们姐妹出嫁了，祖母就可以从母亲那里将房子拿回来。我自小祖母就对我不好，我一直感觉不对，邻村有一位长婆②，我常常帮她忙，例如担水之类，后来她告诉我，我父亲不是祖母亲生的，是买回来养的，我父亲本姓甄。后来我花了一番功夫，找到了父亲的村庄，原来他一共三兄弟，老大去了新加坡谋生，老二留在村里，当上了民兵营长，我父亲是老三，卖给了唐家。我在我父亲的村庄见到了二伯，现在还有来往。我也知道我大伯在新加坡当司机，有一个女儿，他曾经回过中国，几年前去世了。

我 1975 年来了古巴之后，第一次回中国是在 1983 年，当时我去夏湾拿，从周卓明处知道华侨可以回国了，回来之后就向人宣传，发动在乡下有亲人的华侨一起回去，结果五个人去了，我自己之外 Cienfuegos 有三位，其中沈杰林在乡下有儿子③，此外夏湾拿有一位姓曹的也一起去。当时我们用古巴币，很困难，要很节省。由于我们是古巴第一批华侨自费回国，侨办对我们很好，在北京的一个星期，酒店费用一半由侨办负担，还提供交通，带我们参观故宫、长城等地方，又宴请我们。这一次回国探亲一共去了三个月。之后在 1987 年我和女儿回去，

---

①　"起身"即将骨殖掘出，一般在首次下葬若干年后，属二次葬风俗。

②　"长"发音为"长短"的"长"，广东四邑人对祖父辈的兄弟姐妹中排行在最后的一位称为"长某"，"长婆"即外婆中排行最小的一位。

③　沈杰林的访谈另见。

接我母亲来古巴。1991年及2004年又和儿子回去过。2005年和儿子去法国参加一个庆祝活动，有一百个国家的华侨参加，是和世界大战纪念有关的，但名字很长，我忘记了。我们古巴有八个华侨去，费用很高。之后我还去过中国几次，有时是自己去，有时和女儿去。古巴华侨当中回国次数最多的应该是我了。

大使馆用旧了的车向外卖出，之后换新车，但这里不是人人都能买得起。我第一次向大使馆买的是Lada车①，大使馆知道我经常去买药材要用车，就将车卖给了我。我现在用的一部车是从大使馆买过来的第二辆车②。这算是一种互相帮助。

我曾经开过餐馆，做了两年，是间家庭餐馆，试验性质的，希望两个孩子从中得到一些经验，我利用家中大厅作餐堂，餐堂由霞女（即唐女士女儿胡海霞）打理，我煮餐，儿子每天大清早驾电单车到农村买材料，因为当时能够从市场买到的东西不多。餐馆的名字叫"卡拉OK"，生意很好，当时Cienfuegos就只有我这一间中国餐馆，很多人结婚、庆会都到我们餐馆来，因此要很早预订。我们原则上晚上十二点半关门，但很多时候凌晨一二点还有客人来。餐馆除了我们母子女三人，还偷偷地请了一个人洗地③。餐厅做到1996年就停止了，当时母亲中风，我们三个人也做得很辛苦。

我现在再没有做生意，准备多用点时间搞好民治党分部的工作④。计划是向政府要一个地方，要不到的话就租一处，经营中餐馆，从中国请厨师过来，现在这么多中国人来到Cienfuegos⑤，前景是很好的。在古巴，以团体名义经营比较容易，我计划几个人合资，以民治党名义经营。现在正设法向政府取回从前中华会馆的旧址，如果取不回，准备租用。之后要安排有关材料如何从中国运来，以及配备相关的人员。

我来了古巴之后，全无娱乐，自己的青春都投入工作、赚钱之中，希望为两个孩子带来稳定的生活。

我加入了民治党，是2012年12月12日正式入党的，之前搞手续搞了好几年。我还做了龙头，是抽签抽中的，龙尾在Matanzas。民治党在Cienfuegos有三

---

① 苏联出产。

② 这辆日本车为丰田牌，我到访唐女士时该车不能动，因为一个零件坏了，本来唐女士儿子从委内瑞拉弄回替代零件，但不合用，还得想办法。

③ 古巴禁止雇佣关系。

④ 关于唐女士和民治党的关系见下文。

⑤ 因此地近海发现油田，中国派遣技术人员前来协助勘探和开发。

十八个党员，大家在二月份会领取证件，是个新组织①。Cienfuegos 以前有民治党，但后来被政府没收了②，故此要重新登记。其实各人早就填好表格了，过往是李生打理的③，一直等政府通知，现在才重新开始，这里的事务由我负责，二月份会进行选举（2013 年），夏湾拿规定要我担任主席。我准备明年春节时举行庆会活动，有舞狮等节目，将工作成绩表现出来，让政府知道华侨社团的存在。

Ciego de Ávila 和我们同步工作，但他们那边做起来比较容易，因为社团虽然也关闭了，但地方没有被政府没收，恢复起来比较好办，所以虽然同步重新开展，但 Ciego de Ávila 的成绩很快便见到。

这里的沙滩有两个农场，我看中了，希望能够将之改为工厂，因为有中国内地的人想来这里投资设厂，另外有一个人现在台山经营农场，也看中了古巴这地方，希望来这里开农场。

---

① 唐女士事后补充说明：该次入党全古巴共六十多人，是古巴 1959 年革命后民治党第一次招收党员入党，入党仪式在哈瓦那民治党总部举行，用传统仪式，颇有从前秘密会社入会仪式的气氛，按民治党习惯，同期入党者进行抽签，定出一人为龙头，一人为龙尾，这次抽签结果唐女士抽得龙头签，龙尾签则由一位居住在 Matanzas 的新党员抽得。又：关于 Ciego de Ávila 民治党情况，参见陈细九访谈。

② 指会馆被没收。

③ 李生为哈瓦那中华总会馆副主席。

# 一岁到古巴　晚岁复归华区

### 黄锦念　Adelaida Wong Lui

　　黄锦念女士是主动找我和她访谈的，很特别。由于找女性华侨访谈遇到些困难，我请求周卓明先生帮忙，他和几位"唐人婆"说过，但不成功，可能他和黄女士也说到此事，一天我在华区某社团时，黄女士前来问我要不要访问她，我当然求之不得，于是约好时间，进行访谈。黄女士未满一岁就来到古巴，不会说中文，我依靠奥斯卡居中翻译完成了访谈。黄女士受过良好教育，对我的口述历史工作相当理解，明白这工作的意义，访谈中有一些地方她不能确定时，就说会回家找出相关文件求证，之后的确将文件带来或者将资料写下来给我看，她还携来一些照片供我翻拍，态度非常认真，我很感激她。

　　黄女士在访谈中，提到她母亲吕转贵女士的情况，很值得注意，之后我和她姐姐黄锦芳女士也做了访谈，其中也说到吕女士，两部分加起来，对吕女士在古巴生活的轮廓，也就较为清楚了。

　　访谈于 2013 年 1 月 31 日在哈瓦那华区民治党餐厅内进行。是年年底我再去古巴时，又见到黄女士，但由于她不懂中文，我没有将访谈的记录文本交给她看。

黄锦念女士，2013 年 1 月

　　我在新会出生，1949 年 12 月 14 日，1950 年来古巴，当时未足一岁，用正式纸张前来，姓名等资料是真实的，我父亲是黄荣贵，我母亲吕转贵是江门人，在江门出生。我家中还保存有关证件，我来古巴时是双重国籍（即中国、古巴两国），但由于是在古巴登记的，只有古巴文件，没有中国文件。

　　我父亲十四岁来古巴，和他爸爸即我祖父一起来，在哪一年我不清楚。他在古巴开小食店[①]。他回过中国三四次，是回到中国时认识我母亲，后来结婚的。我母亲在乡下生下我们三姐妹，我们姐妹在年纪上有些距离，大姐和二姐（黄锦芳）相差大约十三四岁，二姐和我差一岁，大概是父亲每回到中国就生下孩子的关系。后来母亲带同我们三姐妹来古巴，当时大姐快十五岁了，她是到达古巴后过生日的，二姐两岁左右，我不足一岁。我们是坐船来的，坐了多久，我不知道，当时太小。是母亲带我们前来，父亲其时在古巴。母亲来了古巴之后生下四弟。

吕转贵女士，20 世纪 30 年代，广东江门

---

①　当地称这种小店为 fonda，经营者 fondero，卖廉价食物。

（问：你父亲能够多次回中国，又将四个家人办理来古巴，是不是很有钱呢？）

不是的，是父亲向一位阿姨①的丈夫借了钱，我父亲勤劳又老实，这位阿姨的丈夫不但借钱给他办理手续让家人来古巴，还愿意借钱给他在古巴做生意。至于用多少钱办我们来古巴，我当时太小，不知道。不过，由于我们当时年纪小，坐船来古巴我大姐只付半价，二姐四分之一，我完全不用付钱。②借给我父亲的钱我父亲要还，但不是一次性偿还，是分期。

母亲和我们三姐妹来古巴时，用的是真名，但护照看来是假的，我们抵达后，就将护照丢弃了，但很巧，被我们认识的入境处人员拾到，还送回来给我们，我们于是感谢了他。我现在还保存着这些护照。我记得此事，但何以如此，我不知道。

自从我们来了古巴之后，父亲就再没有回过中国了，全家以后就在古巴。

我父亲是和人合股开小食店的，当时规定，外国人不可以单独做生意，一定要有古巴人，所以就和有古巴籍的人合作。他和人合股一共开了三间小食店，工作到小店被收归国有为止，之后他就退休了。③

我母亲来古巴后没有工作，在家料理家务。她来了之后精神出了问题，好像是哮喘病引发的，没有攻击性，但会在家里尖叫。我们带她去医院看病，但她不会说西班牙话，医生随便开点药，又用电击治疗，她很害怕，认为医院是想要钱所以才这样医治。我们住在 Playa 区，不在华区，因为父亲在 Playa 工作，所以住在那里。邻居都是古巴人，和我母亲来往的中国友人很少，她没有什么机会和人交谈。她很想念中国，像大多数华侨一样，我相信这些都和她的精神问题有关系。

我母亲在中国读完了中学，对当时的中国女子来说，这是很少见的，她有文化，喜欢看戏看电影，到古巴初期精神还好时，会到华区看戏看电影，但生病之后就不外出了。④

父亲日间工作，很忙，没有时间教我们中文，我们来了之后读的是本地普通学校，没有中文。母亲在家里和我们是说中文的，但我们学得不多，和母亲沟通有困难，没法表达时借助字典，是西汉字典，根据西文找出中文，向母亲出示。结果我不会说中文。

———————————

① 原话为 tía，即英文的 aunt，也可能是姑姑。

② 据黄女士访谈后出示的照片，她们乘坐的是 S. S. General W. H. Gordon，即当时华侨所说的"哥顿"号轮船，关于此船参见陈享财访谈。

③ 黄女士之后补充资料，得知黄荣贵先生生于 1904 年 8 月 20 日，卒于 1986 年 11 月 1 日，享年八十二岁。

④ 黄女士之后补充资料，得知吕转贵女士生于 1914 年 8 月 2 日，卒于 2001 年 1 月 13 日，享年八十七岁。

（问：你小时候有听到母亲抱怨来了古巴吗？）

记忆中没有。我母亲会缝制衣服，会做针线，会刺绣。她长得漂亮，比我漂亮。

（问：你们三姐妹来了古巴之后情形怎样呢？）

我大姐到古巴时差不多十五岁，她很快就在这里结婚，十六岁时就和丈夫去了美国，后来在美国去世。她离开时我很小，即使见到也不认得她。她离开后只回过古巴一次，她害怕回来。

二姐和我就像一般古巴孩童那样上学读书，二姐后来读了大学，成为护士，我读了中等专科学校，成了医疗技术人员。小时候去过华区的中文学校读书，但只有一年，中文学校离我们家太远了。读完书之后我们就在古巴工作，我开始时在 Playa 的 Crucero 药房，当时十九岁，既要配药方，又要卖药，周末也要工作，我不喜欢，转去了另一间药房，也是在 Playa，只做配药方，很适合我，工作地方离住处也近，但后来药房裁减员工，要我做办公室的工作，我于是转到 41 与 44 街的药房，但同样要负责秘书的办公室工作，我不喜欢，就退休了。退休是因为健康原因，这是真的，不是借口，也不是欺骗政府，我的确有健康问题，所以提前退休了，当时只有五十二三岁。[1] 由于提前退休，所得退休金相对也就少一些，每月 252 比索。我退休后，医疗、教育人员的工资得到提升，但我当时已经退休了。

（问：在古巴工作，有没有因为你的中国人背景而感到或者经历过歧视呢？）

没有。工作上我和古巴人相处得很好。我工作认真、准时，和上司全无问题。

（问：请问你的婚姻情况怎么样呢？）

我是四十岁时和一位古巴男士结婚，但之前我们作为男女朋友很久了。对于我嫁古巴人，父母都不高兴，父亲希望我不要，母亲因为精神问题，没有过问，但我坚持。我二姐也嫁给古巴男士，父亲也不高兴，但她不是一起住，所以情形我不是很清楚。我是父亲去世后结婚的，不是故意如此，之前已经和这男士一起，父亲也知道这男士，是因为这男士对结婚很犹疑，到了后来才决定要结婚。我母亲由于不会说西班牙话，和我丈夫很少沟通。我没有小孩，丈夫后来因为交通意外死去，我现在一个人生活，住在以前父母住的房屋。

我父亲是希望我嫁中国人的，他介绍过两个中国男子给我，但我都不喜欢，当时我已经认识了后来结婚的古巴男士了。

（问：你什么时候开始来华区参加活动呢？）

---

[1]　据黄女士访谈后提供数据，得知她 1973 年至 1998 年在 Crucero 药房工作，1999 年至 2001 年在另一所药房，名称不详；2002 年至 2003 年在 41 与 44 街的药房工作。

退休之后。工作时期没有时间，只偶然来一下，在一些特别的日子。我父亲是每天都到华区，他来玩骨牌①，他不会打麻将。母亲在我们小时候也来华区，来看电影，她不会自己一个人来，是和父亲一起来的。

我现在来华区参加龙冈公所老人院的活动，我也是民治党成员，在民治党参加中文班学普通话。也参加安定堂②，我大姐的家公很有钱，是位百万富翁，捐过钱给安定堂。

（问：你觉得中国人怎么样？是不是很特别？）

中国人有自己的性格和风俗，和古巴人不同，但不是特别的种类。我只是〔现在才〕开始认识中国人和中国文化。

（问：你弟弟的情况呢？）

我弟弟 1951 年 9 月 1 日出生，是在家里出生的，母亲来了古巴之后才怀孕，他们都希望有个男孩。弟弟出生时几乎死掉，是靠人工呼吸救活过来的，母亲生产时靠一个产妇协助，父亲带了医生来，刚好赶得及替弟弟做人工呼吸，将他救活。生下弟弟，父母开心极了，中国人都希望有儿子。弟弟好像没有读大学，是个建筑技术人员。他是古巴籍，要服兵役，他不想，请求父亲帮助放弃古巴国籍，这当然不可能，结果他去服役了，三年，从前服役是三年，现在改为两年了，他在古巴本土服役，没有被派到海外。他在建筑业工作，什么职位我不清楚。他现在仍在工作，已经结婚，妻子是古巴女子，生了三个女儿，他们想要儿子，但没有。

我弟弟住在我附近，在街角的地方，他还和我共享一本配给簿，登记地址相同。

---

① 原文为 domino，可能指牌九。
② 安定堂为胡、梁、伍、程四姓宗亲社团，和黄姓无关，但现在古巴华侨人数稀少，有时亦接受其他姓氏人士加入。

# 当上华侨社团主席的女性

黄锦芳　Caridad Wong Lui

黄锦芳女士是黄锦念的姐姐，这是我和她访谈开始时，看到她的中文名字才明白过来的，其实之前我在哈瓦那华区和她见面已经不知多少次，她是黄江夏堂的主席，虽然不住在华区，但经常过去，不过我只知她叫 Caridad，一个常见的古巴名字，访谈时才知道她的中文名字，才知道她和黄锦念是姐妹。

由女性担任华侨社团的主席，是古巴华侨群体近年的变化，在过去，这是难以想象的。从前华侨中的女性很少，最多时也不到总数的百分之五，加上中国人重男轻女的传统，华侨社团历来是男性主导。现在古巴华侨所余无多，受过良好教育的女士才得到出头机会。黄女士从中国来到古巴，虽然当时只有两岁，现在已经"古巴化"，但还是属于古巴华侨所说的唐人，比起在古巴出生的下一辈，有"正统"的意味。古巴华侨社团的领导权，目前在微妙演变之中，找真正的唐人是愈来愈难了，唐人仔、唐人女慢慢地就步上岗位，这些华侨后裔除了具有中国血统，都不懂中文，不了解中国文化。黄女士身份上是唐人（当地更准确的说法是"唐人婆"），但由于在古巴成长，思想和感情属于唐人女，她步上社团领导岗位，是眼下古巴华区变化的象征。

和黄女士的访谈共两次，2013 年 2 月 1 日和 2 月 4 日，地点为哈瓦那民治党餐厅。黄女士说西班牙语，我的助手奥斯卡做英语翻译。之后我在古巴和香港都再次见到黄女士，由于她不懂中文，我没有将访谈记录交给她看。

**黄锦芳女士，2013 年**

我两岁时来古巴，1950 年，当时我很小，对旅程没有什么印象。

我大姐来古巴时十一二岁，她十八岁时和丈夫一起移民去了美国，她当时西班牙语还说得不多。她在古巴结婚，婚后一年离开，她丈夫是古巴中国人，其父母也是中国人，他们的家庭在美国有生意，他们本来在古巴也是做生意的，是有钱人家，后来全家到美国去了。①

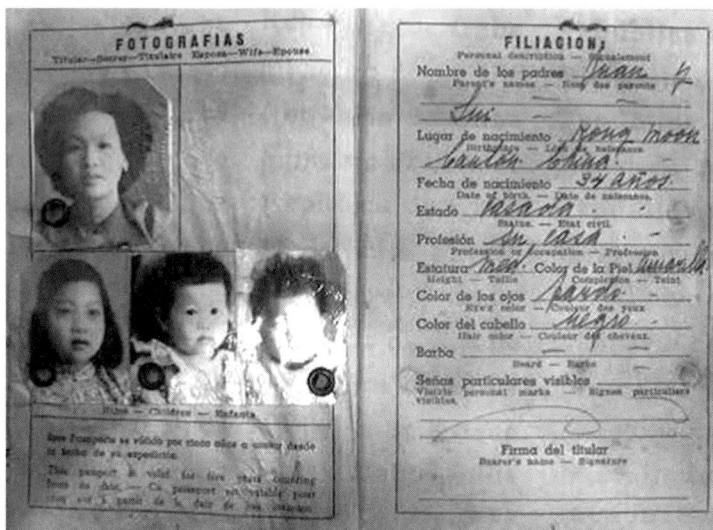

1950 年黄锦芳姐妹和母亲前来古巴所持护照的内页

我五岁入学，学校在我们住的 Playa 区，一直和妹妹锦念一起，我俩是到了结婚后才分开居住的。我小学、中学和锦念同校，是本地的公立学校，我们只读过一年私立学校，之后都读公立学校，后来我们各自进入不同的大学，我读护士科，她读药剂科。我们小时候在华区也读过一年中文学校，学校在教堂旁边，是私立的，要付学费，因为父亲要我们学中文。我们坐公共汽车去上中文课，上午上本地学校，下午上中文学校，但只是读了一年，之后因为古巴革命，学校停办了，读中文学校时我十一二岁。

小时候在家，我们和父母说中文，可以明白，但沟通得不算很好。我母亲的西班牙语很差，不太能说，我们只能和她说中文。我父亲有几间店，很忙，经常很晚才归家，回来时已很累，要睡觉。他和不同伙伴合作做生意，店铺在不同地点。

---

① 此处所说和黄锦念略有不同，黄锦念谓大姐来古巴时快十五岁，之后一年即十六岁时结婚并赴美。

（问：1959 年古巴革命胜利时你十一二岁，对当时情况有记忆吗？）

我记得卡斯特罗带领军队进入古巴，看到坦克车等，街道上人很多。

（问：那你父亲当时的态度如何呢？）

他不喜欢，不欢迎转变，当时我大姐已经在美国，父亲想将全家带过去，但最终没有离开，因为我母亲不想走。她来了古巴之后没有外出工作，在家料理家务，年轻时去父亲的咖啡室和小食店帮手。她在古巴初期是感到满意的，直到她精神上出了问题。她在中国经历过两场战争，首先是抗日战争，之后是中国的内战，以致精神深受创伤，她常常备好一包衣服，以便随时可以逃走，她也常常提起打仗和走难的事情，但我们当时年纪小，听不明白。我父亲和我母亲在年龄上有差距，父亲大十岁。

父亲不喜欢那时的政府，差不多要将生意结束，但后来古巴进行国有化，一步一步将私营生意没收，父亲的店铺也就被没收了。

（问：在你心目中，父亲在古巴是成功的商人吗？）

是的，他很努力工作，很早就起来，工作很长时间，没有什么嗜好，一直工作到退休。

（问：你们小时候在公立学校读书，学校里还有其他中国学童吗？）

很少，因为在我们居住的 Playa 区中国人本来就少。在夏湾拿多一些。

（问：你上大学的情况怎样呢？）

我上的大学名叫 Universidad de Girón，我在医学院（Escuelade Medicina Victoriade Girón），读三年，两年上理论课，一年在医院实习，之后我任职护士，工作了三十六年，在 2004 年、2005 年左右退休，我是在正常退休年龄退休的。

（问：你什么时候结的婚呢？）

1976 年，我在医院认识我丈夫。之前他在一个会所当义工，会所里他的一个朋友遇到意外，他陪这个朋友来医院，之后我作为护士看顾这个朋友，我们于是认识了。我们作为男女朋友来往大约四五年，然后结婚。对于我要嫁古巴男子，父亲反对，他说中国人要和中国人结婚，但我们告诉他我们是真心相爱，他也没办法。我们两姐妹和弟弟最后都和古巴人结婚，父亲很失望。当我和妹妹还小时，父亲带过一个中国男子回家介绍给我们认识，看看我们是不是喜欢他，结果我们都不喜欢。后来我当了护士，在医院工作，又遇到这中国男士，他已经成了医生，还是我的老师，他自己也和古巴女士结婚。

（问：你丈夫什么职业呢？）

他是从事机械工作的。但结婚二十多年后我们离了婚，在 1993 年，之后我自己没有再结婚，和儿子同住，但儿子现在去了中国进修。

（问：你什么时候开始积极参加华区的活动呢？）

当我还在工作时，我偶尔会来华区参加活动，自从我退休后，我就活跃得多。

（问：你第一次回中国是什么时候？）

2012 年 4 月，第一次也是至今唯一一次，好像做梦一样。去了四个月，因为我儿子在北京留学，才有机会去，他陪我到处参观，我会再去中国的。我儿子现在有了中国女朋友，两人准备结婚，他会留在中国生活和工作。

我儿子在古巴的 CUJAE 大学①读书，这是所科技大学，我儿子毕业后当工程师，工作了七年之后得到奖学金去中国进修，在中国读硕士课程，他的名字是 Shandy Canet Wong，中文名字叫"山迪"，今年三十岁。我今年六十四岁。

（问：古巴华侨社会女性很少？）

是的，来古巴的中国人绝大部分是男人，女的很少。很少人将家人带来古巴。我们姐妹很小的时候已经登记作为中国人社团的成员。由于现在年纪大的很多已经逝世，于是一些中国社团的主席由女士出任，因为她们比较年轻。第一位女性出任中国社团主席的是沈先莲（西名 Mirta J. Sam Echavarría），她当了社会主义同盟（Sociedadde Alianza Socialista）的主席，在赵文立卸任之后，她现在还是主席，开始时她自己也不答应，后来被说服，才担任。其他女性还有龙冈公所的刘淑芳（西名 Graciela Lau Quan），陈颖川堂的主席也是女性，叫陈美美（西名 Rosario Chang Sau），是位唐人女，我自己是黄江夏堂的主席。② 当主席的女性有些有点阳刚味，这的确是个大转变，证明女的也能胜任。

（问：由于女的中国人很少，你们小时候交朋友有困难吗？）

没有，我们和古巴小孩交朋友。中小学朋友是很少的，但这视乎你住什么地方。

（问：由于你们中国人和女性的背景，读书和工作有遇到歧视、吃亏的情况吗？）

古巴革命前，女性遇到的困难多一些，找工作不容易。革命之后女性的机会比以前多。

（问：你母亲不说西班牙语，她在古巴的生活孤单吗？）

是的，她经常在家，很少外出，只是偶然去去邻居家，或者去去华区，到了华区就可以见到中国人。她是受过教育的，能读中文，但不懂西文，故此她只读

---

① CUJAE 的全写为 Ciudad Universitaria José Antonio Echeverría，此所大学的正式名称是 Instituto Superior Politécnico José Antonio Echeverría，在哈瓦那市的 Boyeros 区。

② 据中华总会馆西文秘书周卓明说，李陇西堂和至德堂的主席也是女性，前者为李美玉（西名 Niurka Eng Dovales），后者为吴玉花（西名 María Elena Hung Fonseca），都是唐人女。

中文书，但也读得不多，因为时间少，她要料理家务、照顾孩子。我们家里有一些中文书，不多，有一本中西文字典。

母亲也有一些朋友，有时候朋友会到家里来探望她，在邻居里头她也有些朋友。我父亲玩骨牌（domino），但我不记得我母亲有玩骨牌或麻将。

我母亲看电影，是我们陪她到华区看的，大约一个月两三次，多数在周末，当她有空不用到父亲的咖啡室或小食店帮手的时候。

（问：看大戏演出呢？）

我不记得有看过大戏演出，但有看粤剧电影。我们家里还有粤曲唱片，我母亲自己也唱。现在还有一些唱片保存在我妹妹处。

我父亲去世后，我母亲继续在家里当主妇，她精神有问题，害怕外出，故此也很少外出。父亲去世后十五年母亲才逝世。

（问：你母亲的精神问题是你父亲去世前抑或去世后出现的呢？）

之前已经有了。她大概因为离开中国而又很想念家乡，精神出了问题，父亲去世后变得更为严重。开始时只是精神问题，后来又得了高血压。我们有带她去医院看病，有时候请医生上门医治。她是要服药的，但她不愿意服，没有纪律，也抗拒去医院，她害怕见医生。她抗拒去医院时，我们只有请医生上门。照顾母亲对我们来说，是个负担。

（问：因为有病和孤单，你母亲要求过回中国去吗？）

有的，有这样说过，但事实上不可能。她想念家乡，渴望回去，但没有这样的机会。她的一生是复杂的。

我父亲、母亲都葬在夏湾拿的华侨坟场，我们将两人的骨殖瓮放在一起，每年清明节都去上香和拜祭。


### 附记

黄女士1959年11月受洗为天主教徒，当时十一岁，现在仍有去教堂。

由于儿子山迪在中国，黄女士2014年春节时再去中国，和几位华侨一起，先经过香港。我在香港和她见了面，不过当时还有几位华侨在场，又没有人居中翻译，我和黄女士交流不多。

# 当过民兵　上过前线　监视过华侨

余景暖　León Yi

　　和余景暖先生访谈，在 2013 年 2 月 2 日，四天之后，我离开古巴起程回香港，一个多月后，周卓明先生从哈瓦那发来电邮，告诉我余先生已经在 3 月 11 日去世，我为之错愕不已。

　　认识余先生，全因吴帝胄，和帝胄谈话时，他提到有个中国人参加过猪湾战役，现在还活着。帝胄是土生华裔，不太懂中文，只记得此人名叫 Rafael Yi，不知道中文名字为何。我凭此线索回哈瓦那华区打听，终于联络上了余先生，他住在郊外，特意回到华区和我见面，在余风采堂，这地方当时重门深锁，余先生拿锁匙开了门让我们入内，访谈就在寂静无人的余风采堂内进行。

　　访谈的时间很长，余先生当日非常健谈，他说开平话，和我们的台山话差异不大，但遇到人名、地名之类他怕我弄不清楚，还特意在纸上写出来。他对自己的经历谈得十分详细，一些相当隐秘的情节都说了出来，是我所做访谈中内容异常丰富的一次。和余先生见面，就只有一次，之后传来他仙逝的消息，现在回想起来，仿如冥冥中余先生有意借这次谈话将他的一生做个总结。

余景暖先生，2013 年 2 月

　　余先生在香港有一位侄子，名余栋涛，我回到香港之后和他取得联络，访谈记录整理完成后，余栋涛帮忙校阅了一遍，指出了当中若干错误，我很感谢他。2013 年 12 月我再去古巴时，余栋涛托我带礼物给余景暖先生的儿子，我于是去了余先生儿子余伟胜家里拜访，这位小余先生西名 Julio，只说西班牙话，不说中文。我本来想看看余景暖生前的照片，但可惜他们父子原来各住不同的地方，小余先生住处没有他父亲的照片。小余先生告诉我，他父亲去世后，他当上了余风采堂的主席，正在全力让余风采堂的餐馆复业，看来成功机会很大，如果成功，有了收入，他计划和全家到中国，经过香港时会和我见面。不过，到目前我为了出版需要再整理余景暖的访谈记录时，还未有他前来香港的消息。

128

　　我叫余景暖，这是我出生时取的名字，又叫余良[1]，我们中国人一般有两个名字，西文名字 León Yi，是和余良对应。León Yi 是我入古巴籍时取的名字。是正式名字，身份证上的名字，我在内政部时叫 Rafael Yi，是因为内政部每人使用一个特别名字。

　　我现在是余风采堂主席。

　　我 1950 年来古巴，当时二十岁，在我儿子出生后来古巴，我是十八岁时结的婚。

　　我乡下是开平长沙，我父亲其实是台山人，在台山荻海三合，从前新昌、荻海、长沙、水口等都属于台山管辖，解放后长沙、水口划归开平，我在长沙出生时长沙还属于台山。后来我伯父、父亲搬迁到开平六姓乡，所谓六姓乡，就是余、冯、谢、许、黄、何。我的乡下叫武溪乡。

　　我伯父叫余钜中，我父亲叫余铨中，我们五兄弟姐妹，大哥锡和，二哥铣和，我是老三，大家姐余双喜，三姐余女星。[2]

　　我十八岁时在乡下结婚，夫人叫张和意，我二十岁时生下儿子，叫余伟炽。他们两人一直在中国，没有来古巴。我儿子结婚后生了三个女儿即我的孙女，名字分别是余丽珍、余丽芳、余丽琴。[3] 我儿子 1992 年因交通事故身亡，他有一辆车，从事货运，遇到一个喝醉酒的冲红灯撞上来，死掉了。如果他还在的话，现在六十三岁了。我夫人现在还生活在开平长沙，我儿子做运输生意时赚了钱，在武溪乡买了一层楼，是一幢大厦的第五楼，六万多元人民币，一间房我儿子两夫妇住，一间我夫人住，一间我儿子的三个女儿住。我夫人今年八十三岁，和我同年，她没有来过古巴。

　　我十八岁结婚后去了广州，是自己一人去的，当时我大哥在广州做药材生意，开了一间药材批发店叫发记药材行，生意不错。我去广州是学造鞋，当学徒，鞋公司在上九路，街道名字记不起来了，老板叫苏蕴龄（音）。1949 年中国解放，所有造鞋公司关门，鞋公司老板也走了，我大哥的药材店也关了，自己回了乡下，我于是也回到乡下。

　　我来古巴时我父亲和二哥已经在这里，我父亲第一次什么时候来古巴我不清楚，他后来回去中国，我出生后他又回到古巴。他在这里有一间衣馆，做洗衣，很赚钱，赚到了钱回开平盖了一间两层的房子，很漂亮。我二哥开杂货店，在下

---

　　① 好像说这是在中国结婚时取的名字。
　　② 余先生侄子余栋涛先生谓余景暖此处是从传统大家庭的角度叙述，锡和（即余栋涛父亲）、铣和及双喜是余景暖伯父即余钜中的子女，余景暖只有一个胞姐名女新，余景暖误作"女星"。
　　③ 以上所有名字都是余先生亲自写于纸上。

面 M①114 街的地方。我二哥来古巴比我早得多，他抗战前就已经来了，他没有将在中国的老婆带来，他老婆后来死在中国。他在古巴另外结婚，老婆是古巴女人，生了一女一子，儿子后来跟他去了美国，但他的古巴老婆和女儿没有去，他女儿现在是余风采堂的会员。

重门深锁的余风采堂，2013 年 2 月

我来到古巴后，就在父亲的洗衣馆做工，同时读书，学西班牙文，学了两年。老师是个唐人仔，叫莫守仪（音），他既懂中文又懂西文，将番字写在上面、唐字写在下面教我们。我跟他学西文，日间做工，晚上学习，由下午七点学到九点，地点就在华区内近街市的地方，学费一个月十元，当时十元是很大的一笔钱，那时候买一个鸡蛋三仙，一个蕉仔两仙，两个橙果五仙，现在一个橙果就要一元了。

1959 年古巴革命胜利后，政府接收所有生意，我父亲的衣馆和我二哥的杂货店也被没收了，货物也全部被没收了。古巴革命后，我劝父亲回中国去，他说不能去，如果他回去而我不回去，他会被我老婆骂，骂他怎么一个老头回国而丢下我在古巴，所以不能回去，他也想等待一下，以为政府会改变，谁知之后几十

---

① 西文名字听不清楚，好像是 Marianao，为哈瓦那市近郊。

年都不变。衣馆被没收时，他将衣馆的屋契放在我处，说我年轻，如果将来古巴政府变了，我就凭屋契领回衣馆的房子，但结果没有转变，屋契现在还在我家里。衣馆是 1962 年 2 月被没收的，之后父亲没有工做，很抑郁，病了，11 月逝世。我二哥则说要走，要去美国，这里又没有工作，店铺、货物、金钱都被没收了，于是偷关（偷渡），结果被捕，被判坐牢五年。

当时我为了生活，参加了民兵（milicia）。当时不参加民兵就没有工作，没有饭吃，会饿死，我是为环境所逼而当了民兵。当时的邻居对我说，如果我没有积极行为，就没有工作，连古巴仔也是这样，何况我们唐人，所以不是同情不同情革命政府的问题，是为了经济和粮食，我父亲、二哥都没有工作，我不当民兵只能大家一起等死，所以我当民兵不是虚荣，是投机。当了民兵，做了积极分子，才会有工给我做。

当民兵要去打仗，先受训练，1960 年时被派去剿匪，在 Escambray 山区①，因为反革命的本土仔都躲在山上，要派部队去剿匪，进行了三个月，从 1960 年 11 月到 1961 年 1 月，在古巴中部的 Sancti Spíritus 省。当时我所在的部队只有我一个中国人，但另一个部队有一位叫黄健章的中国人，来自台山，他后来回中国去了，已经回去几十年了。

1961 年 1 月底剿匪胜利，我回来夏湾拿，在电话公司工作。我是因为当过民兵，才有电话公司这份工作，是调查清楚我的背景之后才让我到电话公司工作的。我在电话公司工作到 1965 年，其间仍属于部队，要去打仗，我打仗得到不少奖章，但今天没有带来。1961 年参加了猪湾战役②，和美国雇佣兵打。打仗是 4 月 16 日至 19 日，一连四天，不分日夜，死了很多人，20 日胜利，所有雇佣兵都被捉拿，捉拿了千多个雇佣兵，都是古巴人，被美国收买来打古巴，武器是美国提供的。我当时属于步兵的冲锋部队，是 114 部队，只有我一个中国人，另一个中国人黄健章属于 144 部队，他作战时大腿受了伤，相当严重，后来回中国去了。打仗胜利后，胡须佬（指卡斯特罗）说我们可以回去了，于是大家回去恢复原职，我回到电话公司继续工作，不复原的会被调发。我们武装力量人员出征时，薪水由家人前往代领。

我在电话公司工作到 1965 年，之后去了内政部，吴帝胄也在内政部工作，不过当时我不认识他。③ 内政部需要一个唐人到保安局工作，于是派人到我们部

①　此地在古巴岛中部的南面，参加了民兵组织的吴帝胄此时亦在此山区剿匪，见 *The Chinese in Cuba*, *1847 – Now*, p. ix。

②　此战役发生在古巴岛南岸的 Bahía de Cochinos，中译"科奇诺斯湾"，华侨一般译作"猪湾"或"猪猡湾"，入侵武装人员登陆地点为该海湾的 Playa Girón，中译"吉隆滩"。

③　余先生一再提到吴帝胄，这是因为我是经由吴先生的指引而找到余先生并进行该次访谈的。

队查询，问我会不会中文和西班牙文，我说会，但中文我是说广东话，普通话我不会说。于是他们给我表格，我填写了，他们进行调查，一切都及格，我接着到学校接受训练，为时六个月，训练如何进行秘密侦察、调查等。训练完后，入保安局工作，给我发了襟章、曲尺、手枪、子弹。开始工作后，根据总部指示，要到各处调查，调查完毕要交报告。保安局的工作是政治方面的，经济、偷、抢等和我们无关，是警察管理的事情，我们对付反革命、破坏分子，不分古巴人、中国人，都对付。这方面我只能向你说一点，不能说足。保安局告诫我不能偏帮中国人，调查中国人时我要充分报告，不然我就要坐牢。对于中国人，我会提醒、通知，警告他们不要猖狂，如果他们不听，我就向上头报告，他们就要坐牢。我是想帮助中国人的。

我在保安局工作了二十六年，从 1965 年到 1991 年。我是入了古巴籍的，是古巴人。① 1991 年我退休，本来根据规定，在内政部或武装力量部工作了二十五年而年龄达到四十五岁就可以退休，我是年龄足够，但工作年数不足，所以工作到 1991 年，做了二十六年，比规定多一年，就退休了。退休时将手枪、子弹交还，几套制服交还后向我发还一套。我现在还属于古巴中央联合战斗部队，是部队的后备兵，所以保留一套制服，如果有事，要回部队作战，例如美国入侵古巴，我就要回去，古巴中央联合战斗部队的西班牙文是 Asociaciòn de combatiente revolucionario cubano。②

保安局的西文是 Departamento de seguridad del estado，属于内政部即 Ministerio del interior。③ 内政部的总部在革命广场，有很多分部，在不同地方，警察、消防、移民、保安、反间谍、infiltraciòn（渗透）等都归内政部管，1965 年前我属于内政部第十一部④，之后调到二十部（局），但很多内部情况我不能和你说，属于秘密，说出来很危险。在保安局就只有我一个中国人，我知道吴帝胄也在内政部，也在保安局工作过，但他是土生中国人，他在哪一个部门，我不知道。我知道吴帝胄也当过民兵，但和我不在同一个部队，我的部队在机场，他在夏湾拿。赵文立也当过民兵，后来转了做警察。当时当民兵的中国人很多，有个老李，之后去了美国，还有老谢、老关，他们本来都属于民主大同盟成员，但我不是。当时全古巴有千多个部队，不可能大家都认识，光是我当时所在的一个小埠就有三个部队，144、117 和 179 部队，一个部队有千多人。像吴帝胄这样的唐人

<hr/>

① 没有说何时入籍。
② 此处余先生出示证件，上有照片，余先生读出证件上西文，此组织之英译为 Association of Combatants of the Cuban Revolution，参见 *The Chinese in Cuba*，*1847 - Now*，p. ix。
③ 华侨又将保安局称为密探局，见唐仲喜访问。
④ 可能为"局"，听得不清楚；又：此处应指当民兵时期。

仔在内政部工作的很多，像赵文立这样当警察的中国人也不少。我虽然现在已经退休，但还替政府服务①。

　　1959 年后在古巴的中国人偷关出国的很多，本来出国应该申请，他们偷关就是犯法，海军会开枪打，被打死的很多。我二哥、我老表李文柏（音）和我侄哥即我二哥的儿子余栋希一起坐船偷关，船上载了百多人，古巴人、中国人都有，在海上被海军叫停，船没有停，海军开枪，打死了很多人，我二哥的衫、我老表的裤都被射穿，但三人都没事，被抓回来，要坐五年牢，有好几个姓余的兄弟被打死了。这是 1962 年的事情，我当时当民兵，这时候美国要苏联将安置在古巴的核武器搬走，不然的话美国就要打古巴，10 月 22 日局势很紧张，古巴要全民提防，我被征调去了边省②，不在家。我二哥从监房找人到我家来找我，见到我老婆，知道我已经去了边省，将他坐牢的事告诉我老婆，希望我帮忙。因为我当民兵，认识的人比较多，于是我老婆写了封信给我，部队是每个星期都会传递家书。我看了信，就去见部队长官，向他说我二哥因为偷关而坐牢，希望他给我人情去探望二哥，他批准了，给了我一个星期，我弄好了餐，带了香烟，就去探监。监狱的管理人员向我说二哥要坐牢五年，这五年要表现积极，在狱中要帮忙清洁等工作，要有点功劳。我二哥见了我，要我出头帮忙，希望坐牢时间减少。我于是回去见长官，请他帮忙，他各方面的关系比我好，于是去走动了一下，说两年之后可以释放，我于是通知二哥，请他在狱中合作。和他一起坐牢的侄子即他儿子和老表知道了，也要我帮忙，我于是又去见长官，长官埋怨我怎么不一起说，害得他又要再去走动，他答应再尝试一下，结果也成功了，三人坐了两年牢，都放出来了。

　　1965 年时我在保安局工作，有相当势力，我二哥想去美国，但根据手续，他被判刑五年，坐了两年牢，不可以申请，要我出头帮忙。我去了司法部查问，知道出狱后要在古巴住足五年，才可以申请去美国，如果去中国，则随时可以离开，但我二哥不想回中国。我将情况告诉二哥，过了五年，他去申请，但没被批准，我又要出头，司法部说我可以到移民局求情，我去求了情，他们同意了，我哥哥于是去办手续，但由于他不认识人，护照两三个月还未发出来，没有护照无法申请出国，我又要出头，结果护照十五日就发了下来。有了护照，回移民局申请，一个月后得到批准，如果是一般人的话，一年也批不出来。得到批准，接着要解决机位的问题。刚好这时美国和古巴订定合同，美国派飞机来将反革命分子接往美国，每星期两班机，逢周二、周六。我将这个好消息告诉了二哥，他开始

---

①　余先生此时出示其反情报工作的证件，仍在有效期，并说一般不向人出示。

②　即 Piñar del Río 省，在古巴岛西面。

时还不相信，我告诉他要带备坐牢等有关证明，以便登机，到了机场，发觉不是这样子，要先向美国大使馆申请，于是又去大使馆，大使馆查看了有关文件，给了二哥前往美国的日期。日期到时我不敢陪他去机场，因为怕影响我的饭碗，由我老婆陪他去登机。二哥离开时什么都没有，我给了他皮箱、旅行袋让他装些衣服去美国，最后是我老婆送他到机场登机。

二哥离开前，订造了一套西装，要300元，他预付了，说好一个月完成，谁知过了两个月还未见，他快要去美国了，于是找我帮忙。我请他带我到西装店，到达时要他留在外面，不要进去，因为如果他进内，被人认得，那人就会躲起来，无法找到负责的人。于是我自己入店内，说是要订造一套西装，那人说要300元，我说太贵，那人说不贵，之前有个唐人来订造，也是300元，我问那个唐人叫什么名字，他说是Felipe[1]，又说订造西装要先付款，一个月有取，我说现在钱不够，回去取钱，于是出门找我二哥，将他带进店内，问他是不是就是这个古巴人，他说正是此人。于是我和他理论，他最初还说不和我交涉，因为与我无关，我拿出警章，他害怕了，想走，我拔出曲尺，要他高举双手，要拉他，用手镣将他扣起来，对他说，如果现在交出西装，就放他，不交就拉他去坐牢，因为他行骗。他终于拿出西装，我二哥试穿，没有问题，我就放了他。三日之后，我二哥就坐飞机去了美国。这是1980年的事，当时我二哥六十多岁。约一个月后，我侄哥和我老表也去了美国，但两人是坐船去的，因为当时美国改为派船来接人，船可以多运载一些人。三人去了旧金山，在中药店做售货，其后与朋友开了间中药店，但三个人都不好，钱赚了不少，自己又回过中国几次，但没有寄一点钱来接济我，都不帮我。我侄哥回中国娶了老婆又将她带去美国，也没有告诉我，是我乡下的老婆通知我的，我还不信，写信回乡下问媳妇（儿子的妻子），才证实了。于是我写信寄到美国给我二哥，说我想回乡下探望一下，请他帮出机票钱，他回信说有条件，只帮我买回中国的机票，从中国回古巴的他不帮忙，我于是去航空公司查询，得知只能买双程票，不能买单程票，于是回信告诉我二哥，他说这就无能为力了。我二哥和我侄哥现在都逝世了，在2002年[2]，我侄哥先死，在5月15日，我二哥在后，6月15日。[3]

2004年我回中国了，是第一次回去，古巴政府派去的，由促进会[4]安排，因

---

[1] 此为余先生二哥的西名。

[2] 好像不是很肯定。

[3] 余景暖先生二哥余铣和、侄哥余栋希赴美国的情况，余先生侄子余栋涛谓余景暖的有关回忆不准确，当时美国对古巴人的移民申请很宽松，但古巴政府留难，要求申请人到蔗园工作两年才放行，余栋希于是到蔗园工作了两年，然后以难民身份申请成功去了美国，抵美时间比余铣和早，并没有偷渡。

[4] 关于促进会参见伍衮民访谈。

为我在古巴表现积极，服务政府，得到不少奖章。我们几个中国人经法国先去北京，停了五天，古巴大使来机场迎接，他是来迎接我的，但因为和其他人一起，他也接待，先去大使馆，开了欢迎会，再送我们到旅馆。之后去上海，也停留了五天，再去广州。我孙女连同他姓李的丈夫来接机，我在广州三日，回家两日，很短，但见到了家人，我老婆、媳妇、孙女等，我儿子1992年时已经因为车祸去世。①

余风采堂2000年至2004年的主席是余锦池，2004年至2008年的主席是余汝休，汝休和我是好兄弟，他当主席时找我当书记，余风采堂的事情是主席作主。下面的话我跟你说，但不会跟其他人说，主席一个月有1 500美元，书记有800美元，财政也是800美元，汝休对我说，书记的事情多，从他自己每月所得的分200美元给我，于是我每月有1 000美元，他有1 300美元，他人很好，我不会忘记他。2008年汝休满任，我当选做了主席，但我没有彩数（运气），主席交接是10月15日，谁知5月12日余风采堂的餐馆司理被拘捕了②，我们的餐馆两层楼，由这个古巴人打理，谁知他瞒税漏税，将钱据为己有，被政府稽查查出，从他家里搜出一大笔钱，钱被政府充公，这个司理被判坐监十年，我们的餐馆亦被停业。餐馆停业，余风采堂没有了收入，我做主席这五年来，变得无生意可做。

2005年、2006年、2007年这三年我当书记，一个月有1 000美元，一年12 000，三年36 000，因为有这么多钱，我就驳汇回去给在乡下的家人，总共驳汇了20 000美元。③古巴规定，出去只能带5 000元，有个华侨黄润明（音）出去时带了20 000元，被搜出，钱被充公，人也要坐监。我那几年得到的钱驳汇了大部分，现在变得很穷，如果早知会这样，我就不会驳汇这么多钱回去。最近这五年我要每个月用百多美元才能维持生活，因为政府配给的食品不足够，例如油一个月才半斤，鸡一个月一斤，根本不够，要向黑市买或者到政府经营的商店用美元买④，例如一瓶生油在政府店买要2.6美元，很昂贵。我当了余风采堂主席，每年的三个大庆会不能不举行，即忠襄公⑤生日、周年会庆、春节，每个庆会要用400美元，一年就是1 200美元，开支很大，小的庆会现在不举行了。我们余风采堂今年是九十周年了，餐馆被逼关门时，牌照被收回，司法部说过一两

---

① 关于余先生这次回乡，参见广东侨网：《50载回家梦圆——记古巴老华侨余景暖回乡》，http：//gocn. southcn. com/xgzl/xgbd/200407300040. htm。

② 好像提到餐馆是2005年开办的。

③ 驳汇方法见文末的"访谈后记"。

④ 此处所说美元应指外汇代用券即CUC。

⑤ 忠襄公指北宋名臣余靖，谥襄，余姓后人尊称之为"忠襄公"。

年会发还牌照给我们，但现在过了差不多五年，还未发还，我交涉了几次，没有结果。

2005 年至 2007 年这三年因为我每月有 1 000 美元的收入，很阔绰，自费去了中国、西班牙和墨西哥旅行，用了很多钱。自费去中国是在 2006 年，自己申请出国，去了三个月，住在乡下家中，还将乡下的房子重新油漆。我本来叫我的古巴老婆一起去的，但她害怕，说会被我的中国老婆打死，没有去。去墨西哥是在 2008 年，也是自己去，去了一个月，去 Cancún，墨西哥最好的地方，来回机票 300 多美元，另外用了一千多两千元，买了纪念品回来给我孙女等。本来也叫古巴老婆去的，她不喜欢出门，没有去。

我在这里的老婆现在七十七岁，她父亲是中国人，母亲是古巴人，她父亲本来是开杂货店的。她没有职业，一直没有工作。我有两个儿子，余伟明、余伟胜。大儿子患癫狂病，住在癫狂院，小儿子如果连同在中国的儿子计算，是老三，已经结婚，有两女一子，他们另外居住，不和我们一起。

我们余风采堂现在有 108 个会员，其中只有 6 人是像我这样从中国来的，即我、余日照、余汝休、钟锡洪、马持旺、马番桃。[①] 在中国，余、马、谢几千年来都是老表关系。余风采堂现在的这幢楼是 1955 年买下的，当时老马、老谢也捐了很多钱，用了四万多买下，之前是在附近租赁一个地方。由于现在餐馆被吊销了牌照，我们堂存在银行的钱也被冻结，不能动用，这笔钱有多少我一下子说不出来，余风采堂的财政知道，我也登记在日记簿上，放在家里。如果餐馆的牌照发出来了，我们就可以动用这些钱，用来付牌照费，买货，等等。为了这牌照，我写过信给胡须佬的弟弟，也去见过司法部部长，答复是要等几年，说如果这次是我们自己犯法，就永远不会发还牌照，我们以后再不能做生意了。犯法的是司理，我们是缺乏监管，为了惩戒我们，要我们等几年才发还牌照。政府对这次犯法的事调查了九个月，司理被判坐牢十年，有两个司法部的人因为包庇他，也分别被判坐牢十年和八年。我们因为没有犯法，所以没事。

余风采堂主席是四年一任，我已满任，被重选为主席，现在是第二任，由去年起至 2016 年。去年满任时我说不做了，但大家推举我。如果我不做，余风采堂可能要散了，司法部想收回这幢楼，因为有我出头，才保住。其他人做主席不认识人，没有势力，保不住。

---

① 这些姓名都已向周卓明先生查询并证实。其中钟锡洪的情况比较特别，他虽然不属于余风采堂的余、马、谢三姓，但本身是位中国籍华侨，并因为这个身份帮助过余风采堂买车、申请上网、申请手机等事，故此作为特别会员加入余风采堂。

**访谈后记**

与余先生访谈结束后，一起往华区的天坛饭店用午膳，席间余先生再谈及若干情况，补充如下：

第一，余先生谓华区本来极残破，不是现在的模样，华侨社团长期以来已无活动，区内华侨都很潦倒，衣衫褴褛，没有工作，很贫困。关键变化源于当时中国领导人访问古巴，提出要到华区看看，古巴政府怕看到情况如此恶劣，于是有了政策的转变，提供帮助、资助，让华侨社团恢复活动，包括开办餐馆，以便得到收入。古巴政府同时要求华侨社团，经济情况得到改善后，要提供活动、做出安排，照顾华侨，其中允许社团经营餐馆是很重要的措施，因为餐馆能带来可观的经济收益。于是，华区迅速变化，有了如今的局面，很多社团都恢复了，每个社团都经营餐馆，而民治党、龙冈总会更提供免费午餐给华侨和华人。1995年成立"哈瓦那华区促进会"也是源于这一背景。余先生又说，中国领导人又来了两次古巴，在2004年和2008年。

第二，余先生当余风采堂书记、主席时，收入可观，他将钱驳汇回中国的方法如下：当时有一批上海人来古巴做生意，是根据中、古两国协议来的，准备做较大的生意如开厂等，因此资金相当雄厚。余先生和他们有交往，在古巴供给他们钱（应为CUC即外汇代用券），这些人在国内将钱给予余先生的家人，"驳汇"即此意思。后来余先生回到中国时有钱使用，就是这时驳汇回去的钱。但自从余风采堂餐馆的牌照被吊销，余先生再无收入，无法再驳汇了。

# "幸福"两字终于用得上

杨镇南　Ramón Yong　曹趁金　Hilda

　　杨镇南先生、曹趁金女士一家住在名为 San Antonio de Rio Blanco 的小镇，在哈瓦那以东约六十公里。我是在离开古巴前夕，才和他们联系上并做访谈的。这一家给我留下深刻也美好的印象，在古巴所见华侨，大多孑然一身，孤单寂寞，能够成家立室的，也往往由于不同原因，总有困难愁苦，显得支离破碎，直至见到杨、曹一家，才觉得"幸福"两字用得上。这是一个三代同堂、和洽共济、儿女有成的家庭，虽然物资贫乏，但日子过得平稳充实。特别是听到曹女士说经过恋爱，然后和杨先生结合，心里感到分外暖和，这是在古巴唯一一次听到这词儿。我是早上从哈瓦那出发去探访他们的，当时阴霾密布，之前下过大雨，到了访谈结束我乘车返回哈瓦那时，变得阳光普照，环境仿佛随着心情一起明朗起来。这一天是 2013 年 2 月 3 日，三天之后，我离开古巴起程回香港。

　　我先访谈杨先生，之后是曹女士。杨先生牙齿脱落，有些话无法听清楚，他们共同生活的部分，主要见于曹女士的叙述中。访谈过程中，也见到了他们的儿子、媳妇、女儿、女婿、孙女，屋子里一片融洽愉悦的气氛。2013 年底我再到古巴，陪同香港电台电视部的人员，他们要拍摄杨、曹这一家，我也随往，将整理好的访谈记录交给他们，但当时屋里人多，我们逗留的时间有限，他们未能阅读访谈记录。杨先生有一位同宗兄弟杨钜铭先生，住在香港，两人分别后已经六十余年未见过面，杨钜铭的祖父和父亲从前都在古巴，最后在当地去世。2016年 5 月杨钜铭带同女儿杨嘉莉去古巴，探望了杨镇南一家。他们知道我和杨镇南访谈过，之后联络了我，读了访谈记录，并向我提供了资料和意见，以下的记录已据之做了修正和补充。

杨镇南、曹趁金一家，2013 年 12 月

前排左起：杨镇南、曹趁金；后排左起：媳妇、媳妇和前夫所生女儿、女婿、女儿、儿子、孙女

## 杨镇南部分

我是广州白云区人和镇蚌湖乡人（原属番禺），1935 年 12 月在乡下出生，打仗时我四岁，要走难。我父亲有一个大哥和一个弟弟，大哥去了秘鲁，弟弟去了中国东北当兵，胜利后来了古巴，他之后回中国，哪一年回去的我已经记不清楚。我们家很穷。

我本来在广州读中学，在中山大学附属中学，1952 年时大张旗鼓搞运动，我看到这情形，心慌了，再无心读书，去做了小生意，做了一年，希望出国去。当时出国很困难，我有个老表在香港，写信回来说舅父在新西兰逝世了，遗体运到了香港的东华义山，要我去香港送葬，我于是去了香港。我在香港住了三四个月，和老表租一个地方，在春秧街，后来办手续来了古巴，我是年三十晚出发的。同机的还有一个中国人，姓沈，是个厨师，他没有准备，上机时要我借一件恤衫给他，抵埠后才取回。在香港时是在幸福侨团（音）办手续，在万国酒店（音）的三四楼，我们这些等待出国的人就住在那里。是我叔公办我来古巴的，他在 Ciego de Ávila，是开大办庄的，于是我来了舍咕，一边读书一边工作，在我叔公处打工。我是 1954 年来古巴的，当时十九岁。我来古巴叔公用了两千元，我来了之后做工五年，才将钱还清给他。之后我再做了三年多，古巴政府转变

139

了，推行国有化，我再做了一两个月，就不想做了，去做了司机，因为我有一辆车，是自己买的，这样谋生比较容易。当时开车用的煤油（原话如此）是政府配给的，后来交易发生困难，政府取消煤油配给，我无法再开车了，就去了舍咕民治党打理一间……（此处听不清楚），当时舍咕民治党的主席是杨敬开（音），是我的兄弟（应指同宗），现在舍咕民治党的主席是陈细九①，他很有本领。我当车夫时认识了很多人，去过很多地方。

〔古巴革命前〕舍咕的唐人很多，生意很多，有国民党，有民治党，还有不少其他唐人社团，有广东话电影看，是租西人的电影院来放映的，很多埠仔的唐人都到舍咕来看电影。

我在中国有两个妹妹，都住在人和墟，她们叫我外甥②从英国寄钱给我，让我回中国探望母亲和其他亲人，1998年时寄了两千元来，我于是回了中国一个月，如果不是这样，我就没有钱回去了。我觉得不好意思回中国，因为自己没有钱。人们问起：你以前好好的，为什么现在弄得这样狼狈？我在乡下时见到一个堂兄，从前一起长大的，我在广州的中学读书，他在番禺中学读书，就在对面。他后来在北京当上了医生，是政治局的医生。因为他母亲生日，他回到乡下，12月12日③我们本来要一起吃晚饭，下午五点钟有电话打给他，是政治局打来的，要他马上回去北京。我回去见母亲时，自己六十多岁了，母亲年纪多大，我不清楚。现在她已经逝世了。我还有一个弟弟，他在新西兰，有三个儿女。

我回中国探望母亲时，很顺利④。可惜的是我没有看到弟弟，他去过圭亚那，后来去了新西兰，他本来说会去加拿大，顺道来探望我，后来没有去，可能明年来古巴探望我。我来古巴时他五岁，之后我未见过他。我在中国时打电话到新西兰和他谈过话。我母亲去过新西兰，住了几年，不喜欢那里，又回中国去了。

我在乡下时一个堂兄弟给了我一辆单车，我骑着单车去不同地方探望亲戚朋友，很多人我五十多年没见了（之后杨先生说了一些重遇故人的情节，听不清楚）。

以前这里的中国人会将子女带回唐山，我认识一个唐人⑤，他和古巴人结婚，生了四个子女，20世纪50年代时将四个子女都带回唐山⑥，1956年他老婆

---

① 陈细九访谈另见。

② 外甥应为其妹妹的儿子。

③ 此日子杨先生说了两次。

④ 之后杨先生说了回国探亲期间的三件事，但听不清楚，亦不甚重要，只反映此次回国对他而言是印象深刻、意义重大的事。

⑤ 名字好像叫 Domingo，好像住在 Camagüey。

⑥ 之后这个人好像自己回了古巴。

死了，但没有办法让他的子女出来①。1958 年他去了夏湾拿，遇上火车失事，在舍咕受伤，入了医院，我和他是老朋友，我前去帮他忙。之后古巴政府转变，和中国有了邦交，他才可以将子女弄出来。来了这里几年后，这几个唐人子女的西班牙话说得非常好，其中一个女的后来在舍咕嫁了人，一个去了花旗，在那里做医生，一个在 Camagüey 市当医生，还有一个……（对这个没有说详情）。1961年或 1962 年我去 Camagüey 时还探望过他们。

我太长时间没有说中文，说起来很困难，一九九几年我回中国时，开头的一个星期没法说中文。

## 曹趁金部分

我是番禺人（人和镇鸦湖乡），家里很穷，耕田，在番禺读书读到六年级。我有一个大姐、一个哥哥，我母亲十六岁就生下我大姐。我父亲名叫曹灿池，很早就来了古巴，在 20 世纪 20 年代，我大哥也来了，大约在 1949 年的时候，我和母亲一起在 1955 年来古巴，当时我二十岁。大姐没有来古巴，她后来去了加拿大，所以现在我们在乡下再没有亲人了。我和母亲来古巴时，离开中国已经很难，我们经过香港办了手续，在香港逗留了一个月，坐飞机来，经过三日才到达，飞机很小，坐七十多人。

我一到古巴就住在现在这地方，我父亲在这个埠有间杂货店，就在我们现在住的地方对面，后来被政府没收了，发还半边给我们住，现在我们的大儿子一家住在那里。

我大哥来了古巴之后就主理父亲的杂货店，当时父亲年纪大了，只是探探朋友、买买东西，不再工作了。古巴革命后，杂货店在 1960 年被政府没收，我父亲很伤心，加上生了病，在 1961 年去世了，去世时六十一岁。是癌症去世的，初期不知道，后来痛，才知道是癌症，他吸烟很多。他在杂货店的工作很辛苦，早上四时就开始工作，五时开门，因为洋人五时就来喝咖啡，他们喝了咖啡才去上班、下田，然后杂货店一直营业到晚上八时。我母亲到古巴时年纪已经大了，又不会说话（即不会说西班牙语），没有在杂货店帮手，她 1975 年去世，去世时八十五岁，她身体一直不错的。

杂货店被没收后，我哥哥工作没有了，精神开始出现问题。他当时年轻，本来可以走的，但父亲去世后他要照顾母亲和我，母亲年纪大了，我未结婚，他只好替政府打工，很艰难。他一直没有结婚，1975 年去世，去世时只有三十几岁

---

① 即无法来古巴奔丧，当时古巴只与台湾当局有"邦交"，故此由大陆来古巴很困难。

（岁数据原话），当时我结了婚，去了 Ciego de Ávila。我哥哥去世时母亲还在。

这个埠从前一共有三间唐人开的杂货店，其中一个经营不下去，我来到古巴之前已经关门了，剩下两间。只有我们这一间是全家在做的。从前古巴华侨全家人都在古巴的很少。

我父亲很好，他是在乡下结了婚，生了我大姐之后来古巴的，在这里没有亲戚，他在古巴辛劳工作，最先时做斩蔗，很辛苦，他说"一日三湿"，早上是露水湿，下午是汗湿，黄昏是雨水湿，他早上斩蔗，下午三四点帮手将蔗搬上货车送去糖寮。他斩蔗斩了好几年，积到点钱就买了间杂货店来做，杂货店开始时是间木屋，很残破，卖些米、豆、咖啡等，再积了点钱，就一步一步办理手续让我们过来。我哥哥过来之后，在杂货店帮手，有了生意，积多了点钱就办手续让我母亲和我过来，他当时看到在唐山也很困难，连吃的也没有。他办理手续让我们来古巴用了很多钱，都是他节省下来的，他没有向人借钱办手续。在我和母亲之前，他还办过一些侄哥来古巴的手续。我姐夫也是他办理来古巴的，大约1953年、1954年的时候，来得比我早，当时姐姐已经有了孩子，没有来。我姐夫一直在古巴打工，到一九八几年才去加拿大，当时姐姐和她的儿女都已经在加拿大，姐夫年纪大了，又有病痛，就过去团聚。我姐姐是因为侄女嫁了加拿大华侨，侄哥也去了加拿大，所以申请过去的。

我来到这个埠后，也在杂货店帮点忙，但我西文说得不多，帮不了大忙。我在这里没有读过书，年纪也大了，没有合适的学校。我哥哥有个契妈（干妈），是古巴人，她教我西文，所以我认得一点，是一边做工一边学的。

我们现在住的这间屋是我父亲在1955年即我来了不久之后起的（"起屋"即"盖房子"）。本来我们住在他的杂货店，很旧的屋，当时有一些老华侨没有工作，我父亲招呼他们住在店里，我和母亲来了之后，父亲觉得这样不方便，便买了这间屋，我们搬过来住。

我来古巴之前不认识杨镇南，他有个叔公在古巴，和我父亲相熟，我跟父亲去探望这些长辈，认识了杨镇南，后来恋爱，在古巴结婚，在1968年，结婚后和丈夫一起去了 Ciego de Ávila，母亲和哥哥则留在这个埠。在舍咕生下了两个儿子，分别是1971年和1973年出生的，我在舍咕没有做工，打理家务，后来我哥哥去世了，我要回来这里照顾母亲，于是带同两个儿子回来这里生活，丈夫仍在舍咕，后来母亲也去世了，丈夫退休之后就到这里来和我们一起生活，然后生下一个女儿①，女儿现在也长大了，嫁了西人，和我们住在一起。在这里只能嫁西

---

① 此说与下文矛盾。下文说该女儿三十二岁，则1981年出生，1981年时杨镇南四十六岁，应未退休。

人，因为没有唐人了。

中文我还未完全忘记，我和丈夫有时说中文。很多小埠的中国人因为长期不说中文，已经不会说了。

我因为一直没有做工，所以现在没有退休金。我丈夫也没有退休金，所以我们现在弄点东西在门口卖，赚点钱。① 这间屋是我父亲从前起下的，很宽敞，后园也很大，可以种些东西自己吃。② 我父亲在乡下番禺也起了一间屋，起得很漂亮，他在那里住了十天八天就回古巴去了，现在番禺的那间屋也没有用了，被一些亲戚住进去了。

杨镇南、曹趁金婚礼，1968 年

我们有三个子女。大儿子现在四十二岁，读书读到很高程度，做电器工作，在发电厂，相当于工程师。他生了一个女儿，也就是我们现在唯一的孙女。他就住在附近。③

二儿子 José Antonio 现在三十七岁④了，还未结婚，他读完了大学，现在在

---

① 两次到访这个家庭，都在门口外看到一个小玻璃柜，内里放了一些自制的中式饼食，偶尔有人来买。

② 访谈结束后，杨、曹两位带我参观他们的后园，看到种了不少东西，有白菜、冬瓜、胡萝卜等，还有好几株果树。2013 年底再次拜访时，在后园看到等待收成的苦瓜，他们说是从前留下种子，现在每一次收成都保留一些种子种出来的。

③ 访谈结束时刚好这个大儿子过来，大家闲谈了一下。

④ 据前文，二儿子 1973 年出生，此时应为四十岁。

Ciego de Ávila 工作，住的房子也很大。①

三女 Ania 大学毕业，现在三十二岁，在大学工作，是医疗方面的，很忙碌，经常要去不同的地方办事。她和她的丈夫就住在我们这里。每天早上有专车来接她和其他员工去上班，下班时又送回来。我女婿是博士。②

在古巴，像我们这样全家都在这里的很少，华侨多数是孤单地生活。

我们很少去夏湾拿，因为交通很不便利。

我来了古巴之后，再没有回过中国。在这里，连中国的日历牌也没有，不知道传统日子了。夏湾拿的中文报纸也没有出版了，没有了消息。我们已经很久没有看到中文了。如果可能，请从香港寄些中文杂志过来给我们阅读。现在放在我们桌上的，是十多年前的旧刊物了，我们还在读。写字现在不行了，已经忘记。

### 访谈后记

回到香港后，我将《明报月刊》等过期刊物寄到哈瓦那，请中华总会馆的周卓明先生转给杨镇南。2013 年底我再去古巴时，又携带了一些期刊，在他们家看到之前寄去的刊物，整齐地放置在桌子上。

---

① 笔者在 Ciego de Ávila 见过这个儿子，他住的地方可能是杨镇南从前在当地的房子。

② 女婿名 Eduardo Calves Somoza，访谈期间从房间出来，还送了一本他参与编辑的书给我，是有关古巴农业方面的。

# 家庭就是生活的全部

## 伍杏桂

2013 年 12 月我第三次到古巴，逗留了一个月，找到另外几位老华侨访谈，第一位是伍杏桂女士。伍女士有乡亲在香港，我是通过这位乡亲知道伍女士并取得她地址的。她住在哈瓦那近郊，我到访时，伍女士的儿子李百钧、大女儿李月嫦都在屋子里，访谈结束后，伍女士留我在她家里用午膳，很客气。之后，又在华区的社团见到伍女士，她交了些物品让我带回香港，给她的弟弟和乡亲。

伍女士在古巴的生活，说来也颇简单，主要就是照顾家庭，和伍美婵、陈燕芳相似，是她那一辈女华侨的常态。

访谈日期为 2013 年 12 月 22 日。

伍杏桂女士和她儿子李百钧、大女儿李月嫦，2013 年 12 月

我叫伍杏桂，没有西班牙名字，证件上写 Hang Kwai。乡下是台山四九下坪村。

我 1948 年来古巴，当时十九岁。我是和丈夫结了婚才来古巴的，在乡下结婚，之后到香港办理来古巴的手续，再在香港结婚和登记。我丈夫名叫李振欢，是台山五十墟人，在古巴很久了，究竟哪一年到古巴我不清楚，好像一九二几年，他去古巴时我还没有出生。他在古巴几十年，抗战时已经在这里，他是自己来的，他父亲并不在这里。他开餐馆，在比 Morón 再入去（即进入山区里）的一个山埠，很远的地方，餐馆在一个糖寮内，他也住在那里。① 他赚了钱，抗战胜利后回中国结婚，然后办理我过来。结婚后他自己先返回古巴，几个月后我办好了手续，也过来了。他是坐飞机回古巴的，我坐船来，是"哥顿"船，当时有"哥顿""美琪"两艘船行走古巴，一艘来一艘去。② 坐了二十多天，船上什么都有，有戏院、凉水馆等，也不辛苦。我丈夫有一个朋友和我同船来，他是个番水客③，是第二次回来了。还有其他人，有些是第一次去古巴，有些是番水客。船先到大埠（旧金山），上岸后坐火车到迈阿密，再坐飞机来古巴。船上有些人晕浪呕吐，但我没有。

我在乡下读过三四年书，父亲在台城，我和母亲在乡下种田。我来古巴时父亲已经去世了，他是抗战时走难死的，情况我不清楚，当时我年纪小，父亲住在台城，我和母亲一直住在乡下。

我丈夫回乡下和我结婚时四十三岁④，是住在我们下屋的大婆做媒人介绍的，我和他相识大约一个月后就结婚了，当时唐山很多这样子相睇（粤语"相亲"之意）后很快就结婚的。结婚之后我就办手续来古巴。他有生意在古巴，不能在乡下停留太久，就自己先回来。他当时已经入了古巴籍，故此是办正式手续让我来的。

我到古巴就去了丈夫所在的山埠，他在山埠的糖寮里头开洗衣馆，当时在糖寮工作的人很多，多数是西人，唐人很少。他有几个唐人伙计帮忙。我没有在洗衣馆帮忙，只在有空闲时帮一点，因为生了三个孩子，要照顾，当家庭主妇。大儿子百

---

① 访谈后伍女士及李百钧先生补充，李振欢开餐馆的糖寮名为 Central Violeta，在 Ciego de Ávila 省的 Primerode Enero 埠，除餐馆外，李振欢也在这糖寮内开洗衣馆。Central Violeta 糖寮于 1959 年古巴革命后改为国营，易名为 Central Primerode Enero，今仍在。

② 关于"哥顿"船，见陈享财访谈。"美琪"即 General M. C. Meigs，也属于美国总统轮船公司，载客行走于中国和美国之间。

③ 番水客，番客和水客的合称。番客，指客居中国的外族人或外国人，也指客居外国的中国人。水客，旧指贩运货物的行商，今多指大量携带"水货"（非法输入的货品）过境的"旅客"，利用边境两地物品价格及贸易管制的差异，以赚取"带工费"为目的，逃避海关监管，"少量多次"携带受国家管制或应税货物、物品入境的特定群体。

④ 伍女士与丈夫年龄相差二十四岁，这种情况在当时回乡结婚的华侨中很常见，参见伍美婵、陈燕芳、唐仲喜访谈，另黄锦芳、黄锦念母亲吕转贵情况亦同。

钧 1949 年出生，大女儿月嫦 1950 年出生，小女儿月娥 1952 年出生。百钧结婚后生
了一女一男，他的女儿现在三十八岁，已经结了婚，生了三个孩子，也就是我的曾
孙，他的儿子现在三十岁，没有结婚。月嫦没有结婚①，月娥结婚后又离了婚，她
的丈夫后来去世了，所以我一共有三个孩子、两个孙子和三个曾孙。

在山埠里的女华侨很少，在我们埠只有我一个，伍美婵②在 Morón 也就只有
她自己一个。我们山埠则有好几个男华侨，在我丈夫的餐馆工作，做厨师之类。
女的就我一个，也就没有什么朋友。当时在夏湾拿华区有不少女华侨，后来有些
去了美国，有些已经去世，现在不多了。

我丈夫的洗衣馆做到 1968 年被政府没收，之后我丈夫为政府打工，做杂货，
钱很少，数目我记不起来了，他不久之后退休，1974 年去世，当时七十岁，他
和伍美婵的丈夫甄祥林的年纪很接近。③

我三个儿女都大学毕业，三个都在 Santa Clara 大学，百钧读电机工程，月嫦
读化学，小女儿月娥读医科。百钧被政府派过去中国，去过四次④，去北京，其
中一次经香港，但只停留一两天，然后去广州，我弟弟带同他儿子从香港去广州
和他见面。百钧在广州也见到我丈夫的妹妹，她住在广州，当时已经九十岁，现
在去世了。百钧最后一次去中国是在 2002 年，他现在仍然在工作，还未退休。
我小女儿月娥当医生，今天刚好她的主管有事请假，她要当值，所以不在。

1959 年古巴转变政府时，我们想过离开，我有一个姐妹伍金枝（音）当时
带两个孩子去了美国，写信给我，说如果我要去美国的话她可以为我办手续，但
儿子百钧当时正在当兵的年纪，无法出国，于是大家就一起都不去了。当时去美
国的人很多，我认识的女性朋友都去了。百钧后来也没有当兵，只是接受训练，
他当时上大学，不用当兵。

我丈夫去世后我们仍然住在山埠，1988 年才搬来湾城。百钧大学毕业后政
府派他到湾城工作，1973 年时带了夫人和当时年纪很小的女儿先来了湾城居住，
我和两个女儿仍在山埠，后来才搬过来。来了就住在现在这地方，已经二十五年
了。是将房屋换转搬过来的，房屋不准买卖。

我丈夫去世后因为他本来有退休金，我就领取赡养费，不多，一个月 200 元
本地银纸，生活上是不够的，但有儿女供养我。

我来了古巴之后就没有回过中国，我是很想回去看看祖国、看看家乡和亲人

---

① 访谈时李月嫦女士在屋内，好像和伍女士一起居住。

② 伍美婵女士的访谈另见。

③ 伍女士访谈后补充：李振欢和甄祥林是好朋友，有生意上的合作，甄在 Morón 经营的酒店李振欢
也有股份。

④ 李百钧访谈后补充，他去中国是为古巴购买机械。

的，但没有这样的机会。我的姐妹伍美婵回过中国两次，第二次在 2008 年，回广州参加民治党的活动①，当时本来我也想去，但领事馆不批准，不发护照给我，无法去。我没有入古巴籍，现在还是中国国籍。

我来了古巴之后一直有寄钱回家乡，经中华总会馆侨汇处寄回去，一直寄到无法再寄出为止。当时每年准寄 200 元，我是每年都寄。200 元寄回去由我弟弟、我丈夫的妹妹等三家人分配，当时我弟弟的夫人还在广州。从古巴只能寄钱回内地，不能寄往香港，我弟弟当时在香港，但不能寄给他，只能寄到广州给他夫人。寄这一点钱的手续也麻烦，要去申请，提供生活证明书，证明收钱人还活着，又要见状师。一直寄到 1995 年，之后不准寄了，合同满了不能再寄。② 古巴政府未转变之前是自由寄钱，经银行寄出，是我丈夫经手寄的，当时我弟弟还在台城第一中学读书。

我只有一个弟弟，名叫伍国章，他没有来过古巴，他很想来探望我们，但经济条件不容许，太昂贵了。他在台山中学毕业后去了香港，是〔20 世纪〕60 年代去的，之后在香港工作，是无线电方面的。他现在七十多岁了，我自己今年八十四岁。我们有联系，他过年时会打电话来贺年。③

古巴也有古巴的好处，读书不用钱，住屋不用钱，有病看医生也不用钱。

---

① 伍美婵第二次回中国应在 2009 年或 2010 年，见其访谈。

② 此处所说"合同"指中、古两国就华侨汇款订立之协议，参见本书"附录二"。

③ 回到香港后和伍国章先生见过面，将伍女士嘱托带回来的信件交付给他。伍先生说，他能够安稳地在台山读完中学，全赖他姐姐即伍女士的接济。

# 草根本色　勤奋到底

## 潘松年　Alfredo Pons Chang

　　潘松年先生住在哈瓦那华区的老人院，一般来说，住在这里的老人很容易找到，但潘先生例外，他经常不在。他去附近的 San Nicolás 街摆地摊，售卖的东西只有寥寥几件，他坐在旁边等待顾客，几个满身酒气的古巴人常常坐在旁边陪伴他。我到老人院找了他几次，没有找到，慢慢才弄清楚他的活动规律，于是改到地摊找他，但在地摊说话不方便，加上潘先生听觉衰退，戴了耳机，沟通困难，最后向他提议到天坛酒家一起吃午饭。华区虽然有好几间中餐馆，但名不符实，难以下咽，唯有天坛酒家还比较好。潘先生答应了，刚好这一天早上他儿子潘永发到老人院探望潘先生，于是一起前去用午膳。潘永发能说英语，潘先生因为听不清楚无法回答的部分问题，由他代为回答，或作些补充。

　　访谈日期为 2013 年 12 月 24 日。

**潘松年先生，2013 年 12 月**

　　我乡下是南海九江横基村，原来姓名是潘锦年，买假纸来古巴，用了潘松年这名字。从前是用1 000元就可以在古巴上岸。我1928年出生，来古巴时大约二十岁，但申报为十四五岁。我1949年到古巴，11月来的，我阿伯带我来。

　　小时候在中国的日子极艰难，九江当时饿死很多人，我们要吃野草。抗战时我们走难去了香港，有阿婆和古巴的阿伯接济，是行路去的，经过石岐、澳门去香港，在1936年。在香港住了四年，后来香港沦陷，没有接济，陷入绝境，又回九江，到舅父处，他不好，没有帮助我们。大人们对我说：阿锦，与其在这里饿死，不如去广西放牛，于是我去了广西桂平放牛，很凄惨。

　　在香港的四年我读过书，回九江之后失学，读的只有一本尺牍、一部成语，就这么多。相比较起来，现在在古巴还有饭吃，算是好了。

　　我们五兄弟，我是大哥，本来还有一个妹子，排第六，但没有养活。五兄弟中只有我来了古巴。我阿伯原来在古巴，他是我父亲的大哥，名叫潘盛祥。他1933年回到乡下，当时我还小，听他说已经在古巴十年，那么他是1923年到古巴的，是他舅父带他过来的，在古巴做杂货、打工，和他舅父一起做，在Matanzas省。他是在乡下结婚的，老婆子女在乡下，没有来古巴，他一个人在这里。他1933年回乡，1936年回到古巴，之后直至1960年去世，患了痫症，没有办法医。他去世后只遗下一点小生意给我。

　　是这个阿伯买纸安排我来古巴的，他有个儿子叫潘松年，失踪不见了，就将我报作他的儿子，我和他的儿子都属"年"字辈。我阿伯用了多少钱办我过来，我不知道。是坐飞机来的，法国航空公司，经日本冲绳、关岛、檀香山、旧金山、迈阿密然后到这里。当时飞机上是否还有其他人来古巴，不记得了。

　　来了古巴之后就在阿伯处工作，是间杂货店，在Aguacate，是个山埠①，我之后一直在那里，没有搬过，阿伯原来的铺还在。

　　我为阿伯打工，一个月才40元，一年才480元，阿伯说要扣我的水脚，飞机票办纸张等要扣1 300元，又说替我寄钱回去给我父亲，结果我自己就没有什么钱，替阿伯做了七年死牛（无偿劳动），几乎等于白做，七年下来我才剩得800元。这时候我已经学晓说话了（西班牙语），就对阿伯说：我不再为你打工了，我准备买隔邻老黄（或"王"）的店自己做，我们两个人在一间杂货店做赚不到钱，工字无出头，我自己做可以多赚些钱，请你帮帮我。这是1958年的事，我用自己的800元积蓄做本，从阿伯处又拉些本钱和货物，就自己做杂货店了，阿伯1960年去世，留下遗嘱，将他的店交给了我，我就一起经营，本来可以赚

---

　　①　此埠在哈瓦那市以东约八十公里。

些钱的，但两间店在 1966 年被没收。其实没收之前已经经营不下去了，政府有管制，根据你有多少客人，给你多少货，客人拿着配给小册来买东西，有定额，比如限定米每人每月五斤、油半斤之类，你有多少客人，就给你多少米和油。税项又重，还要罚钱，说要罚我 3 000 元，3 000 元我根本无法赚回来，就干脆不做，送给政府好了。

其实从前在古巴生活也不容易，这里的工价低，赚钱不多。回想起来当时如果留在香港的话，还比较好。当时有位阿叔在香港，做印刷的，叫我留下来，但我看到阿伯的纸张都办理好了，不能不来古巴。之后在韩战时期，我帮助一个弟弟去了香港，在 1953 年，他到茶楼工作，学做点心，成了厨师，生活得不错，反而我自己一无所有。后来我在大陆（内地）的四弟出水脚让我回广州，香港这个弟弟也到广州，请我饮了一餐茶，但一个仙都没有给我，他是有钱的，但就是不给我。现在我回到古巴又十多年了，他也没有信来，很无情，这样的兄弟真是连朋友都不如。我也没有他的地址，只知道他住在新界粉岭。

我来了古巴之后年年寄钱回乡下，给我父母和弟弟们，以前一年可以寄 270 元，寄回去给他们分配。我父母在乡下去世很久了，在哪一年，不记得了。

店被没收后，我去做了厨子，替政府做，是做食品，油角、老番春卷之类，一个月 150 古巴元，是按当时规定的数目，后来增加到 240 元。其实这工资很低，按 1∶25，240 元约等于 10 元（CUC），吃一顿饭也不足，就是说做一个月工还未够钱到天坛酒家吃顿饭。我做厨子做到 1992 年退休。

我在乡下没有结婚，母亲想我结了婚才来古巴的，但父亲说去古巴不知什么时候回来，结婚会误了别人一生，所以我没有结婚。我在古巴结婚，老婆是土生唐人女，姓黄，她父亲是中国人，母亲是半唐番，他们也是住在 Aguacate，在古巴也是做杂货的。从前华侨就是做杂货、洗衣、生果几个行业，没有什么大生意，更早一点的老客更艰苦，要斩蔗。我 1971 年结婚，我老婆在家里车衣，接些衣服回来车，但现在没有了，没有衣服可以车了。我老婆年纪比我小，她现在大约五十七岁①，我今年八十五岁，但入境时纸张填报的年龄比实际小，现在是七十七岁。我们结婚时我老婆只有十五岁，很年轻。我们有一子一女，儿子名潘永发，西名 Alfredo Pons Wong，今年四十一岁；女儿名潘美龄，西名 María de Los Angeles Pons Wong，今年四十岁。我们一家一直住在 Aguacate，只有一段短时间住过夏湾拿市的 San Miguel del Padron（此为哈瓦那市属下一个区）。儿女都在这里读书和上大学，儿子读 San José 大学②，读法律。

---

① 之后潘永发补充，说只有五十五岁。
② 应为 San José de las Lajas 的 Universidad Agrariade La Habana，所在地位于哈瓦那及阿瓜达之间。

女儿读 CUJAE 大学①，她读土木工程。大学毕业后，儿子做了一年律师工作，是民事方面的，不是为政府工作，接着政府的就业政策转变了，就没有再做了。女儿毕业后当技师，不是工程师，只得到技师的工资。我们住的是个小镇，人多但工作机会少。我儿子打算出国，没有接受正式的法律工作，就像很多古巴人一样，做一些"台底"的工作，他没有结婚，现在还是单身。我女儿两年前去了美国，连同她丈夫和十岁大的儿子一家去了，她现在在美国当厨师，在一间酒店里，她丈夫也是厨师，在餐馆工作，他们一家在佛罗里达的 Jackson Ville。他们去了才两年，刚刚开始，只能偶尔寄点钱回来。我儿子希望将来也去美国，有机会的话我也鼓励他去。我自己年纪太大了，不打算过去。不过，有时候想想，儿子去了我就好像失去了儿子一样，于是也不大愿意他离开。

我退休之后做点小买卖，帮补一下生活兼打发时间。最先卖瓜菜，在街市有个小摊位，街市就在华区的一个空地，但摊位后来被政府没收了，空地也被围了起来，不再让人使用，就好像华区里头的太平洋酒家一样，政府没收了，又关起门来，不让人经营。我现在街边卖点小东西，是非法的，这里规定，如果是你自己制造的东西如工艺品、饰物、衣服之类，可以摆卖，但用钱买进来的东西要摆售是不准许的，例如你种出了米，可以卖，但买米回来再卖出去是不准许的。我现在卖的东西是从中华会馆买回来，是凭小册子认购的，这本来也是不准许的，我就说是从中国寄过来的。从前从中华会馆买到的东西比较多，有酱油、清凉油、万金油、海马之类，又有药材，现在少得多了，例如今年能够买到的，只有四瓶驱风油，我们正式唐人还可以凭小册子买到一瓶人参酒。②

我四弟的儿子和一位女士结了婚，外父是在广州开酒楼的，叫奇东酒家（音），生意不错，他来信说：大哥，现在我们有钱了，生活得比你好，你不用再寄钱回来了。我就不再寄钱回去。后来他们又多开了一间酒楼，叫新奇东酒家，投资两千六百万，我们在古巴一辈子都赚不到这数目。1996 年时我四弟出水脚、机票让我们一家回去，我们四人经莫斯科，再飞北京和广州，去了三个月。我本来还想去香港，但不准我入境，没有去，现在还是不准。我家人回到中国不习惯，儿女都在这里出生长大，不会说话，我老婆水土不服，吃不下东西，又头痛，于是就回来了，1996 年 11 月回到古巴。

我搬来华区老人院住，因为这里出入都很方便，还可以做点小生意，在我们住的小镇，就不会有这样的机会。我还有活力，想做些事，如果古巴人都像我这

---

① 关于 CUJAE，见黄锦芳访谈。

② 潘先生平日在华区 San Nicolás 街头摆地摊，卖味精、酱油、清凉油等物品，寥寥几件，也有一瓶人参酒。

样子，社会会好得多。老人院一个月只收 20 元古巴钱，有饭吃，不过吃的比从前差了，从前吃得好些。

华区有社团，我参加了民治党和九江公所，九江公所是我们的同乡会，以前也参加过陈颖川堂，现在没有。

在这里几十年了，唐话忘记了，现在不大能说，每天坐在路边和洋人说话，自己都变洋人了，连唐话都听不大懂了。在古巴六十四年，大半生就在这里过。

# 和革命结下不解之缘

冯奕新　Ángel Fong Hung

　　古巴岛东部的 Santiago de Cuba 是该国第二大城市，2013 年 12 月 24 日我到达这里，虽然是圣诞节前夕，但完全没有任何节日气氛，是资本主义消费还未入侵前的宁静。在这里接待我的是林先生，西名 Juan Lam，是此地民治党的西文秘书，之前在哈瓦那我和他见过面。林先生是土生华裔，不懂中文，连自己的中文名字都写不出来。他联络了三位老华侨，带领我去拜访，其中陈逢奕先生（José Eng）九十三岁，不久前中风，无法说话，只能和他见见面并问候一下，陈缵潮先生（Luis Chang）对我的来访显得疑惧，不愿多说，访谈也就不成功，剩下只有和冯奕新先生的访谈顺利完成。

　　冯先生热情、开朗、健谈，但已经不能用中文表达，要说西班牙语，我通过助手奥斯卡从中翻译。我们是到冯先生工作的杂货店找他的，该处摆放了很多杂物，连可以坐下来的地方也没有，大家只能站着谈话。当时是早上，冯先生说他正在工作，不能离开，这样认真的工作态度，在古巴比较少见。访谈就在这样的环境下进行，效果自然难以理想。于是，我约冯先生翌日一起用午膳，希望可以再细谈一下，他答应了，但第二天只见林先生单独来到，他说冯先生在杂货店的事情没有做完，离不开，无法前来，我感到很失望。Santiago de Cuba 可以说是古巴革命的摇篮，1953 年 7 月卡斯特罗在这里发动了他第一次武装起义，攻击军营，失败后被判下狱，之后流亡国外。1956 年 11 月他潜回古巴后，也是从这里开始进行游击战，最终胜利。古巴逢五逢十纪念革命成功的仪式，多在这座城市举行。从前这里的华侨众多，左倾、支持革命的华侨也集中在这里，是一段相当独特的历史。冯先生到达古巴后，就被卷入这场革命风云之中，他在访谈中说："可以说我是将革命从中国带到古巴来的。"我后来查阅中华总会馆冯先生的登记表，得知他生于 1943 年的双十，冥冥中他和革命似有不解之缘，连他的儿子也成了古巴革命领导的近身护卫。可惜受制于当时的访谈条件，很多细节未能深究。

　　访谈之后我还见过冯先生一次，在路上，他刚好关上杂货店的大门准备离开，我想和他多聊一下，但他说要赶着回家，只能和他握手道别。冯先生是个没有城府的人，但和大多数我见过的古巴华侨一样，对我所做访谈的意义不大明白，对此，我感到可惜，但也无可奈何。

冯奕新先生，2013 年 12 月

我叫冯奕新，西班牙名是 Ángel，我已经不会写中国字了，但还能够认得一些。我乡下是广东恩平，1943 年出生，三兄弟我排第二，我父亲、我大哥和弟弟都没有来古巴，只有我自己来，我弟弟现在住在澳门。我在乡下还有侄哥，此外就没有其他亲人了。① 我在乡下读书读到四年级，1953 年十岁时来古巴，是叔叔办理手续让我过来的。我有两个叔叔在这里（指 Santiago de Cuba），其中一个要回唐山，将我办理过来，他回唐山之后又返回这里。我是坐泛美航机来的，同机来古巴的还有另一个人，年纪比我大，二十几岁，是来湾城的，我自己一来就来了 Santiago de Cuba，因为我的叔叔在这里。我来古巴的旅费是我叔叔支付的，我不用还给他，他是我父亲的亲兄弟。

我抵埠之后一边做工一边读书，做工是在我叔叔的杂货店里做，一个月 70 比索，也就是 70 美元；读书是入了一间本地天主教小学，老师是修女，读到第九级亦即初中毕业。我开始工作之后就寄钱回乡，一年一次，每次 270 元，这是政府规定的数额。我来了这里之后，两位叔叔继续如常工作和生活，两人最终都在古巴去世，一位在 1992 年或 1993 年，一位在 1996 年。古巴革命前，我一直为叔叔打工，他们有两间杂货店（原词为 bodega），革命后都国有化了，在 1969

---

① 据中华总会馆的会员登记表，冯先生 1943 年 10 月 10 日生于故乡恩平牛江塘湖村，有兄长冯奕森，姐姐冯礼娴，弟弟冯奕槐，三人 1991 年时分别为五十九、五十四及四十一岁。该登记表 1991 年 1 月由他人代为填写。

年 3 月 13 日，属于最后一批进行国有化的店铺。① 杂货店国有化后，两位叔叔退休了。我则为政府打工，先后在四五间不同的店工作过，我一生都在杂货店工作，在现在这一间的工作时间最长。现在我已经过了退休年纪，但我没有退休，因为如果退休了，待在家里就没有事情做。我现在每月收入 250 比索，相当于10CUC，工作是我的责任。

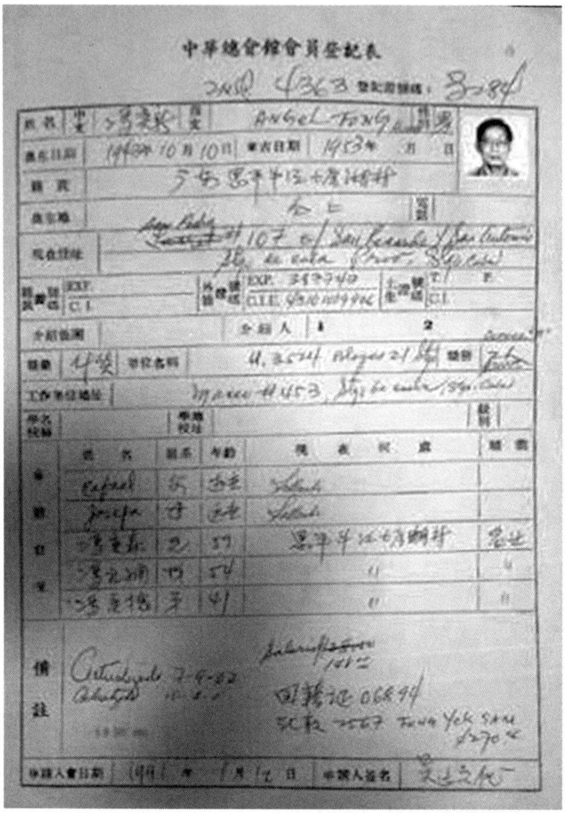

中华总会馆冯先生的会员登记表

　　我在 1970 年和一位古巴女子②结婚，她父亲很富有，所以她结婚前没有工作，结婚后也只是在家里料理家务，一直都没有工作过，她今年六十四五岁，比我年轻。我们有三个儿子，大儿子是拉奥·卡斯特罗（Raúl Castro）总统的个人保镖，二儿子是一间中学的校长，三儿子在旅游局工作。明年 1 月 1 日在 Santia-

---

　　①　冯先生此处所说可能有误，古巴最后一波国有化在 1968 年。
　　②　此时一位同在此店工作的女士插话："一位漂亮的古巴女子。"

go de Cuba 举行革命纪念①，总统会前来主持和发表演说，届时我大儿子也会来，他会在 12 月 28 日先抵达 Santiago de Cuba，进行安保检查等工作。他曾经去过中国三次，是陪伴费德尔（Fidel）或拉奥前去的，因为当总统护卫，他也去过苏联、卡塔尔、厄瓜多尔、委内瑞拉等国家，他出国旅行的地方很多。他当总统护卫已经很多年了，他先是读军校，是中学性质的，之后去了夏湾拿，经过考核被挑选当了总统护卫。他现在四十二岁，同时也是位律师，读完了法律，得到律师的资格，这是最近的事情。我二儿子现在三十八岁，小儿子三十三岁。

我回过乡下两次，是毛泽东革命成功之后的事情，自己一个人回去，坐飞机，当时父母还在，在乡下住了一个月，是哪一年想不起来了，反正是很久以前。我哥哥在中国大陆（内地）是当兵的，现在已经退休了，还住在大陆（内地）。我弟弟在澳门，是小时候过去的。我现在和他们还有联络，我打电话给他们，我儿子付电话费，我还懂得乡下话，明白他们说些什么。我有钱时就从古巴打电话给他们，大约一年两次，电话费昂贵，不能多打。他们没有打过来，从这里打电话过去比那边打过来便宜。我们现在没有通信了，以前收过从广东及澳门寄来的信，现在再没有了。我父母在乡下是哪一年去世的我不记得了。

古巴革命前，Santiago de Cuba 的华侨很多，（问：人数有多少呢？）人数登记在一本册子上②，要查一下才可以确定。当时的华侨社团也多，国民党、民治党等，大约有十个。我当时和这里的华侨接触很多，能说也能写一些中文。华侨之中支持卡斯特罗革命的也很多，其中不少人加入了战斗部队，成了军官，但这些人现在都去世了。现在 Santiago de Cuba 从中国来的华侨只剩下七个人，都很老了，有些还患了痴呆症，有几位住得远，不容易找。我当时在杂货店工作，也参加了革命，为革命销售筹款券，还因此几乎被警察杀害。我来到古巴不久之后就加入了 PSP③，大约在 1953 年或 1954 年，按月缴交党费，可以说我是将革命从中国带到古巴来的，我是受此地其他中国人影响而支持革命，不是受学校的同学影响的，当时此地中国人在政治上活跃的为数很多，我是指从中国来的中国人。我没有被捕过，我住的地方有很多邻居是军人，是属于 Moncada 军营④的，他们都认识我，其中一位军士（原词为 sargento）保护了我，不然的话我就没命了，当时我正在回家途中，遇上了巡逻的警察，领头的绰号叫 Piggy Chicken，他

---

① 指庆祝革命成功五十五周年。

② 可能指中华总会馆或当地民治党的登记册。

③ 全称为 Partido Socialista Popular，前身为 1925 年成立的 Partido Comunista Cubano，即古巴共产党，1944 年时改为上述名称，1962 年与卡斯特罗领导的"七月二十六日运动"合并，并在 1965 年再易名为"古巴共产党"。

④ Moncada 为 Santiago de Cuba 一座规模庞大的军营，今仍在。1953 年 7 月 26 日卡斯特罗组织对该军营进行攻击，是古巴革命史上的重大事件。

们来搜查我，这位军士前来对警察说：这个是好人，没有卷入不法活动，你们不要找他麻烦。其实当时我的鞋子里藏了"七月二十六日运动"的筹款券①，警察还未搜查到我的鞋子时军士就出现了，如果筹款券被搜出，警察一定会将我杀掉。这位军士就居住在我们家的旁边。我后来参加了革命民兵，去了 Camagüey 接受训练，训练时要伏在地上，在有刺的铁线之下爬过，头上有重机关枪扫射，是真弹射击。这是认真的训练，做得不好的话，会中弹身亡的。当民兵时还有一个中国人，在古巴出生，后来去了中国，又回到古巴来，名字叫 Francisco Sung。不过，我只是受过军训，没有参加过战斗。后来曾经征召我去安哥拉，但我拒绝了，如果是为了古巴，我什么事都愿意，但为了其他国家的话，我不愿意。我一直都是民兵队员，直到最近因为年纪大了，才停止。

### 访谈后记

和陈缵潮先生的访谈虽然不成功，但在他家里逗留了一些时间，谈了不少话，其中他说到的一点很特别，值得记录。陈先生 1954 年到古巴，当时十七岁，和很多其他华侨一样，是一位在古巴的长辈办理手续让他来的，古巴革命时他才二十二岁，我问他革命后何以没有离开，他冷笑一下，回答说：哪有这样容易，老人家让你过来，就是靠你养老，哪有这么容易让你走掉（大意如此）。这当中的复杂关系，我只能约略意会。

---

① "七月二十六日运动"的原文为 El Movimiento 26 de Julio，为 1955 年成立的地下革命组织，以 1953 年 7 月 26 日卡斯特罗组织对 Moncada 军营攻击的行动日子命名。

# 连根拔起　无法回归

陈华友　Samuel Chang

　　遇到陈华友先生，是在华区的老人院颐侨居，他此时从中国返回古巴才三个月。在家乡度过了一年多后，他无法适应，于是又回到古巴，毕竟他在这岛国已经生活了六十多年，故乡与他乡，已经互换了位置。他在古巴的经历，也不复杂，谈不上什么风浪起伏，日子就在默默谋生中逐渐消逝，与他同一辈的华侨，其实大多如此。

　　访谈日期为 2013 年 12 月 29 日，就在陈先生居住的颐侨居内。

陈华友先生，2013 年 12 月

　　我是新会坑头福龙里人，1949 年来古巴，当时十八岁，我来了之后新会就解放了。当时古巴还是亲美国，银水比较好（意指币值高，兑换率好），和花旗纸（"花旗纸"即美元）差不多。

　　我是先坐船从香港到美国，坐"哥顿"号，再从美国迈阿密坐飞机来古巴。当时的水脚很便宜，全部才 300 多元。很多华侨坐"哥顿"号来古巴，因为便宜，坐飞机的话就比较贵。在乡下只有我和母亲，我是逼虎跳墙不得不出来，当时如果还有叔伯兄弟，我就不会来了。母亲是农村妇女，耕田，没有钱，我年纪又小，就出来了，没有办法。我父亲来过古巴，后来回到中国，在江门一间白铁店做工，制造火水箱之类的。我父亲什么时候来古巴的我不清楚，后来他在江门去世，我当时年纪很小，是大人拉着我去江门办丧事的。我们三兄弟，最小的还在手里抱着时便死了，我母亲好赌博、打麻将之类的，不顾家。我大哥来了古巴，后来连同两个叔叔将我办来了古巴。我大哥来了古巴十多二十年后我才来。他也是小时候过来的，是叔叔们弄他过来，他来了之后读西人学校，接受了西人的文化，将中国文化忘掉了。我是买纸来古巴的，当作别人的儿子，用假姓名，这在当时是很简单的事情，我是后来才能将姓名重新改正为陈华友。我 1950 年入了古巴籍，当时有"五十工例"，做生意请多少华人，要同时请多少本土仔，于是只好入籍，变成古巴人，为了做工，没有办法。做生意的话，本土人也比较容易。

　　我大哥在这里是帮叔叔忙，做生果店。但他不勤力（即懒惰不勤奋），下午不做工，和西人混在一起玩耍，中文还会讲，但入了西人的文化。他和这里出生的唐人女结婚，没有子女，1991 年去世了。

　　我在新会乡下读过两三年书，但是不专心，时常看钟，希望时间快到便可以下课。我在乡下时做田工、散工，很辛苦，在江门做过三行仔①，是学徒，担担抬抬，家穷，没办法。快行共产了，我大哥就叫我过来。我来古巴时是和一个老表一起，他是阿叔的儿子，年纪比我大。我一来古巴就在夏湾拿，白天做工，晚上读西班牙文学说话，做工在阿叔的生果店，也不辛苦，是往市场买生果回来售卖，这里的华人就是洗水馆（洗衣店）、杂货店、生果店、小餐馆这几行，赚钱不多，如果搞搞女人之类的，就花光了。我是推车仔卖生果，自己生意，赚多少算多少，多赚时钱多用一些，少赚时少用一些，政府不理，也不抽税，自己一个人做，既是老板，也是伙计。卖水果一直做到古巴革命，之后为政府做工，在意大利餐厅做仵台，一个月连花利 100 多元，当时也够用。做了三十年，到退休年纪才停止。

---

　　① 广东话"三行"指泥水、木工、油漆三个行业，属建筑装修工作。

（问：你来了古巴开始工作之后有寄钱回去给母亲吗？）

那个时候想寄也寄不了。政府从 1960 年开始就封死了，又没有外人来古巴，有的话还可以托人将钱带回去。如果用信寄钱，信会被打开，钱被拿掉。在古巴国内汇钱是可以的，但不能汇出国外。唯有在中华总会馆每年汇一次，是政府批准的，每年汇 250 元。后来也没有了。所以我一直无法汇钱给我母亲，很可惜。我母亲已经去世了，在哪一年，我记不起了。

我是 1990 年或 1991 年退休的，退休之后还继续工作，在唐人区的东坡楼。当时经一些华裔建议，政府想恢复唐人区，华人、华裔可以申请领取区内的铺位开店经营，但结果东坡楼的铺位没有人要，主持其事的人来问我要不要，我觉得如果没有华人要的话很没有面子，就要了，之后自己一手一脚买了旧料回来将之翻新维修，很辛苦，然后开餐馆，从 1995 年开始，请了厨师、企台等九个人，经营了十多年。我自己一个人经营，要交租给政府，但也赚到一些钱。做到 2012 年，我决定回中国，就不做了，交给别人打理，但铺底（店的所有权或经营权）还是我自己的名字，这个人没良心，现在关门了。我明年看看情况如何，要纳多少税，或者会重新经营，也很简单，纳了租和交足水电等费用就可以再开门做生意了。我因为开东坡楼，很多人都认识我，我不想丢唐人的脸。现在还没有决定，希望和人合作，因为买货进货等事情做起来很繁重，不容易。

我 1949 年来了古巴之后，没有回去过中国，一直要做工，放不下，也不可能回去。直到 2012 年才回到中国。

（问：1959 年古巴革命后你有尝试离开吗？）

我没有钱，走不了。我在美国也没有亲人，没有办法过去。

我和一个在这里已经生活几代的唐人女结过婚，在〔一九〕七几年，她没有工作。二十年后离婚，是因为呷醋（广东方言，即吃醋）。没有生孩子，现在一个人单独生活。

我以前住过华区之外的地方，自己有辆老爷车，我十八岁就拿到车牌，1952 年开始驾车。现在没有车了，就住进华区来。以前华区有金鹰、大陆戏院，我也有去看电影，是中国电影，现在没有了。幸好我能说西语，可以和西人交朋友和聊天。

我 2012 年回中国之前就住在这个老人院，住进来时还未经营东坡楼。进这老人院，因为我是中国人，没有亲人，经政府批准，就进来住了。我有自己的房子，现在空置，没有人住。

劳烦你回到香港打个电话到江门给王长春，因为我回到古巴之后没有和他通过话。他是我同母不同父的弟弟，告诉他我现在住在老人院，有人照顾，也有朋友，情况很好，请他不要挂心。他在江门是制茶点（广东点心）的，我在江门是住在他的房子，各种开支也是他负担的，我从古巴回中国的飞机票等费用也是他支付的，很难得。我回江门住了十三个月，但不习惯，没有朋友，也不认识人，很寂寞，吃了便睡，好像养猪一样，这样子下去的话会很快老死。我弟弟一星期工作六天，星期日才休息一天，他自己也很忙。我在古巴这里认识很多人，大家谈谈话，日子容易过。我是今年九月在中国过了八月中秋回到古巴来的。我回到江门六个月时，患了骨病，骨骼收缩，要看医生的话要用很多钱，我没有看，自己医，医好了，现在行走没有问题，只是睡觉时觉得骨头痛。说也奇怪，在中国时做梦，梦见在古巴时一起工作过的人，有的是已经死去十多二十年的西人，但竟然做梦梦见。反而我回到古巴之后，再没有做这样的梦。

哈瓦那华区的老人院，1948 年建成的楼宇

我今年八十二岁，现在是我一生最好的日子，有政府的退休金，因为没有家人，进来老人院住，一切由政府照顾。退休金一个月约 200 元，节省一点也就够用。

这里华区有个陈颖川堂，我以前有参加，现在没有了，现在是西人①进了陈颖川堂。我现在是民治党的党员。

我在古巴六十多年了，真是一言难尽。我很久没有写中文，现在执笔忘字，不能写信了。

**访谈后记**

回到香港后，按陈先生嘱咐，致电江门王长春先生，将陈先生的话语转达，另将在哈瓦那为陈先生拍摄的照片以邮政寄付。

---

① 西人应指混有古巴人血统的土生华裔，陈颖川堂此时的主席是陈美美，西名 Rosario Chang Sau，古巴出生，父为华侨，母为古巴出生华裔。

下　编　生于古巴

# 五十年来华侨沧桑史的见证人

## 周卓明　Jorge Chao Chiu

　　周卓明先生可说是现今古巴华人社群的中枢人物，这和他在中华总会馆担任文书工作近五十年有关。我是 2010 年 12 月认识周先生的，当时我和家人到古巴希望寻找父亲以前在那里的踪迹，顺着线索，找到了中华总会馆，见到了周先生，他弄清楚我们的来意后，说应该能够帮忙，结果从总会馆的档案中找出了我父亲以前的登记记录。之后我两次到古巴找老华侨访谈，周先生都帮了大忙，提供资料和为我做引介，我非常感谢他。直至现在，我还通过中华总会馆的电邮邮址，不时向周先生查询，他都尽心回复。

　　周先生属于古巴老华侨所说的"唐人仔"，即在当地出生的华侨后裔，但周先生能说流利的广东话，能看、能写中文，很难得。通过和他的接触，我见识了他的语言天分，2013 年底我随香港电台电视部人员到哈瓦那，访问了崔广昌、蔡国强两位华裔将军，这两位只能说西班牙语，由周先生实时翻译，结果他不只译得准确，连两位将军说话时风趣生动的神韵也表现出来了。古巴华侨都来自广东，不说普通话，周先生因为中华总会馆的公务，要联络中国大使馆和接待来自中国的访问团体，也就将普通话学会了，至于古巴华侨日常使用的四邑方言，周先生更是早就驾轻就熟，在华区，他是不可或缺的人物。

**周卓明先生，2013 年 1 月**

　　我和周先生前后做了三次访谈，第一次在 2013 年 1 月 8 日，第二次在该年 12 月 17 日，这两次都在中华总会馆内进行。第三次在 2015 年 8 月，地点是珠海和香港，趁周先生回中国探亲和参加抗战胜利七十周年阅兵，我和他再次做了访谈。周先生见证了古巴华侨近五十年来的变化，这一篇访谈记录的内容格外丰富。

我在古巴出生，祖籍是广东斗门县乾务乡东澳村，斗门县以前属中山管辖，现在属于珠海管辖，乾务乡现在是否改为镇，我不清楚①。

我能说广州话，一方面是小时候父亲教过我，另一方面是我母亲在新大陆戏院做带位——工资很低，我听说大约一个月 10 元，从前工资一般都很低——我每天随她上班，于是日日看广州话电影，也就学懂了广州话。我父亲是说斗门话的。

我父亲 1900 年出生，十二岁时即 1912 年来古巴，是当时已经在古巴的亲戚办手续帮助他来的，之后他回过中国，又再回到古巴。他书读得很少，一抵埠就要工作，故此文化水平比较低。他后来当了厨师，是替人打工的，在好几个地方打过工，后来去了一个叫 Gourmand 的餐馆，这间餐馆我姨丈有股份，就叫他过去。工资多少我不清楚，也大概是一个月二三十元，和做杂货店相等。当时古巴的工资水平大概是这样，古巴人和中国人之间没有什么分别。我父亲是第二次回到古巴后认识我母亲的，然后两人结婚。我外公在古巴娶了个墨西哥女子为妻，生下我母亲，我外公姓赵，名字我不知道，他在我出生之前就已经去世。我父亲名周耀庚，但认识他的人都称呼他为周廉。我母亲名叫赵名颜。我父亲十多年前已去世，我母亲大约八年前逝世。我母亲不会说中文，只说西班牙话。

我是 1942 年出生的，但登记的出生年份是 1943 年，原因是当时家境困难，付不起登记费用，故此过了一年才登记。我有一个哥哥叫周一飞，1941 年 4 月 21 日出生，当过中华总会馆的主席，现在已经逝世了，是 2004 年 12 月逝世的，逝世时还是总会馆的主席。我哥哥也会说中文，但我看中文电影比他多，故此学到的中文也比他多。中文书写方面，当时的中文电影很多是歌唱的，有字幕，我看多了也就认得不少中文字，识得书写了。当时华区有一所中文学校，但要交学费，我们负担不起，我没有读过。我一直读古巴的公立学校，是免费的。我们兄弟两人后来都在中华总会馆工作，在这里工作有时要用普通话，所以我们两人也学了普通话。

我自己读完古巴的中学，本来打算再读商务学校，但我父亲患了病，家里贫困，没有钱，无法读，只好出来打工，当时大约二十岁。我父母后来在 20 世纪 70 年代时离异，两人之后再没有结婚，我跟随父亲生活，哥哥跟随母亲。我最初在一间名叫永兴隆的办庄当学徒，永兴隆是侨领朱家兆开的，我的薪水很低，每个月只有 10 比索，但什么都要做。当时在办庄打工的一般有五六十元，工资是要报给劳工部的，申报时写五十、六十元，但实际只发一半左右，是瞒税。我特别低（个子不高），受欺负。这间办庄从香港进口瓷器、布匹、拖鞋等。永兴

---

① 斗门现为珠海市的一个市辖区，下辖乾务镇等。乾务镇今下辖 16 个行政村和 2 个社区。

隆位于华区 San Nicolás 街 522 号，旁边 520 号是另一间办庄，叫广安隆，这两处现在成了《光华报》地址的所在。我在永兴隆工作了大约三年，学上手了，也就是学满师的意思，可以作为正式工人了，薪水增加了一些，但还是很低。之后古巴解放，永兴隆被没收，但工作人员继续，他们（应指政府）见我的工作表现不错，让我当收银，又安排我进修，之后当了副经理，月薪 120 比索，经理是位古巴人，是政府派来的。按照当时的政策，商店被没收后，原来的老板可以留在原店工作，但变成了受薪工人，很多老板不愿意这样做，他们也可以选择到其他地方任职，到达退休年龄的可以退休。古巴 1959 年革命后，我父亲和我们都没有想过要离开，因为如果回中国的话，生活也是困难的，而且我们在这里一切都已经适应了，不愿意离开。

我在永兴隆工作至古巴革命胜利之后的第三年（1961 年或 1962 年），当时从中国来了一队技术专家①，来到古巴教导人们种植柑橘，教导地点是夏湾拿的郊区，这批专家一共四人，三位专家加一位翻译，但翻译不称职。他们是说广东话的，需要人去协助翻译，而当时古巴翻译人才很缺乏，中国大使馆人员见我们两兄弟懂中文，就安排我们去学校当翻译，一年半之后这些技术专家返回中国，我们的工作也结束了。大使馆见我们工作表现不错，询问我们要不要到中华总会馆工作，这当然是和华侨事务有关的，我们考虑了一下，觉得能够服务华侨也是很好的，于是答应了，在 1966 年到总会馆工作，直至现在（指自己）。

来到中华总会馆后，开会时我负责翻译，将有关文件译成西班牙文，之后整理记录和存盘，同时进行华侨重新登记的工作②，登记表格和档案，都是属于文书方面的任务。当时总会馆的主席是吕戈子。中华总会馆在古巴革命前是隶属国民党的，革命后被政府没收，交给具有共产主义思想的进步华侨管理，会员人数接近一万人。革命后因为没收店铺，不少华侨离开了。革命前古巴华侨总人数有多少，我不是很清楚，听说有五六万。中华总会馆的会员人数后来增加到大约一万一千人，这是因为古巴革命后，华侨可以通过总会馆将钱寄回乡下，总会馆成了侨汇的唯一渠道。开始时有些华侨是不相信的，后来看到在乡下收到钱的家人来信说收到了钱才相信，于是加入，此外总会馆也有药店和药品，对华侨也很有帮助，于是加入的人就多了。

侨汇的情形是这样的：古巴革命前，华侨都经由办庄将钱汇出，不经过银行，钱由办庄汇到香港，再转到乡下的亲人。革命后不准将钱汇出，到了 1962年、1963 年时再开始，由中华总会馆办理。古巴政府规定全部华侨每年汇出的

---

① 中国与古巴在 1960 年 9 月建交。
② 周先生事后补充，谓国民党撤退时将总会馆的档案销毁，故此要重新登记。

中华总会馆的大厅，所悬牌匾是崔国恩题赠。崔国恩是晚清第四位出使美国、西班牙、秘鲁大臣，光绪十五年至十九年（1889—1893）在任

数额是一百万（美元），这是中国和古巴之间的协议，根据亲疏关系，汇款对象的限额又不同，我记得汇给父母妻子的话，每年限额为240，兄弟叔伯为130，侄子为100，汇钱的华侨到总会馆申请和办手续，我们负责填妥表格，然后到银行将钱付汇，至于古巴银行如何以古巴币和中国银行转换为人民币，我不清楚。这种侨汇方法一直维持到2005年，就中止了。①

从前有四五个中医（指哈瓦那）在办庄、公所等地方为人看病，如广生明、广安隆、李陇西公所，还有一个在一间餐馆里，都懂得把脉、开药方，也有药店可以执药（即抓药）和煮药。古巴革命后就开了一间药店，统一由中国进口药物，供应给中华总会馆的会员，是总会馆自己经营的，赚了钱就作为总会馆的经费。这是因为中、古两国有协议，由古巴以外汇从中国进口药品，再以比索卖给我们，价钱低，我们再卖给会员，其实是一种福利。售卖药品，成了总会馆的经费来源之一。②

从前华侨从事最多的是杂货、洗衣、水果和餐厅这几个行业，有中国人自己

① 关于古巴革命后侨汇的问题，参见本书"附录二"。

② 关于从中国进口药物，周先生后来补充，谓开始时是古巴运糖到中国，中国则以禁品和其他商品向古巴出口作为回报，属于一种以物易物的交易，后来中国不再进口古巴糖，古巴改用外汇从中国进口药品，再以比索卖给中华总会馆。

开的店，请中国人打工。有的规模比较小，但有些有本领的可以开很多间店。当时夏湾拿最大的餐馆是华区里头的太平洋酒楼，我估计可以容纳两三百人，占地一层，内分几个区，有招待有钱人的，有招待外国人的，有招待穷人的，还有一些小房间，供作私人聚会之用。

我和哥哥周一飞到总会馆工作后，都是负责文书方面的工作，后来我哥哥逐步上升，成了总会馆的主席，而且连续当了二十二年，直到逝世。我们是 1966 年开始在总会馆工作，当时总会馆的主席是吕戈子，吕后来被中国政府邀请去中国，急病死在北京，骨灰有一部分运回古巴埋葬，他死时七十多岁。[1] 他死后是苏子伦[2]当主席。

（问：这两人据说是古巴共产党党员？）

是不是党员我不清楚，但两人在古巴革命前都是搞地下活动的[3]，在 Santiago de Cuba，用一个粉仔厂（面粉厂）掩护，在里头印报纸，曾经被拘捕和受审，几乎要被赶出境。古巴革命后他们当上了总会馆的主席。苏子伦之后是关绍坚[4]，是九江公会的人，中立，不大理事。之后就是我哥哥周一飞，他是属于社会主义同盟的。

现在总会馆的性质已经改为联合会，是 2008 年改变的，由古巴的华侨社团组成，没有自己的个人会员，从前的个人会员退出并加入各社团，但还有一些以前的个人会员没有转到各社团，于是仍然作为总会馆的会员。总会馆有一个执行委员会，有 15 个委员，但有一些社团的主席还未成为委员。现在各社团的总人数大约三千，绝大部分是土生的第二代，懂中文的少之又少了，真正从中国来的华侨只有 150 人左右，是革命后留下来没有离开的。现在全古巴共有 18 个华侨社团或会馆，其中 13 个在夏湾拿，包括总会馆本身[5]。总会馆还有一个分馆在 Santa Clara，但那里已经没有华侨，只有土生的第二代。而民治党在四个省有分部，所以总共加起来有 18 个团体。此外，Holguin 的社团现在也恢复了，很积极活跃，都是第二代，我希望这社团将来也加入。这些华侨社团、会馆都是中华总

---

① 不准确，吕戈子逝世时应为五十四岁。吕戈子原名吕三统，西名 Manuel Luis，新会大泽吕村南熏里人，生于 1914 年，1933 年到古巴，1943 年入古巴籍，1968 年 12 月 21 日在北京访问时逝世。

② 苏子伦西名 Julio Su Leng，新会会城镇人，1900 年生，1925 年到古巴，1946 年入古巴籍，1975 年 7 月 23 日去世。

③ 在哈瓦那的中华总义山有"华侨社会主义同盟公坟"，其内有一块苏子伦的墓碑，说明他是古巴共产党党员，用词是"1er Partido Comunista de Cuba"，即 1925 年成立、1944 年易名为 Partido Socialista Popular 的第一个古共，当时为地下组织。

④ 据中华总会馆的华侨登记表，关绍坚西名 Armando Guang King，南海九江大新村人，1907 年生，1921 年到古巴，1996 年 7 月 3 日去世。

⑤ 关于古巴华侨团体情况参见本书"附录三"。

会馆的成员，向总会馆交会费，但数额很少，他们每赚到 100CUC，才向总会馆缴交五角钱，即百分之零点五。会员的年费也很低，每年只交 12 比索。这些社团或会馆有的经营餐厅，有收入，财政状况因此比总会馆好。中华总会馆的财政比较困难。

古巴政府对中华总会馆并没有资助，我们的财政收入来自经营药店、报馆（《光华报》）的收入和各社团交来的会费，有时候有些中国的团体前来访问，也会捐款给总会馆。不过现在古巴政府为我们的药店、报馆进行维修，这两处无法营业，也就影响了总会馆的收入。我们继续将药店仓库的药品出售，但现在的存货已经不多了。①

总会馆的职员很少，只有七八位，多数是西人，能说中文的只有主席伍迎创，他是台山人②，财务主任赵文立，他是新会人，和我三个，日常运作主要是用西班牙文的。

中华总会馆这幢大楼本来全部属于总会馆，最早时是华侨集资，买了地然后起的，革命前地面一层是中国银行，是属于台湾当局的，大楼内有很多单位出租给律师、公司等，革命后大楼被没收了，只剩下现在的顶层给总会馆使用。今年的 5 月 9 日我们庆祝总会馆成立 120 周年，搞了三天的庆祝活动。总会馆最早不在这地方，是大楼建好后才搬进来的，好像在 1954 年③。

古巴革命后，生活变得困难，尤其在"特别时期"④，最近几年有些好转，容许个体户存在，很多以前我们不准买的东西现在可以买了，例如手机、计算机，虽然价钱很贵，但商店里有供应。汽车、房屋也可以买卖了，以前如果是离开古巴或者死亡的话，政府会将房子收回，现在可以转卖给亲人或其他人。

我自己是单身的，没有结婚。我从前是住在金鹰戏院旁边的，但那幢楼宇倒塌了，我向政府申请住所，但找不到（可能指申请不到），民治党知道后就安排我住民治党大楼的一个单位。我 1970 年就搬进去了，一直不用交租，和何秋兰是邻居⑤，我本身是民治党员⑥。这幢大楼是属于民治党的，有十多个单位，住了十多户人。

---

① 药品主要是成药，如清凉油之类。

② 已于 2015 年 3 月 6 日逝世。

③ 中华总会馆在 1954 年迁入华侨集资兴建的会馆大楼即现址（Amistad 420，Centro Habana），参见袁艳、张芯灿：《20 世纪上半期古巴儒团述略》，《八桂侨刊》2013 年第 1 期，第 28—34 页。

④ "特别时期"古巴称为 periodo especial en tiempos de paz，即"和平时期的特殊阶段"，指 1991 年苏联解体、东欧剧变后，古巴失去后援，外贸下跌约八成，一切物资短缺，需要进行各种调整，此阶段延续至 1997 年左右。

⑤ 何秋兰访谈另见。

⑥ 访谈时周先生为民治党副主席。

以前夏湾拿有四间戏院，放映香港来的电影，分别是新民、金鹰、新大陆和太平洋。[①] 以前也有粤剧戏班，有人教唐人女和古巴女唱戏，何秋兰、黄美玉就是从那里出身的。娱乐方面，1959年前年轻华侨多，很多人喜欢游泳、唱戏、跳舞等，也有参加、组织球队的。在太平洋酒楼的这幢大楼里还有一个"中国音乐研究社"，好像在第二或者第三层，是年轻人聚集唱粤曲的地方。报纸有三家，《民声日报》是国民党办的，《华文商报》是由商人办的，《开明公报》是民治党办的，都是日报，还有一份《光华报》，1959年前是地下出版，暗中发行，古巴革命后变得公开。古巴革命后纸张和人才都缺乏，《开明公报》和《光华报》合并出版，名称仍为《光华报》，其他两份停了。我自己是民治党员，从前是读《开明公报》的。

我是十三岁参加民治党的，当时很多年轻人聚集在民治党打乒乓球、舞狮等，活动很多，我天天前去参加，就加入了，主要是受群体生活吸引（意即没有什么政治含义）。

我去过中国八次（截至2013年）。第一次在1970年，当时古巴政府每年都组织观光团去中国，回来就宣传一下中国的情况，1970年第一次派一个华裔参加，我是华裔且能说中文，就被选派去了，费用由政府出，我不用付款。我在中国逗留了六个月，去了很多地方，包括北京、韶山、广东四邑和我乡下斗门等，在乡下第一次见到亲戚，都不认识，从前只见过相片。第二次是去参加中国四十周年国庆，是侨办邀请的。1999年的一次是作为翻译，去的深圳，为一个古巴女子乐队做翻译。2003年又去了一次，一共八次。有两次是Ciego de Ávila民治党分部的主席陈细九安排一些土生华裔到中国去见见亲人，这些人多数不会说中文，我去帮忙翻译。最后一次是2011年，民治党准备庆祝成立125周年，到北京向致公党送邀请信，希望他们派人前来古巴参加庆祝礼，我也去了。

现在古巴来了一批中国留学生[②]，我们和他们也有接触，请他们来和华侨交流，介绍一下中国最新的情况，这些留学生都单身，也乐意参加。留学生当中有部分计划在古巴留下来，因为一旦古巴对外开放，有人前来投资，他们就有发展机会了。我希望古巴将来会改革开放，因为中国改革开放后的发展很好，连以前打仗的越南开放之后发展得也很快，一般老华侨都希望古巴改革开放，经济发

---

① 关于哈瓦那的电影院和电影放映，参见袁艳：《古巴中国戏院的历史变迁——从表演木偶戏、粤剧到放映电影》，《拉丁美洲研究》2011年第33卷第6期，第37–42页；雷竞璇：《香港电影的古巴足迹》，《香港电影资料馆通讯》2013年第65期，第16–17页。

② 此指自2006年开始中国向古巴派出留学生，由古巴政府提供奖学金，至2010年暂停招生，前后共派去3 800多名。据华侨及留学生透露，背景是中国向古巴贷款，古巴其后以培训中国大学生作为偿还。2010年时这些留学生创立了"中国在古巴留学生联合通讯社"并创建网页。

展，生活改善，也希望多些中国人前来古巴，现在已经有些人来做生意，但限制还是很多。

在古巴，女的退休年龄是六十岁，男的六十五，我已到龄，最近办好了退休手续，每月的退休金是 300 比索，我不用交租，医疗也免费，生活是过得去的。我还继续在总会馆工作，因此有额外入息。和以前相比，政府配给的东西少了，很多物品都可以自由买卖，但价钱愈来愈贵，尤其使用 CUC 后，生活费变得很高，如果你没有 CUC，要用比索换取 CUC 的话，就更昂贵了。

# 天涯歌女　海角伶人

何秋兰　Caridad Amarán

现在知道何秋兰这名字的人颇多，这位洋女子在古巴唱粤曲、演粤剧的传奇故事，激发很多人的好奇心，这可说是刘博智先生的功劳，刘先生在美国堪萨斯州一所大学教摄影，是位"古巴迷"，去过古巴好几次，非常喜欢这个国家，拍了大量古巴华侨、华裔的照片，开过展览、出过专辑。他在哈瓦那遇到何女士，知道她是粤剧艺人，很惊讶，拍了纪录片，放到网上，然后筹集了款项，带何女士和她的演出拍档黄美玉女士去中国内地，探访何女士养父方标的故乡开平，之后来香港，我于是有缘和他们一行见了面。之后2013年头和年尾，我到古巴找老华侨做访谈时，何女士是我接触得很频密的一位，到过她家里几趟，虽然她不是华侨。

何女士的经历相当独特，听起来和周璇有几分相仿，都是"天涯歌女"。她晚年的运气则比周璇好，这也是她想象不到的。首先是刘博智找到了她，为她拍了纪录片并带她去中国，在2011年；然后，以旅行、探险、摄影知名的黄效文先生注意到何女士的事迹，向我查询后去了古巴找她，邀请她和黄美玉再到中国内地和香港，又特意安排了一场粤剧清唱和演出，在中国探险学会石澳1939展览馆，伴奏的乐队很专业，何、黄两人彩演了王宝钏的《三击掌》，简化了情节，戏服临时凑合，是粤剧天涯亮相的特有味道，何女士又和本地名伶龙贯天合唱了一曲，虽然因为日久生疏唱得有点吃力，但依然板眼分别，很见功底，这是2014年底的事情。最后，以拍摄纪录片知名的魏时煜女士对她的故事也产生了兴趣，得到香港艺术发展局资助，联同电影人罗卡先生和拍摄队伍去哈瓦那找何女士，准备拍一部关于她的纪录电影，何时完成，现在还不清楚。其实，2013年1月9日我到何女士家中和她做访谈时，也带上了摄像机，访谈完毕，我请她清唱，让我录下，她想了想，找出以前抄录的曲词，唱了一首《仙女思凡》，再唱了几句《西蓬击掌》，我在旁边细心聆听，很有点白居易浔阳江头听琵琶的感觉。

粤剧在古巴，说来也是源远流长，晚清时有一位外交官员叫徐乾学，顺德人，光绪十九年至二十二年（1893—1896）任驻哈瓦那领事，写了一本《古巴杂记》，是向国人介绍古巴情况的最早著作之一，其中提到当时华区已有粤剧戏班，其文如下：

　　"夏湾拿有华剧二班，虽不甚可观，优伶多由本处学艺，然忠孝廉节、喜怒哀乐，亦足激发天良，各华人仍不忘中国面目也。"（收入王锡祺编《小方壶斋舆地丛钞》）

　　何女士也许是这海隅戏班悠长历史的最后遗响了。

　　何女士给了我一份她自撰的小传，西班牙文写作，我得到在古巴留过学的梁新越小姐的帮忙，将之译成了中文，附在以下访谈记录之末。访谈整理稿于2013年12月交何女士过目，她之后没有什么表示，何女士不大能读中文，以前读过的也日久生疏了。

舞台上的何秋兰（左二）

何秋兰女士，2013年12月

　　我的西班牙文姓名是 Caridad Amarán，中文姓名是何秋兰。我出生不足一个月父亲就去世了，我不认识他，也不知道他的姓名。我母亲名 Josefa Amarán，是疍家妹（Josefa 后来译作"何树花"），〔没有读过什么书〕①，当时她十六岁，登记出生证明时将我填了她的姓。②

　　我母亲带我来到了夏湾拿，但在此地无亲无故，被逼睡在街头，后来来到华区，遇到从唐山来的何买盛③，他是当厨师的，他可怜我们，将我们带到他自己的房子，让我们住，我们在那里住了两三年，何买盛为我改了中文名字"何秋兰"。

　　后来何买盛患了肺结核病，我母亲害怕会传染给我，就和何买盛脱离了，后来何买盛在古巴病逝。离开何买盛我们再次流落街头，在华区一个街角遇见方标④，他问我母亲为什么带着小女孩在街道，我母亲说无家可归，方标说这样子不行，就带我们去了他的住处，他当时在衣馆工作，做洗衣、熨衣等。后来我母亲和方标结婚，方标也就成了我父亲。

　　方标住的地方对面有个剧团，叫国光剧团，老板董祥，后来是他介绍我加入民治党的，他好像也是开平人，到古巴比方标早，当时已经有四五个小女孩在那里学唱戏，方标带我去过这地方。三四岁时他问我喜不喜欢唱戏，我说喜欢，他就带我去国光学唱戏。当时我还小，身高未及得上桌子，那里的人说我太小了，不行，方标说可以，就亲自教我，最先学唱中板，方标教我的第一支曲是："问句天公唭，奴奴心事重，难入梦，□（音"全"）谁为□□（音"侬侬"）。"接着他教我行台步、手如何出等，是学花旦。方标在中国时学过戏，他跟过关德兴，很喜欢戏剧。国光剧团也有人教戏，有位导演叫谢文利（音），掌板的是董祥，还有一位教唱和拉二胡的叫计华（音）。学戏的全部是小女孩，有唐人女，亦有一些父母都是西人的女孩，没有男孩。当时国光在方标工作的衣馆对面，后来搬到黄江夏堂大楼的马路对面。我八岁开始登台，最先做丫鬟，站在台上角落，师爷出来唱了几句然后坐下，我就念白"老爷吩咐奴记实，椿椿件件记心头"，是句中板。第一次做花旦我记得是做樊梨花，又做过《王春娥教子》（即《三娘教子》），在戏里头扮儿子的不愿上学，又说你不是我亲生妈妈，不能打我。我也演过《白蛇传》，能唱《仕林祭塔》，还有《刘金定斩四门》。方标也和我一起在国光登台演出。当时古巴有四个戏班，即国光、国声、钧天乐、中华音

---

① 非原话，但所说含义如此。

② 其后得知，其父母来自古巴西部的 Piñar del Río，即老华侨所称的便拿思澳省或边省。

③ "何买盛"三字何女士只能发音，不懂得写，后来在刘博智先生的照片中看到一张中华总义山的骨殖箱照片，其中一个骨殖箱有何买盛的名字和籍贯，才得以确定。

④ 方标原名方锡标，西名 Julian Fong，开平人，1904 年生，1996 年 12 月 1 日去世。

乐研究社，中华音乐研究社在太平洋酒楼大楼的二楼，可能是附属在中华总会馆的，本来不演戏，是唱曲和玩音乐的，唐人仔女星期六、日在那里唱唱曲和玩乐器，后来也演戏了。四个戏班里国光历史最悠久，我们每天都到那里学戏，有人煮饭给我们吃，国光唱戏的有十余个女孩子，没有男演员，但教唱和玩乐器的有男的，他们也参加演出，例如何满（音），是教诙谐戏的，还有一位胜叔，他演武戏，扮花脸。

中华音乐研究社，后排右四为何秋兰

演出的话是演四个小时，一个星期演一台戏，最先在上海戏院，后来在金鹰、新民、新大陆戏院，这几家戏院既放映电影亦演出大戏。一些埠仔也有邀请我们去演出，一去就两三个月，带同戏服等，我去过 Santiago de Cuba、Guantánamo、Ciego de Ávila、Santa Clara、Cienfuegos、Matanzas 等地。我十五岁时转去了中华音乐研究社（Club Cultural de Música China），是他们邀请的。后来其他三个都停止，是 1949 年或 1950 年时结束的，只剩下中华音乐研究社。中华音乐研究社有位导演叫薛菊红（音），也是教唱戏的。到了 1951 年时，学戏的女子有的结婚了不再登台，有的离开了，剩下我和三几个，人不够，于是从外国请人来演，我就和他们合作一起演。

我曾经和前来演出的小燕飞合作过，还陪她到古巴各地登台。① 当时我们唱一出戏得 4 元，收入算很不错，戏演完后有人煮粥给我们吃，戏票几角钱，常常满座。

---

① 何秋兰保留了和小燕飞合照的照片，合照年份为 1949 年，小燕飞在古巴登台应在该年，但下文的"自传"说是 1951 年。

何秋兰结婚照，左为方标

　　我1957年结婚，我丈夫方振巨也是开平人①，他不喜欢我出去唱戏，但他自己其实喜欢唱戏，特别喜欢唱《光绪皇夜祭珍妃》，自此，我就只是间中唱一下曲（即不再演戏），到古巴转换了政府，就完全停止了。

　　我父亲方标是开平人，十九岁来古巴，他原名方锡标，但这里的人都称呼他方标。听他说家里是有钱的，但他父母不喜欢他学唱戏，他就偷偷来了古巴，一开始在衣馆工作，一起工作的有三四个中国人，收入低，没有什么钱。他后来改行卖彩票，没有铺头，坐在"路边"卖彩票。古巴政府转换后，他也到了退休年龄，就办理了退休，1996年去世，当时他九十二岁，还能唱曲，我来探望他，就一起唱曲。他年轻时也登台演出，做武生，是他在乡下时学来的。方标来古巴后，再没有回过中国，他的经济状况也不容许他回去，花钱太多了。但他每年都有寄钱回家乡，每年200多元，直到政府不让再寄为止。

　　他除了教我唱戏外，还教我中文，在家里和我只说中文，为了唱曲，他又教我抄曲，学写中文，所以我就学会了说和写中文。当时华区有间中文学校，就在我现在居住的这幢大楼底下（即现在华区的民治党大楼），我四岁开始在这间学

────────────

　　① 方振巨，西名 Antonio Fong，开平上洞乡人，1929年生，其父方富惠已在古巴，方振钜于1949年6月到古巴，2009年6月逝世。

校读了一年中文。学戏之外，我也读书，读专门学校，学打字、英文、速记等，都读到毕业，其中英文读了四年，但没有机会运用，都忘掉了。

我 1957 年结婚，当时二十六岁，之后我去了豪华酒楼①仝银柜（收银），老板是张燮福（音），这家酒楼既有中菜，也有西菜，我开始时工资每月 118 元，后来加到 148 元。做了几年我转到一家比较高级的酒楼，也是当收银员，薪水有 160 多元，做到五十五岁我退休。我丈夫方振巨也在豪华酒楼工作，当跑堂。他十多岁来古巴，他有位叔叔叫方富声（音），是溯源堂的，在夏湾拿有间餐馆，办了手续让方振巨来古巴，最早在他的餐馆学做跑堂，他一直做跑堂。他最后工作的餐馆叫象牙塔餐厅，在夏湾拿老区的 Obispo 街，原来的老板是韩国人，供应正宗的中国餐，也有古巴餐。他当跑堂每月有 200 多元。我们生了一个儿子，儿子十九岁时，我们离婚，之后他再婚，我也和一个西人结婚，我丈夫名 Pedro Alvarez，他也是当跑堂的，在 Obispo 的一间餐厅当领班。方振巨现在已经去世了，去世时八十一岁（虚岁），在 1999 年（应为 2009 年，见上文）。他还有家人如姐姐、妹妹等在乡下，但我到中国时在开平找不到她们。

结婚后我就不演戏了，但遇到华区有什么喜庆活动，还来唱曲，是独唱（可能指清唱），没有再演戏。当时播音台（电台）每个星期也有演唱节目，有些女孩唱戏，还有一位姓黄的用广东话在播音台报新闻。当时有两个播音台：COCO 和 CNQ，其中 COCO 现在还在。我〔当时〕也在这两个台唱曲。

1969 年②时我父亲带我到《开明公报》，我开始做报馆执字粒的工作③，后来《开明公报》合并到《光华报》，我又在《光华报》执字粒，薪水每月 148 元。美国来的刘博智就是在《光华报》找到我的。

1994 年，夏湾拿的华区促进会要恢复一点中国文化④，将我们找出来，希望我们重新演戏，找到我、黄美玉、李月娥，我们三人就重新演了一些戏，李月娥喜欢演武大郎，"卖烧饼啊！"我教她们演王宝钏的《西蓬击掌》《抛球招亲》，还有《薛平贵别窑》，删减到一分钟或者多一点的演出⑤，没有音乐，后来找到个拉梵铃（小提琴）的，配合起来唱。古巴革命前，每个戏班有自己的乐师，琵琶、扬琴、二胡等样样俱全，现在都没有了。革命前在夏湾拿有一位姓林的裁

---

①　豪华酒楼西名 El Mandarín，在哈瓦那的 Vedado 区，是当时一家规模较大的中餐馆，1959 年古巴革命后改为国营，今仍在。

②　之后又说是 1973 年或 1974 年。

③　此处所说应有误，按何女士生于 1931 年，上面说在酒楼当收银员至五十五岁退休，即 1986 年，此处谓做执字粒工作不知何解，下文的"自传"说在 1970 年，亦不合。

④　关于华区促进会，参见伍荬民访谈。

⑤　在下文的"自传"则说"十至十五分钟"，较可信。

缝缝制戏服①，我们不用从中国定制，但有时有些中国戏班来演出，他们会送些戏服给我。几年前这里搞花车游行，向我借用戏服，结果之后全部失踪，找不回来。我重新再演戏时，要买些布做点戏服。

我今年八十一岁②，前年四五月时去过中国，是刘博智请我和黄美玉去的，真幸运，停留了 21 天，到过广州、开平、台山、香港，去过一些学校表演唱戏，并且在中国度过了母亲节。

现在古巴的生活很困难，我儿子在溯源堂工作（此为雷、方、邝三姓的宗亲社团），每月 200 多元，我的退休金每月 143 元，但每个月要扣除霜柜（冰箱）的供款 57 元，剩下来的三数天就用完了。只能糊口，要买鞋、买衣服就办不到了。霜柜是政府取去旧的给我们换新的，但要每月供款，要供到 2019 年才供完。③ 幸好我现在住的地方不用交租金，只要交水电等费用。我儿子在溯源堂的书记房工作。我每日中午到龙冈总会吃午饭，是免费的。

**附：何秋兰自传（原文为西班牙文，何秋兰提供，梁新越译，雷竞璇校订）**

1931 年 9 月 12 日，我出生于古巴比那尔德里奥省（Piar del Río）。当时我的母亲只有十六岁，父亲十八岁。在我满月的时候父亲因病去世，我因此不认识我父亲。我母亲是无父无母的孤儿，有一些兄弟姐妹，但分散在各地。母亲带我离开家，在路边向来往的车辆招手，希望将我们带到马里亚瑙（Marianao）我外祖母一位姊妹的家中，后来我们在那里生活了两年。之后，母亲决定去我们什么人都不认识的哈瓦那，当时我们身无分文，没有地方居住，就在华区附近的街边睡觉。不久以后，我们认识了拉法尔·何买盛（Rafael Jo），他可怜我们的遭遇，收留了我们，将我们带回了他自己的家，他给我改了个名字叫何秋兰（Jo Chan Lan）。但是母亲见他有肺病，担心会传染我们，于是带我离开了，又开始了露宿街头的日子。有一日我们在街角遇到一个名叫方标（Fong Pio）的人。他向母亲询问为何和一个小女孩在街头流浪，母亲告诉他我们没有地方可以居住，于是方标将我们带到了他那只有一间房的哈瓦那老城家中，那条街道的名字叫耶稣·马里亚（Jesús María）。方标自己经济条件并不好，刚刚从中国来到古巴不久，在一间洗衣馆工作。方标对我像对亲生女儿一样，我四岁那一年，他带我去了他工作的地方。在那里的前面有一个很大的粤剧戏班，专门教授歌唱。方标很喜欢看

---

① García Triana 和 Eng Herrera 的 *The Chinese in Cuba，1847 - Now* 一书中谓哈瓦那华区其时有一位裁缝胡有添，西名 Alfonso Bu，为粤剧艺人缝制戏服，并有一张这位胡有添的照片，应即何女士所说的林姓裁缝。见该书第 41 页及插图。

② 何女士在访谈和下文自传中所说的年龄都不甚准确。

③ 其后得知，古巴政府从中国进口一批电冰箱，发售给民众，何女士以 6 052 比索买入。

表演，当他还在中国的时候就常常去看戏，和戏子们在一起谈笑，其中有一个还出演过电影中黄飞鸿（Wong Fei Jon）的角色，我们在古巴也有看过这类电影。方标放工之后会带我去听中国的粤剧，他见我对此很有兴趣，就开始教我表演和唱歌。那个戏班名叫国光（Koo Kong），父亲说我当时个子还很小，连桌子的高度都及不上，但是我们仍然坚持继续去练习。戏班有一个专门教唱歌的先生，一个教舞刀弄枪的先生，还有一些是专门扮演不同戏剧角色的。而我的父亲方标就是身段方面的指导。随着时间的推移，我也慢慢参加一些演出，在位于桑哈大街（Zanja，老华侨称之为生下街）和马里克街（Manrique，老华侨称之为马利克街）之间的上海剧场（Teatro Chan Jai）。但是刚刚开始的时候我只是出演像丫鬟之类的配角。之后戏班搬迁到了德拉贡乃斯街（Dragones，老华侨称之为拿拉贡呢街或龙街）411 号，位于甘帕纳里奥街（Campanerio，老华侨称之为甘吧拿廖街或钟楼街）街角的地方。在那里我们每个星期练习三次，每次从下午六点到十点。当时有专门的人给奏乐和表演的艺人们做饭。我父亲常带我去金鹰电影院（Cine Aguila de Oro）看中国电影，放映的都是粤剧电影。我在十二岁的时候，加入了致公堂（Chik Cun Tong）[①]，因为我父亲也是这个堂的成员。这个时候我开始在演出的粤剧里担当主要角色。我们到古巴各地演出，包括圣地亚哥德古巴（Santiago de Cuba）、谢戈德阿维拉（Ciego de Ávila）、关塔那摩（Guantánamo）、圣克拉拉（Santa Clara）、卡马圭（Camagüey）、西恩富戈斯（Cienfuegos）、马坦萨斯（Matanzas）等，每次一去就是三至四个月，我母亲都会陪我一起去。我们沿途会收到礼物和演出报酬，每演出一台戏，戏班按照合同付 2~5 比索不等。我们当时还尽力帮助处于战乱中的中国，收集衣物，寄发给饱受战乱的中国贫民。因为父亲平时和我讲中文，加上学习的歌曲也是中文，所以我慢慢学会了讲中文，父亲对我多有指导，包括读音。在我十四岁那年（前文为十五岁），转而加入了中华音乐研究社，在那里每天晚上都有很多中国艺人聚在一起奏乐、唱歌，以及表演粤剧。当时共有四个戏班：国光、国声（Koo Sen）、钧天乐（Cun Jin Loc）和中华音乐研究社。[②] 中华音乐研究社位于圣尼高拉斯街（San Nicolás，老华侨称之为生呢哥拉街）和谷奇瑶街（Cuchillo，老华侨称之为"咕至佑街"）之间（在华区内）。我在这里度过了我的十五岁生日，在戏班里工作，同时又在一间私人学院学习，每星期上三次课，完成了速记法、语言文法、打字和英文等课程的学习。

---

①　即洪门民治党，据在民治党所见文件，何女士在 1943 年 9 月 25 日加入，介绍人是董祥。

②　本段落中国光、国声、钧天乐的西名，García Triana 及 Eng Herrera 在 The Chinese in Cuba，1847 - Now 一书中分别作 Kuoc Kong、Kuoc Seng 及 Kuang Tih Lock，与此自传略为不同。见该书第 115 页。

　　1947 年到 1948 年，有一些戏班解散了，但是每逢有周年纪念活动与新年时，我仍然继续在社团演唱。1951 年，我十七岁（应为二十岁），遇见了来自美国加利福尼亚州旧金山的中国艺人，和他们一起同台演出。但是再后来中华音乐研究社也解散了。

　　自此之后，我开始在国家机构工作。先在佛列昂德列德医院（Hospital Freyre Andrade）担任秘书，之后在位于十月十日大道（calzada 10 de Octubre）的儿童医院（Hospital Infantil）的呼吸道科诊疗所任职。我认识了安东尼奥·方振巨（Antonio Fong），和他结了婚，当时是 1957 年，我二十六岁。方振巨在豪华酒楼（Restaurante El Mandarín）工作，1958 年我们有了第一个孩子，名叫何塞·安东尼奥·方·阿玛兰（José Antonio Fong Amarán）。1959 年我开始在豪华酒楼担任出纳员，同时在塞维利亚酒店（Hotel Sevilla）修读一个出纳员专业培训课程，1963 年毕业，并在同年有了第二个孩子，名叫黛西·赫达·方·阿玛兰（Deisy Hilda Fong Amarán）。我一直工作至退休，之后从 1970 年开始，我在《开明公报》（Hoy Men Cun Po）当排字员，报馆位于民治党内。两年后，两家报馆合并，我们转到《光华报》（Kwong Wah Po）工作。我在那里工作了两年，之后请求离职，随后多年我都待业在家中。但是我从未忘记我之前曾经演唱过的歌曲。父亲为我买了一些中文歌曲的唱碟，我将歌词用中文抄写在一本笔记本中。之后华区的整修和重建开始，1994 年华区促进会开始推广中国传统文化，他们邀请我参加中国戏班的组织工作，当时我们只有五个女成员：以利亚·赵白梨（Elia Chiu），安娜·李月娥（Ana Lee），吉奥尼亚·黄美玉（Georgina Wong），尤兰达·伍美兰（Yolanda Hun）和我[1]，我开始编写剧本，让每个人在剧中担任不同的角色，然后大家练习，每次的演出在十至十五分钟。但是我们没有乐师，之后有人将米拉格罗·罗美丽（Milagro Lao）同志介绍给我们，她是古巴交响乐团（Sinfónica Cubana）的小提琴手，尤兰达很快也加入[2]，我同时又教我孙子亚米尔·安东尼奥·方（Yamil Antonio Fong）打击乐器，就这样我们进行了各种演出。1996 年，父亲逝世，享年九十二岁，即使到那样的年纪，他仍然同我们一起唱粤曲。

　　2009 年时我从报馆门前路过，遇到了当时的报馆负责人安吉尔·蒋祖乐（Ángel Chiong），他邀请我再回到报馆做排字员，当时报馆正缺人手，只有一位工作人员。我接受了他的邀请，重新上班。2010 年，有一位来自美国堪萨斯州名叫刘博智的摄影学教授前来探望我们，他听人说我是中国戏剧方面的艺人，很

---

　　① 据 *The Chinese in Cuba，1847 - Now* 一书载，伍美兰的西名为 Yolanda Eng，见该书第 117 页。

　　② 原文此处有 en la Cajita 三字，不知何解。

感兴趣，找到我家里来，向我提了很多问题，看了我的照片，又问我是否想到中国去。我告诉他到中国去是我从小以来的梦想，但是没有这样的机会。我本来以为他只是随便问问而已，没想到刘博智回到中国大概一个星期之后，便从中国给我打来了越洋电话，告诉我他将寄钱给我，让我和我的朋友吉奥尼亚·黄美玉一起办理手续到中国去，他将支付所有费用。当我打电话通知吉奥尼亚的时候，她高兴得高声叫出来，她说这是她一生中收到的最好的礼物，而当日正好是她的生日。结果，我们实现了人生最大的梦想，去了中国。我们在中国度过了21天，到不同的地方演唱和演出，在各个大学受到热烈的欢迎，收到很多的礼物，探访了我爸爸从前生活过的地方和祖先们的坟地。

我能成为一个中国戏剧演员，是方标所赐，他不仅是一位好老师，同时也是一位好父亲。我现在八十一岁了（此自传写于2012年），依然充满活力。

### 附记

刘博智先生拍摄有关何秋兰和古巴华侨的短片，可观看网页：http：//vimeo. com/18304444。

又：García Triana 和 Eng Herrera 所著 *The Chinese in Cuba，1847 – Now* 一书中载有关于广东大戏在古巴的资料，见第 114 – 118 页。

# "我的生命很浅白，不深奥"

### 赵仲鹏　Leandro Chiu

　　每次到哈瓦那华区的龙冈公所，几乎都会见到赵仲鹏先生，他每天在那里吃午饭，之前之后看看报，看古巴的西班牙文报纸，或者抄写文件之类，总有点事在做，没有见过他参与麻将耍乐。可能因为在古巴土生土长的缘故，他的性格热诚开朗，令人乐于亲近。我说要和他做访谈，他爽快地答应了，访谈以广东话进行，但限于赵先生的中文水平，无法深入讨论。他说出来的经历也许谈不上丰富、吸引人，但能反映土生华裔在古巴的境况，即使受到歧视也不算严重，容易融入当地社会。1959 年革命后，古巴的社会主义体制保障他们生活安稳，虽然也难以有所作为。

　　访谈日期为 2013 年 1 月 12 日，在龙冈公所内。是年 12 月我再到古巴时将访谈整理稿交赵先生过目，他表示整理得很好，没有什么修改或补充，和他谈话时我又得知一些情况，于是将之补入整理稿内。

**赵仲鹏先生，2013 年 1 月**

我叫赵仲鹏，鹏鸟的鹏，西班牙名字是 Leandro Chiu。我现在八十三岁，到下个月就八十四岁。我父亲是新会人，新会三江第八区是他的地址。我没有去过，我出生以来都在古巴，一步也没有离开过。

我因为自小和唐人来往很多，所以多少会讲些唐话，我也在华区的中华学校读过书①，识得一两百个中文字，都是浅的，深一些的字就不认识了，我识得例如"幸福""恭贺新禧"等，也可以写自己的名字。

我爸爸叫赵中雄②，我不会写他的名字。他好像是 1921、1922 年来古巴的。他在古巴和我母亲结婚，我母亲叫骆银娇（音），她是土生唐人女。我有三个姐姐，我排第四，我母亲很想有个男孩，终于生了我。我父亲在华区很受尊重，因为他会说番话（西班牙语），在墨西哥学的，他在墨西哥五年。这里的唐人很多不会说番话，有事时就请我父亲来传话，所以他得人尊敬，我小时候到什么店人们都会给我糖果。但我在家里一定要说唐话，不能说番话。我母亲可以听唐话，但不会讲，我三个姐姐在家里也是讲唐话。三个姐姐在这里都嫁了唐人，当时在华区不是民治党就是国民党的人，和我们家都亲密③，结婚之后都和丈夫出国，去了美国，在 1940、1950 年时，两个在纽约，一个在旧金山，做生意，开餐馆。当时去美国很容易，和现在不一样。我的侄子叫我去纽约，说那边什么都有，但我不想去，我不想有求于人，在这里我不用求人。我三个姐姐现在过后了。

我爸爸做生意，开杂货铺，在离开湾城 20 多公里的地方。铺头有番名，但没有唐名，请了一个入了古巴籍的唐人工作，因为在古巴做生意要聘请老番，入了古巴籍算老番，我爸爸也入了籍。我在古巴出生，所以也是古巴籍。我们家靠近太平洋酒家，我是在家里出生的，有医生上门来打理。医生是我们家的好朋友，和我母亲很要好。我是 1929 年出生的。

我父母很注重我读书，我读到大学毕业，在夏湾拿大学读会计，因为我喜欢会计，是会计师，大学要读五年。之后入了银行工作，当时十八岁，当时银行要在 Zanja④ 开分行，需要一个唐人在里头工作，我就进去了。做了大约二十一年，在银行工作要学英文，因为当时主要和美国来往，要用英文，所以我会一些英文，讲英文好过讲唐话。银行名叫古巴银行，但不是政府的银行，是古巴人打理的，我在里头什么都做，大学毕业刚进去时做会计，最后十年做经理，当经理时每个月有 400 多元，又有汽车，很不错。在银行工作时，银行支持我去读工程，所以后来升迁得很快。革命政府成立后，过了三年左右，我不够（此处不清

---

① 此处提到一位姓麦的老师的名字，但听不清楚。
② "中雄"为音，也可能是"中庸"，向多位老华侨查询过，但无人知晓。
③ 此处表达不是很清楚，好像说经人介绍，父亲要求她们结婚，嫁给唐人。
④ Zanja 即华侨所说的"生下街"，在华区内。

楚），于是退休了，每月有退休金 260 元。

读大学时，我参加过反政府活动，被捕过两次，但因为我是共济会成员，故此得到保护。共济会即 Masonería（赵先生亲手写此字），我现在仍然是这个会的元老。

我又去读音乐，学色士风（萨克斯风），有自己的乐队。之后来了华区，直到现在。我的工作做完后（似指退休），赵义①主席推举我来华区服务，当时龙冈公所没有钱，刚好我有一些，我会讲唐话又会讲番话，住的地方又近，于是来了，做书记、财政等，帮忙打理公所，直到现在。我们开了老人之家，又开了餐馆，公所有了入息，于是又给我一些钱（应指薪酬）。赵义是从香港来的，他的女儿（语气好像是不止一个女儿）在美国，他在这里加入了古巴共产党。赵义五六年前过后了，他过后之后大家要推举我做主席，但我不想，我年纪大，到时我过后又要选举，这不好，所以我不做，要我做帮手我很乐意，修理工作等我都做，但主席我不做。赵义的西名是 Alejandro Chiu，他的中文名字我不会写。我的生命很浅白，不深奥。

我在银行工作时结了婚，1961 年，当时三十多岁，父母亲都还在，在龙冈公所摆酒，太太是古巴白人，不会说唐话，她没有工作，在家里，但从前也在这里服务过，三年前她过后了。我们生了一子一女，两个都毕业了，男的学电工程，女的学琴，是音乐老师。不过两人都出国去了，女儿去了哥伦比亚，在那里教音乐，儿子去了美国，做电工程，做得很好，有好的入息。他们和我关系很好，每个月都打电话来，但我在这里什么都不需要，自己能维持。他们要我过去，说住一两个月也好，但我懒，不想动。我在这里住得近，在龙冈有饭吃，住屋不用付钱，又有收入，所以我不想出国。我在这里很好，会继续服务，在古巴我很满意。

1959 年古巴革命时我三十岁，革命对我们家庭没有什么影响。

我没有离开过古巴，没有去过中国。本来他们（华区的社团）要我去一次中国，但我不想，用人家的钱我不想。我在这里生活过得去，不想求人家。现在八十多岁了，只等死②。我现在天天来龙冈，我有亲密③的朋友，大家一起，他们两人白天工作，每日下午五时后到我家来。我家地方大，离这里很近，他们来煮饭，一起吃晚餐，晚上照顾我，我和他们一起住。

---

① 这位赵义先生由香港到古巴。加拿大华人 Cheuk Kwan 有一部纪录片 Chinese Restaurant，2005 年拍摄，其中一集为古巴，里头访问过赵义。

② "只等死"或类似的话，和赵先生见面时他说了几次，不愠不悲，很坦然。

③ 赵先生能运用的词语有限，访谈中"亲密"一词用了几次，其实是"要好"的意思。

**附记**

赵先生抽大烟，靠近他身旁就能嗅到浓郁的烟味，抽的应该是凭配给证买到的廉价大烟。后来我从黑市买了一盒大烟，送了他几支，他向我道谢，说很久没有抽过这么好的大烟了。古巴华侨将"雪茄"称为大烟，对应的西班牙字是puro，即纯烟叶的意思。

# 父母音书　不离不弃

李月娟　Teresita Lee Si

　　李月娟女士是叶泽棠先生的夫人，不常来华区。我和叶先生完成访谈后，从他口中知道他妻子是位能说唐话的唐人女，于是提出访问她的要求，叶先生答应了，然后将李女士带来了。之后我和她还见过几次面，几乎每次她都抓紧机会，问我一些有关中文字句的问题，例如某字怎样写、某个词语什么意思、如何运用等，又将她手抄的中文带来给我看，没有什么材料可供她抄练，她就抄从前华侨的旧刊物如社团年报、广告单张等，对于中文，她可说是一片痴诚。我回到香港之后，她还用中文写信给我，共两次，第二封的日期是 2014 年 3 月 3 日，说如果我有机会再去古巴，带些报纸和画报给她，"我在外几十年，想知香港新貌及现在消息"。和李女士的访谈用台山话，日期是 2013 年 1 月 14 日，在哈瓦那龙冈公所内。李女士虽然能说中文，但能运用的词汇有限，表达起来不免困难，难以深入讨论。2013 年底我再到古巴时，将访谈记录交给她过目，她做了若干订正，很认真。

**李月娟女士，2013 年 1 月**

　　我 1952 年在夏湾拿出生，今年六十岁。

　　我父亲叫李华章，鹤山人，十四岁时来古巴，家里穷，四兄弟，他是老大，是他的堂兄办手续让他来古巴的。来了古巴后他回过中国两次，在中国结婚。我大哥李普照在中国出生，1950 年来古巴，他比我大十七岁。我母亲叫黄竹女，1951 年来古巴，比我大哥迟一年。我大哥 2006 年时中风，不能工作。① 我母亲来了古巴之后没有工作，在家里料理家务。她来古巴的第二年生了我，我只有一个哥哥，没有弟妹。我父亲识得一些字，但我母亲不识字。我母亲 1970 年因为肝病去世。

　　我父亲来了之后就开始寄钱回乡下，他的三个弟弟没有来古巴，其中第三个弟弟去了菲律宾，也有寄钱回去养他自己的家。

　　我父亲抵达古巴时先做斩蔗的工作，很辛苦，斩了几年。后来有个同乡买了一个菜园，他去种菜，积蓄了点钱，就买了个摊位做卖蔬菜的生意，不是在华区，在 4 Caminos 市场②，很早就要开工，很晚才回家，他懂得说一点西班牙话。20 世纪 60 年代时政府没收生意，父亲得到一点赔偿，但旧银纸要换成新银纸，没有了③，之后替政府打工，槌制木桶。之后退休，1988 年逝世。

　　我小时候读过中文，在华区的华侨学校，早上读中文，下午读西文。学中文有写字、认字、背诵，④ 一班几个学生，学费每月五元。我在家里要说中文，不说中文的话没有饭吃，很严厉。当时华区有书店，父亲买了中文儿童书给我读。⑤ 我父母都希望儿女能多读书。我在华侨学校读了三年，古巴革命时，政府将华侨学校没收了。但有一位刘德闻先生继续在晚上教几个华侨仔女中文，在街市那地方，因为那里有些华侨家庭。他教了几年，20 世纪 70 年代去了西班牙。⑥ 我现在还能读和写简单的中文，身边经常备一本笔记，将中文文字记下，不然很容易忘记。

---

　　① 李普照在 2013 年 10 月去世。

　　② 即 Mercado de Cuatro Caminos，是哈瓦那最主要的农产品市场，今仍在。

　　③ 指在 1961 年 8 月古巴政府规定旧比索换新比索时损失惨重，参见叶泽棠访谈。

　　④ 李女士保存了在华侨学校读书三年的学生家庭通讯册，内里记录了各科的成绩，其中中文学科包括读书、默书、背诵、认字、讲解、写字、联句作文七项。

　　⑤ 李女士带了一些她保存的儿童书给我看，有《小良友》《儿童乐园》，封底有书店的盖印，名"志天书店"，地址为 San Nicolás 街 528 号。

　　⑥ 李女士带了她保存的一张学校师生大合照给我看，没有年份，学校的中文名称是"古巴公教华侨学校"，西名 Colegio Chino-Cubano Católico，校长高世英，教务主任马效贤，有三位华人教员：刘德闻、王敦仪（女）、陈爱莎（女），另有三位西人教员，学生 106 名，每人各有照片一帧。

李女士在华侨学校读书时的成绩册，1958—1959 年

我读书一直读到大学毕业，在夏湾拿大学读粮食科。当时也有不少唐人仔女读大学，工程、生物科学、算术都有。我们唐人和本地人相处算是过得去，但有些古巴人看不起我们。〔20 世纪〕60〔年代〕到 80 年代时古巴和苏联的关系好，和中国不友好，因此古巴人对唐人也不好，现在改变了，苏联已经解体，中国现在帮古巴忙。

我 1980 年大学毕业，之后要为政府服务三年，这三年只能拿最低工资，当时最低工资是每月 198 元，这是因为我们读大学是免费的。三年期满之后我仍然为政府工作，在面包公司，工资多一些，有 265 元，做了 20 多年，直至退休，退休后每月有退休金 240 元。我的工作包括晚上到面包店检查质量，看看有没有人盗窃材料或偷工减料。

从前华区的唐人很多，社团、戏院、庄口（指办庄亦即金山庄）也多，唐山食品很多，吃不完，山楂饼非常好吃，现在都没有了。戏院每逢星期四有新戏上映，有新马仔、关德兴、余丽珍、凤凰女的电影，戏票很便宜，二毫子。大戏是晚上才有，我当时是小孩，母亲不会在晚上带我出来看①。我父亲要工作，没时间看戏。

我没有去过中国，没有这样的机会。这里的促进会②可以安排没有钱的中国

①　意即没有机会看大戏。
②　关于促进会，参见伍衮民访谈。

人回中国探访，但我在古巴出生，没有这权利。我从未离开过古巴。

我 1977 年和叶泽棠结婚，我当时来华区参加社团的一些节庆活动，相互认识了。我们有一个儿子，现在二十六岁，中等职业学校毕业，现在做修理机械的工作。

20 世纪 50 年代华区太平洋酒楼的一次宴饮，最前排为李月娟及其父母

古巴人不合作，不愿意工作，如果你不是共产党员，会受到压制，我不是党员，受到压制。古巴革命前自由一些，有钱的话什么都买得到，但当时要做很多任务（意即赚钱不易），做工很辛苦，现在舒服一些（指退休后）。现在看医生不用钱，但买药要钱，有些药买不到的话还要用外汇买，将比索换成 CUC 再买，25 比索才换一个 CUC，开支很大。

古巴革命后，大部分中国人离开了，我的很多朋友、书友也离开了。去美国的很多，也有的去了其他国家和中国香港。当时没有亲戚朋友帮助我们的家庭，没有钱买机票，我父亲申请过几个侄哥来古巴，他们后来都去了美国，我们请他们帮忙，结果连一封信也没有回，忘恩负义。

**附记**

李女士证件上的西名是 Teresita Lee Si，按照西班牙名字书写习惯，末尾的 Si 是她母亲的姓氏，但李女士说，她母亲用假纸张前来古巴，入境申报时自称"女士"，结果弄成了姓 Si。

# 政治弄潮儿

吴帝胄　Pedro Eng Herrera

在古巴的华侨华人社会，帝胄是个有名人物，我未去古巴之前就知道他，他和 Mauro García Triana 合写了一本有关古巴华人的书，Mauro García Triana 曾任古巴驻华大使，书中有一张周恩来会见他时拍摄的照片，研究中国问题的英国学者班国瑞（Gregor Benten）将此书译成英文，书名为 The Chinese in Cuba，1847 - Now。我为了准备去古巴，将这书读了，一抵埠就请黄尚锋带我去拜访帝胄，尚锋从中国到古巴留学，已经在那里待了几年。帝胄的家在 Guanabacoa，离华区颇有些距离。哈瓦那的华侨华人都称呼他"帝胄"，尚锋虽是小朋友，亦如此，我也就不顾辈分差别，跟随大家，叫他帝胄。帝胄是古巴土生华裔，小时候能说中文，现在已大部分忘记，只能说些简单字句，和他做访谈，他说西班牙语，由奥斯卡译成英文，访谈记录就是这样整理出来的。

帝胄非常健谈，对自己的古巴华侨史知识也充满自信，访谈当日，他滔滔不绝，难以自休，谈他父亲、他自己的成长、他的革命历程，尤为详尽，也引人入胜。之后我整理访谈记录时，才发现他在内政部的国家安全局、文化部一段二十多年的经历，其实极为重要，他自己说是从事情报工作，这种针对华侨华人的情报工作，余景暖先生的自述以及唐仲喜女士说她丈夫胡乙富的故事，也有触及，可惜访谈时帝胄在这上面说得很有限，这恐怕是故意的，我当时也没有特别注意到，未能有技巧地旁敲侧击，错过了，现在也就不容易补救。做访谈，主观、客观上都会面对不少局限，到了整理访谈记录时，这些局限留下的遗憾，就浮现出来了。

2013 年 1 月我第一次到帝胄家里拜访时，他妻子还在，已经患病，显得虚弱，但还热情地请我们吃糕点。2013 年底我再探望帝胄时，他妻子已病故，他女儿来到他的住处照顾他。帝胄本来很健谈，说起话来滔滔不绝，面部表情丰富，但此时却颇为落寞，还没有从丧妻之痛中恢复过来。

访谈日期是 2013 年 1 月 31 日，在哈瓦那郊外 Guanabacoa 镇帝胄家中。是年 12 月我再探访帝胄，考虑到他无法阅读中文，没有将访谈记录交给他看，但和他谈了很长时间，之后将谈话中所得的新数据补充进访谈记录中。

吴帝胄先生，2013 年 1 月

我父亲在 20 世纪初来古巴，他离开中国后，先到秘鲁，从秘鲁去墨西哥，在韦拉克鲁斯市（Veracruz），再从墨西哥来到古巴，大约 1910 年、1911 年之间，来到古巴时，他的西班牙语已经说得很好。他似乎是用学生签证来古巴的[①]，抵埠之后，开始做生意，办杂货店，在夏湾拿。我父亲出洋前在乡下结了婚，妻子姓林，名红杏[②]，生下一子一女，他俩也就是我同父异母的哥哥和姐姐，但我从未见过他们。我哥哥叫帝壬，他一直在中国，没有来过古巴，现在已经去世了，他是当空军的，属于飞虎队。[③] 我姐姐叫秋美，后来去了香港，在女性理发店工作（这一点听得不清楚，不敢肯定），现在也去世了。

之后我父亲从夏湾拿迁去 Villa Clara 省的 San Juan de los Remedios（此地简称 Remedios），该地华侨很多，做生意的也很多。在那里他认识了一个古巴人，是位医科学生，名 Ortelio Martínez-Fortún[④]，通过他，我父亲认识了他后来的妻子即我

---

① 该时期古巴严格执行排华政策，只准许中国外交人员和学生前来古巴，于是不少华人设法以学生身份入境，但之后没有进学校，都工作。

② 音如此，曾就此名字询问吴先生，但他不会写这两个字，无法核对。吴先生有这位母亲的照片，但没有附任何文字。吴先生同父异母的哥哥和姐姐既有照片，照片亦附文字，故名字得以确定。

③ 照片上所见的吴帝壬，穿军服，军帽上有青天白日圆徽，是抗战时中国空军的制服，很可能属于中美联合航空队，但军阶无法确定。

④ Martínez-Fortún 是古巴一个显赫的医生世家，其中 José A. Martínez-Fortún 及 Ortelio Martínez-Fortún 兄弟尤为著名，见 Gregorio Delgado García, Dr. José A. Martínez-Fortún y Foyo（1882 – 1960），erudito historiador de la medicina cubana, http：//bvs. sld. cu/revistas/his/his_ 96/hist0296. htm。Ortelio Martínez-Fortún 其后到哈瓦那华区行医，华侨称其为"火东"，参见 García Triana and Eng Herrera, *The Chinese in Cuba, 1847 – Now*, p. 70。

的母亲，她是西班牙后裔，来自西班牙的加拿利群岛。她在西班牙本来是位修女，她不喜欢〔当修女〕，全家移居来古巴，当了护士助理，她与我父亲相爱，在 Remedios，但她父母反对她和中国人结婚——出于种族歧视的原因，但她坚持，结果两人结了婚，是在教堂行礼的。婚后他们迁回了夏湾拿，此时 Martínez-Fortd 即将毕业，我母亲在一所名为 Reina Mercedes 的医院①工作。母亲生了三个孩子，二女一男，我就是男孩，1933 年 1 月 15 日出生，十多天前刚好八十二岁②。我是在华区出生的，当时我们住在华区的 Manrique 417 号，介乎 San Miguel 和 San José。我的两个姐姐已经去世了。

吴先生在 Guanabacoa 的房子

我父亲是个知识分子，和大部分没有文化的华侨不同，他是报章编辑，在《华文商报》工作，负责社会新闻，到古巴各地采访，他当编辑直至革命后报纸结束（停刊）。之后他经营杂货店、餐馆，在 Regla 埠。③

（问：你父亲除了是知识分子，是不是也是有钱人呢？）

他从高处跌了下来④。我十八个月大时我母亲逝世了，她家族有哮喘病的历史，但她不是死于哮喘病，是死于麻疹（原字为 sarampión），死时只有三十四岁，

---

① 此医院在哈瓦那，1886 年建成。见 Ciro Bianchi Ross，History of Hospitals in Cuba，http：// www. thecubanhistory. com/2012/04/history – of – hospitals – in – cuba/。

② 不准确，访谈时间是 2013 年，应为八十岁。

③ 哈瓦那省的一个城镇，与哈瓦那市毗邻。

④ 指他父亲因喜欢赌博而失去一切，详见下文。

天花当时对小孩不严重，但对成人则会致命。① 我母亲长得漂亮，我父亲也长得英俊。之后我是由父亲养育和教育，跟他说中文。我父亲很重视中国文化，他教我讲、写中文，又教我音乐，我是因为他而得到高雅文化的熏陶。但父亲的失败之处是喜欢赌博，他因为赌博而失去一切，连我们住的地方也输掉，被迫要迁出。这也是中国人的弱点，如果你没有权力又没有钱，别人会将你驱赶。结果我们要搬去一间住了很多人的旧屋，里面住的都是很穷的中国人，在华区。这地方的旁边有一间照相馆，再旁边就是金鹰戏院，照相馆所在的房子现在已经倒塌了。我们要睡在席上（即没有床），在一个台上，没有枕头，用木头当作枕头，几个人睡在一起。我父亲要外出，我常常一个人在家，家里只有一个 15 瓦特的灯泡，看不清楚。我记得我睡在父亲和另一个人中间，一天，父亲起身后外出了，我自己起来时想叫醒睡在旁边的这个人，叫"阿伯、阿伯"，叫了很久这个人都不醒，后来发觉他已经死了。

当时中国人赌博的很多，有的人赌输后失去一切，要自杀。我亲眼见过这样的自杀，当时有一家赌馆在太平洋酒楼的四楼，一个人输光之后从那大楼跳下来，当着下面的人群，死得很惨，这是我目睹的。又有一个姓伍的，妻子已经死了，留下三个孩子，两男一女，他们住在 Dragones 街，介乎 Manrique 和 Campanerio 之间，他赌输了，将一个儿子卖掉之后自杀，是用剪刀剖腹自杀的，这个儿子我还记得叫 Roberto，他被带回中国去了，其余的一子一女成了孤儿，我不知道他们后来怎么样。

母亲逝世后父亲再没有结婚，我的两个姐姐也很早去世，两人去世时还是小孩，只剩下父亲和我一起生活。他将我放在一个中国女人那里，由她看管，那地方有一个摄影师和一个画师。这个中国女人姓蒋，我叫她"阿婶"，是尊重的称呼，我因此不知她的名字。我当时只说中文，不会说西班牙文，阿婶和我说中文。

我五岁开始上学，上华区的中华学校，是由中华总会馆办的，在民治党的大楼里面，学校有三位中国老师，一位姓王（或"黄"）的是校长，一位麦先生，一位黄先生，三人之中有一个说国语，不过，中文老师的教法很老式，中国在教学传统方面是很差的。中华学校其实是双语学校，有中文也有西班牙文，我们是上午上中文课，下午上西班牙文课，教西班牙文的有两位老师。要交学费，但数额很小。学校的学生很多，一般是华侨的后裔，父母两个都是中国人，我在这个学校读完了六年的小学课程。

我中学上的是私立学校，叫 Colegio Academia Montessori，要交学费，学费多少我不知道，父亲为了负担学费做出了不少牺牲。父亲当时和一个姓梁的华侨合

---

① 吴先生母亲名 Elvira Herrera Perez，生于 1901 年 4 月 14 日，卒于 1935 年 1 月 24 日。

作，做蔬菜生意，搬去了郊区，即后来新动物园所在的地方，学种菜，还学养田螺。后来我也停了学，去了菜场当帮手，我当时已经差不多读完中学，因为学种菜，得到了农业方面的经验。这样子种菜种了一段时间，父亲赚了点钱，于是又回到夏湾拿，在 Regla 开餐馆，餐馆名叫 Regla Moderna，在一个繁华的地段，接近市政大楼，我们也搬回华区居住，在 Salud 街，这是 1947 年、1948 年的事情，当时我十多岁，也在餐馆帮手洗碗。

后来我重新上学，是在父亲将餐馆、小食店出售之后，我上夏湾拿商业专科学校①，读了两三年，学了打字、速记、英文等，但我的英文发音很差。这所专科学校的课程我没有读完。父亲之后做其他生意，在街头档摊售卖各式食品，要磨豆做豆腐，我也有帮手。

因为有赌博的惨痛经历，父亲教导我不要赌博，我因此不会打麻将，只会下棋。我父亲名叫吴国祥，西名 Guillermo Eng，1890 年 6 月 27 日生，1973 年 12 月 23 日卒。

1948 年、1949 年时我十六七岁（虚岁），离开父亲自己独立生活，我首先在一家中国杂货店工作，老板姓李，去了香港之后死在香港，他的侄子成了老板，古巴革命成功后离开，也是去了香港。杂货店之后我到餐馆当伫堂，这时我已赚了点钱，在华区买了一个小地方自己居住。我打工的餐馆供应正宗中国餐，邻近是唯一的华人殡仪馆，很多办丧事的人来光顾，日本人光顾的也多，中国人和日本人不和，我负责招待日本人，因为日本人喜欢吃鱼，这家餐馆也就以鱼作为专长。我在这家餐馆工作了大约一年。

我离开父亲独立生活后，和父亲的关系仍然很好，他继续做他的生意，直至 1958 年也就是革命前夕退休。他后来回中国去了，是坐中国领事馆安排的中国船回去的。中国的"文化大革命"对古巴产生了影响，父亲离开古巴回中国与此有关。

"文革"时古巴中华总会馆的主席是吕戈子（Manuel Lui），他是个极端分子。当时的古巴华侨不少人是国民党员，吕戈子指他们是反革命党员，做了很多可怕的事情，例如他对死去的先人不尊重，要将坟场里的国民党人坟墓②破坏，他几乎这样做了。有个纪念碑是纪念华侨对古巴独立战争的贡献的，上面有立碑时的中国领事的名字，吕戈子想将名字刮掉。③ 中华总会馆有两块很大的镜子，是总会馆开幕时国民党和民治党赠送的，上面分别有两党的名字，吕戈子将国民党镜子上面的国民党名字刮掉了。④ 他做了很多可怕的事情。他指责我为国民党做情报工作，指我

---

① Havana Business Academy，此名词吴先生用英语说出。
② 指哈瓦那中华总义山之内的国民党员公坟，1952 年国民党驻古巴总支部建立，今仍在。
③ 此纪念碑于 1931 年 10 月立，其上有竖排中文"旅古华侨协助古巴独立纪功碑"字样，右边原有两行小字："大中华民国二十年十月十日立/自主古巴特命全权公使凌冰题立书"，这两行小字被削。
④ 就这一点，我在哈瓦那中华总会馆曾目验，名字本来刻在木镜框上，已被削去。

是三民主义团成员，当时很多华侨是三民主义团的成员，我参加过一个乐队，乐队是属于这个团的，他于是就指我是团员。他们又在一本中文名册上找到我的名字，我不懂中文，不认得上面的名字，吕戈子指责我意识形态上是国民党，指我是间谍，收集有关古巴的情报。我还被拘留过，这是1970年的事。为了避免麻烦，我们将家里中国亲人寄来的信都烧了。当时华侨当中和国民党有关的人被吕戈子整得很惨。

在这样的情况下，我父亲回中国去了，他之前和我商量过，我建议他离开，他年纪大了，应该回中国去和几十年没见的家人一起生活。20世纪70年代要离开古巴的确不容易，但由于有中国领事馆的安排，不用付钱，但自己的钱不能带走，他将钱给了我，我再汇回中国去。当时的中国领事馆就在中华总会馆里头。不过，因为我，吕戈子也憎恨我父亲，他拒绝发出让我父亲申请回国的文件，不过我父亲也强硬，他是不好欺负的，他对吕戈子说：你是投机分子。我父亲没有参加过任何党派，但他是进步分子，支持卡斯特罗的革命，出席总会馆的有关会议，也是华区支持革命委员会的成员。父亲离开古巴回中国时年纪已经很大，当时中国正值"文革"，他回去之后，我们失去了联系，他去世后约一年我才知道，他回中国后住在广州，在广州逝世。

（问：你是从什么时候开始积极参加政治活动呢？）

在1957年，但之前我已经有了进步的政治观念，这是受父亲影响的，他常常告诉我孙逸仙的主张，加上我住在华区，读过中华学校，所以我的中国观念很强。从1957年开始我和"七月二十六日运动"（El Movimiento 26 de Julio)[1] 合作，我不是运动的成员，只是合作者。但我妻子有一个侄子是这个运动团体的成员和积极分子，我受他的影响而积极参加政治。我在那前一年即1956年结婚。[2]

当时古巴在政治上活跃的中国人为数不少。1958年时有一个移民潮，是古巴1959年革命前最后一个移民潮，不少中国人来古巴，当中很多是先从中国内地去香港，再从香港来古巴的，这些人先去了香港。他们的想法、观念和以前的华侨移民不同。当时古巴人对中国的真实情况知道得很少，是这些新移民告诉我中国的情况，我也将古巴的革命情况告诉他们。

古巴革命时期我家里藏匿过革命分子，我们有一辆车，我不时将革命分子送往不同地方。当时有人被捕，此人的代名是 Negrito，真名是 Luis Pantoja，他在狱中几乎死去。他后来去了委内瑞拉大使馆寻求政治庇护，之后去了委内瑞拉，古

---

[1]　关于"七月二十六日运动"，参见冯奕新访谈。

[2]　之后又说在1954年结婚。

巴革命胜利后他再回到古巴。① 此时我正和 PSP（Partido socialista popular）② 有联系，PSP 在零售杂货业有分支，我参加了此分支。革命胜利时，我们占领了第十一警署，之后再占领了两个工会。这些行动发生在 Fidel 进入夏湾拿之前，参加的人很多。后来我参加了民兵，是工人民兵队，我们民兵的第一队长是 José Roque，我是第二队长，民兵队员有中国人也有古巴人。之后我从民兵转到内政部工作，所属单位为 Organo de seguridad de estado（国家安全局），从事情报工作，大约等于美国的 CIA，我在这里工作了十七年。③ 之后我转到文化部工作，检查信件、印刷品等，也和情报有关，做了大约十年，在 1999 年退休，当时五十四岁，是未到退休年龄的，但我因为有病，就退休了。

我 1954 年结婚，妻子是西班牙裔女子，不是黑人混血儿（原词为 mulata），她的姓名是 Belkis Ramos Trejo。④ 第二年生下女儿丽婵，西名 María Magdalene Eng Ramos，1962 年生下儿子，取名仕华，西名 Vladimir Eng Ramos。丽婵后来和一位黑人结婚，没有子女，她大学时读农业工程，现在在一家电影公司工作，负责人事管理。仕华后来当了医生，2006 年因为哮喘病发作去世，当时只有四十四岁。仕华有一个儿子，我为他取了个中文名字，叫武明，西名则为 Vladimir Eng Conde，名字和仕华一样，也是 Vladimir，我这个孙子 1987 年出生，现在二十七岁，住在东省（Oriente 省）。

我已经四十年没有说中文，很多词汇都忘记了。

由于得到朋友资助，我曾在 2014 年 5 月去中国，经莫斯科到香港，再回到广州和我乡下，这是我第一次离开古巴。⑤

---

① 所说可能是 Luis Orlando Pantoja Veitía，1933 年生，1956 年因反对古巴的独裁政府被追捕，逃入厄瓜多尔驻古巴大使馆（不是委内瑞拉），1959 年古巴革命后从厄瓜多尔回国。参见 http：// www. ecured. cu/index. php/Luis_ Orlando_ Pantoja_ Veitla。

② 关于 PSP，参见冯奕新访谈。

③ 吴先生家中的墙上悬一证书，证明其在此单位任职过。证书上说吴先生为此单位的 fondador（即"创立人"），但访谈结束后据奥斯卡说，这种证书很多人都有，他家中祖父、母亲都有，他们做过和吴帝胄类似的工作，古巴革命后，做这种工作的人非常多，这和革命政府要有效控制社会有关，故这种证书并不罕见。

④ 吴先生妻子在 2013 年 8 月因癌病去世。

⑤ 吴先生这次到中国，由胡其瑜（Evelyn Hu-Dehart）女士安排，胡女士在美国布朗大学（Brown University）任教，对美洲华侨尤其古巴华侨历史很有研究，因为不时到古巴，和帝胄成了朋友。她筹措了钱，资助吴先生到中国见吴先生父亲在家乡的亲人。2014 年 5 月，吴先生成行，来回都经过香港，我在这里见到他，安排他住在香港中文大学的宾馆，陪伴他参观，他也在此地会见了我们香港的"古巴帮"，一群到古巴也怀念古巴的朋友。此年吴先生八十三岁，起程回古巴之前，他说要找点纪念品，我问他什么纪念品，他想了一下，说希望有一座观音像，我回想起我母亲生前拜观音，留有一座上了淡彩的瓷观音像，于是回家找出来送给他，他很高兴地带了回去。我父亲在古巴生活了十余年，我母亲从未去过古巴，她遗留的观音像能够这样子经由吴先生带去古巴，我觉得是一段特殊的因缘。

# 附录一　古巴地名翻译对照表
# 和哈瓦那华区街道名称对照表

## 一、古巴地名翻译对照表

表1为出现在本书内的主要地名，地名有现行的正式中译，但古巴华侨向来另有一套译法，主要从四邑方言翻译，由于是民间所使用，不完全一致，其中若干个华侨所用名称尚待查考。

**表1　古巴地名翻译对照表**

| 西班牙文地名 | 现行正式中译 | 华侨所用名称 |
|---|---|---|
| Aguacate | 阿瓜达 | 亚华吉地/亚华加地 |
| Arroyo Blanco | 阿罗约布兰科 | |
| Artemisa | 阿尔特米萨 | 亚尖美沙 |
| Bahía de Cochinos | 科奇诺斯湾 | 猪湾/猪猡湾 |
| Boyeros | 博耶罗斯 | |
| Capitolio | 国会大厦 | |
| Carlos Tercero | 卡尔洛斯特耳塞罗 | 三沙罗 |
| Camagüey | 卡马圭 | 甘玛畏/甘玛隈 |
| Ciego de Ávila | 谢戈德阿维拉 | 舍咕 |
| Ciénaga de Zapata | 萨帕塔沼泽 | |
| Cienfuegos | 西恩富戈斯 | 善飞咕/善灰咕 |
| Escambray（Sierra） | 埃斯坎布莱（山脉） | 起甘利 |
| Guanabacoa | 瓜纳瓦科阿 | 云那巴歌 |
| Guantánamo | 关塔那摩 | 云丹/云丹拿 |
| Holguín | 奥宜金 | 柯景 |
| Jatibonico | 哈蒂博尼科 | |
| La Habana | 哈瓦那 | 夏湾拿/湾城 |
| Marianao | 马里亚瑙 | 马利�ᗺ/马利瞒 |

（续上表）

| 西班牙文地名 | 现行正式中译 | 华侨所用名称 |
|---|---|---|
| Matanzas | 马坦萨斯 | 马丹萨 |
| Morón | 莫龙 | |
| Palmira | 帕尔米拉 | |
| Piñar del Río（Provincia） | 比那尔德里奥（省） | 便拿思澳/边省 |
| Playa | 普拉亚 | 海滩 |
| Playa Girón | 吉隆滩 | |
| Primero de Enero | 一月一日镇 | |
| Regla | 雷格拉 | 力刺 |
| Rodas | 罗达斯 | 车辙 |
| Sagua La Grande | 大萨瓜 | 大沙华 |
| San Antonio de Rio Blanco | 圣安东尼奥·里奥布兰科 | 白散多河 |
| San José de las Lajas | 圣何塞德拉斯拉哈斯 | |
| San Juan de los Remedios | 雷梅迪奥斯 | |
| Sancti Spíritus（Provincia） | 圣斯皮里图斯（省） | 散晏尼都（省） |
| Santa Clara | 圣克拉拉 | 生打加拉 |
| Santiago de Cuba | 圣地亚哥德古巴 | 山爹古巴/汕爹古巴 |
| Santiago de Las Vegas | 圣地亚哥德拉斯贝加斯 | 散的丫告 |
| Vedado | 维达多 | 惠多道 |
| Venezuela | 委内瑞拉 | |
| Villa Clara（Provincia） | 比亚克拉拉（省） | |

## 二、哈瓦那华区街道名称对照表

哈瓦那华区西班牙文为 Barrio Chino，位于哈瓦那老城区（La Habana Vieja），主要街道见于表2。

表2　哈瓦那华区街道名称对照表

| 西班牙文原名 | 现行正式中译 | 华侨所用名称 |
|---|---|---|
| Amistad | 阿米斯特德街 | 亚密打街 |
| Campanerio | 甘帕纳里奥街 | 甘吧拿廖街/钟楼街 |

（续上表）

| 西班牙文原名 | 现行正式中译 | 华侨所用名称 |
| --- | --- | --- |
| Cuchillo | 谷奇瑶街 | 咕至佑街/故止祐街 |
| Dragones | 德拉贡乃斯街 | 拿拉贡呢街/龙街 |
| Manrique | 马里克街 | 马利克街 |
| Rayo | 拉约街 | 拉育街 |
| Salud | 萨卢街 | 沙鲁街 |
| San Nicolás | 圣尼高拉斯街 | 生呢哥拉街 |
| Zanja | 桑哈大街 | 生下街 |

# 附录二 1959 年后华侨汇款情况

能够汇出金钱接济在家乡的亲人，对华侨来说是无比重要的事情。1959 年古巴革命后，禁止汇款出国，初期华侨还能经黑市汇出款项，后来古巴政府严厉打击，黑市断绝，款项无法出境，广大古巴华侨苦恼不堪。

1960 年 9 月，古巴中止和台湾当局的所谓"外交"关系，和中华人民共和国建交。是年 11 月，古巴革命领袖切·格瓦拉（Che Guevara）率领经济代表团访问中国，切·格瓦拉当时正出任古巴银行（Banco Cubano）行长。据老华侨说，中国政府向切提出华侨汇款回乡接济亲人的问题，后来古巴调整政策，侨汇得以在翌年恢复。

以下根据老华侨提供的资料，并特别向周卓明先生请教，扼要说明侨汇恢复后的具体情况。周先生长期担任古巴中华总会馆的西班牙文秘书，实际参与安排华侨汇款回国的工作。2015 年 8 月，他到中国访问和探亲，我在珠海和他见面，他凭记忆口述了侨汇的情况。

古巴政府决定恢复侨汇后，和中国订立协议，将每年可以从古巴汇往中国内地的总金额上限规定为一百万美元，此总额上限规定后，一直执行，再没有变化，双方据此总额进行侨汇工作。又规定侨汇只可以汇往中国内地，不能汇到香港或其他地方。

根据以上限额，每年由古巴银行按当时古巴比索与美元的兑换率，确定该年可以汇出之古巴比索总数，并通知中华总会馆具体执行。

华侨汇款，经由中华总会馆统一办理，华侨向总会馆取得条子，上面说明可汇出的金额数目，然后到古巴政府指定的银行 Banco de Gallieni 办理汇款，款项由该银行汇到北京中国银行，再由中国银行以人民币付给中国内地的收款人。

每位华侨可汇出款项的数额，不同时期有所变化。初期由于华侨对此汇款方式不熟悉并缺乏信心，汇款者不多，每人可汇出的金额较为宽松。其后在中国的亲人收到汇款后来信证实，华侨得知这方法可行，于是争相以此渠道汇钱回乡，规定的每年汇款总额由是不敷应用，中华总会馆随即对每人可以汇出的数额做较严格规定。基本分为三级，汇给父母子女是第一级，兄弟姐妹是第二级，叔伯子侄是第三级，汇款数目逐级递减。汇款人数众多，限额不足应付时，规定第一级每人每年最多 150 比索，第二级 130 比索，第三级 100 比索，另规定每一位华侨

一年汇出的总金额不能超过 500 比索。其后华侨人数逐渐减少，部分华侨亦没有能力再汇款回乡，规定的每年汇款总额上限没有用罄，于是汇款额放松，如向父母子女可每人每年汇出 270 比索。又如果该年的汇款额期限将到时仍没有用尽，每位华侨汇出的数额又可以加大。

为了处理侨汇，中华总会馆 1961 年时进行华侨登记，当时登记的华侨共一万多名。华侨可向登记表上的亲人汇款，若该次登记时有遗漏，之后仍可以补加，但须从中国寄来有关部门发出的证明，方能添加亲人名字以便向其汇款。中华总会馆向已登记的华侨发出会员证，证上有专页记录每年的汇款日期、数额等。

除以上由古巴政府规定的正式汇款外，中华总会馆因应华侨的特殊情况和需要，还有一些变通处理，包括：已逝世的华侨，其遗款可以通过亲友经中华总会馆汇回其家乡的亲人；华侨回中国定居，离开古巴时规定不能携带款项离境，其积蓄可以留在古巴，之后由在古巴的亲友经中华总会馆汇回中国给其本人。

以上汇款措施至 2005 年停止，当时分别由古巴银行及中国驻古巴大使馆向中华总会馆发出停止通知。此时古巴华侨人数已剩下不多，仍在当地的华侨一般也没有能力再向家乡汇款。

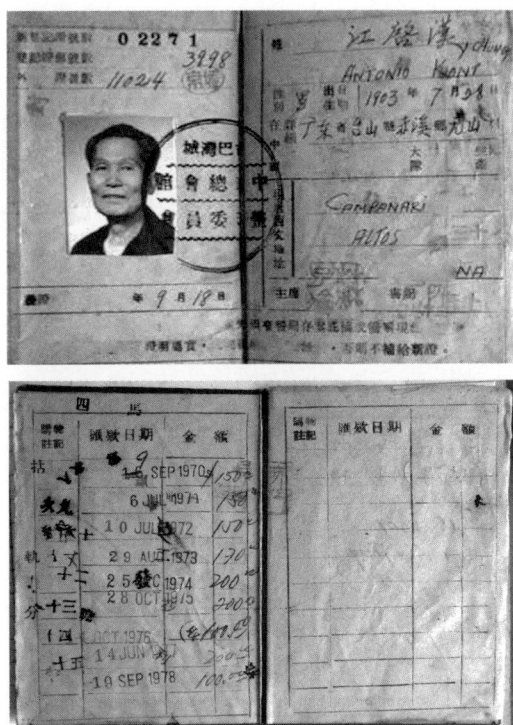

汇款小册子及其中一页汇款记录，为华侨江启汉所有

# 附录三 现存古巴华侨社团名录（2016 年）

哈瓦那现在尚余华侨社团 13 个，如下表所示。

表 1 现存古巴华侨社团

| 名称/西名 | 创立年份 | 地址 | 主席（2015 年） | 成员范围 | 备注 |
|---|---|---|---|---|---|
| 中华总会馆 Casino Chung Wah | 1893 年 | Amistad 420, 4to, Piso, Centro Habana, La Habana | 崔广昌，西名 Gustavo Chiu，古巴出生华裔，父为中国人，母为古巴黑人 | 所有在古巴华侨及华裔 | 2015 年时登记会员人数约 3 000，其中来自中国的华侨约 130 名。管理颐侨居（老人院），经营中华药店（现因维修而停业） |
| 龙冈公所 Sociedad Lung Kong | 1900 年 | Dragones 364 – 366, e/Manrique y San Nicolás, Centro Habana, La Habana | 刘淑芳，西名 Graciela Lau Quan，古巴出生华裔，父母俱为中国人 | 刘、关、张、赵四姓华侨及华裔 | 管理一老人之家；餐馆每天提供免费午饭 |
| 中山自治所 Sociedad Regionalista Chung Shanen Cuba | 1920 年 | Dragones 311, altos, e/San Nicolás y Rayo, Centro Habana, La Habana | 陈秀莲，西名 Kagita Chen，华侨，2000 年前后到古巴 | 中山同乡 | |

（续上表）

| 名称/西名 | 创立年份 | 地址 | 主席（2015 年） | 成员范围 | 备注 |
|---|---|---|---|---|---|
| 溯源堂<br>Sue Yuen Tang | 1921 年 | Dragones 355 y 357，e/Manrique y San Nicolás，Centro Habana，La Habana | 邝启宏，西名 Julio Fong，华侨，1954 年到古巴 | 雷、方、邝三姓宗亲 | |
| 洪门民治党<br>Min Chih Tang，亦作 Partido Democrático Chino | 1891 年 | Manrique 513 e/ Dragones y Zanja，Centro Habana，La Habana | 蒋祖廉，西名 Rolando Chiong Chang，华侨，1950 年到古巴（见本书访谈） | | 餐馆提供免费午饭；全国会员 700 多人 |
| 古巴华侨社会主义同盟<br>Alianza Socialista Chinade Cuba | 1960 年 | Zanja 306，altos，e/Lealad y Escobar，Centro Habana，La Habana | 沈先莲，西名 Mirta J. Sam Echavarría，古巴出生华裔，父为中国人，母为古巴人 | | |
| 陈颖川堂<br>Chang Weng Chung Tong | 1919 年 | San Nicolás 517，altos，e/Dragones y Cuchillo，Centro Habana，La Habana | 陈美美，西名 Rosario Chang Sau，古巴出生华裔，父为中国人，母为古巴出生华裔 | 陈姓宗亲 | |
| 安定堂<br>On Ten Tong | 1928 年 | Manrique 564，altos，e/Dragones y Salud，Centro Habana，La Habana | 伍光盛，西名 Marcelo Eng Menendez，古巴出生华裔，父为中国人，母为古巴人 | 胡、梁、程、伍四姓宗亲 | |

（续上表）

| 名称/西名 | 创立年份 | 地址 | 主席（2015 年） | 成员范围 | 备注 |
|---|---|---|---|---|---|
| 余凤采堂 Yee Fung Toy Tong，又作 YiFung Toy Tong | 1920 年 | Campanario 453, e/Zanja y San José, Centro Habana, La Habana | 余伟胜，西名 Julio Yi，古巴出生华裔，父为中国人（余景暖，见本书访谈），母为古巴出生华裔 | 余、马、谢三姓宗亲 | |
| 李陇西公所 Long Sai Li | 1920 年 | Dragones 313, altos, e/Rayo y San Nicolás, Centro Habana, La Habana | 李美玉，西名 Niurka Eng Dovales，古巴出生华裔，父为中国人，母为古巴人 | 李姓宗亲 | |
| 至德堂 Chi Tack Tong | 1920 年 | Dragones 356, altos, e/San Nicolás y Manrique, Centro Habana, La Habana | 吴玉花，西名 Maria Elena Hung Fonseca，古巴出生华裔，父为中国人，母为古巴人 | 吴、周、蔡、翁四姓宗亲 | |
| 九江公会 Asociacion Kow Kong | 1920 年 | Campanario 567, bajos, e/Dragones y Salud, Centro Habana, La Habana | 曾广仁，西名 Ángel Gregorio Chang Cuan，古巴出生华裔，父为古巴出生华裔，后回中国读书，再回到古巴，母为华侨 | 南海九江同乡 | |

（续上表）

| 名称/西名 | 创立年份 | 地址 | 主席（2015 年） | 成员范围 | 备注 |
|---|---|---|---|---|---|
| 黄江夏堂<br>Wong Kon Ja Tong | 1920 年 | Dragones 414， e/ Campanario y Marique， Centro Habana， La Habana | 黄锦芳，西名 Caridad Wong Lui，华侨，1950 年到古巴（见本书访谈） | 黄姓宗亲 | |

以上社团除中华总会馆外，都经营餐馆；余风采堂之餐馆在 2008 年被禁止营业（见本书余景暖访谈）。

中华总会馆在 Sagua La Grande 有一分馆，负责人为 Mario Wong，此人无中文名字，其父为华侨，母为古巴人。此分馆有女华侨 1 名，其余会员 70 多人俱为古巴出生之华裔。

洪门民治党在外省有四个分部，如下：

（1）Ciego de Ávila：主席陈细九，西名 Luis Chang Wu，华侨，1954 年到古巴（见本书访谈）。

（2）Santa Clara：主席孙伯生，西名 Fausto Sin，华侨，1953 年到古巴。

（3）Guantánamo：主席张金凤，西名 Lazara Chiong，古巴出生华裔，父为中国人，母为古巴人，本无中文名字，因当了主席，才取中文名。

（4）Santiago de Cuba：郑集禧，西名 Luis Chiang Yu，华侨，祖籍恩平，1953 年到古巴。

另，洪门民治党在 Cienfuegos 有 38 个会员，已设立小组，唐仲喜为组长（见本书唐仲喜访谈）。

# 附录四 古巴老华侨的特殊境况

本书访谈的三十余位老华侨，大致能反映早期美洲华人社会的面貌，这里选取几个主要方面略作分析。

## 一、性别、年龄、籍贯

古巴华侨和现今其他地方的华侨社群显著有别，这首先见诸他们在性别比例、年龄及籍贯分布上的情况，如表1所示。

表1　古巴华侨性别、出生年份、籍贯等

| 姓名 | 性别 | 出生年份（年龄，计至 2013 年） | 籍贯 |
| --- | --- | --- | --- |
| 赵肇商 | 男 | 1933 年（80 岁） | 广东新会 |
| 蒋祖廉 | 男 | 1934 年（79 岁） | 广东新会 |
| 伍迎创 | 男 | 1940 年（73 岁） | 广东台山 |
| 伍衮民 | 男 | 1929 年（84 岁） | 广东台山 |
| 马持旺 | 男 | 1920 年（93 岁） | 广东台山 |
| 郑士荣 | 男 | 1934 年（79 岁） | 广东新会 |
| 邝景云 | 男 | 1931 年（82 岁） | 广东中山 |
| 关志生 | 男 | 1927 年（86 岁） | 广东南海 |
| 叶泽棠 | 男 | 1942 年（71 岁） | 广东台山 |
| 陈享财 | 男 | 1927 年（86 岁） | 广东台山 |
| 林文燮 | 男 | 1940 年（73 岁） | 广东开平 |
| 陈松大 | 男 | 1931 年（82 岁） | 广东台山 |
| 谭树枢 | 男 | 1943 年（71 岁） | 广东台山 |
| 伍美婵 | 女 | 1924 年（89 岁） | 广东台山 |
| 谭立章 | 男 | 1923/1924 年（89/90 岁） | 广东开平 |
| 陈燕芳 | 女 | 1927 年（86 岁） | 广东南海 |
| 陈细九 | 男 | 1946 年（67 岁） | 广东番禺 |

（续上表）

| 姓名 | 性别 | 出生年份（年龄，计至2013年） | 籍贯 |
|---|---|---|---|
| 周柏图 | 男 | 1931年（82岁） | 广东番禺 |
| 沈杰林 | 男 | 1931年（82岁） | 广东番禺 |
| 何裔坤 | 男 | 1939年（74岁） | 广东南海/香港出生 |
| 唐仲喜 | 女 | 1956年（57岁） | 广东恩平 |
| 黄锦念 | 女 | 1949年（64岁） | 广东新会 |
| 黄锦芳 | 女 | 1948年（65岁） | 广东新会 |
| 余景暖 | 男 | 1930年（83岁） | 广东开平 |
| 杨镇南 | 男 | 1935年（78岁） | 广东广州 |
| 曹趁金 | 女 | 1935年（78岁） | 广东番禺 |
| 伍杏桂 | 女 | 1929年（84岁） | 广东台山 |
| 潘松年 | 男 | 1928年（85岁） | 广东南海 |
| 冯奕新 | 男 | 1943年（70岁） | 广东恩平 |
| 陈华友 | 男 | 1931年（82岁） | 广东新会 |

　　30位受访华侨中，23位男性，7位女性，女性所占比例其实已经比实际情况高，以往出洋的华侨绝大多数是男性，不带家眷，当中有观念和习惯因素，也有经济的考虑，故此据过往记载，古巴的女性华侨从未超过华侨总人口的5%。由此观之，7位女受访者就比例而言已高于应有水平。美洲华侨社会从前几乎全由男性组成，古巴保留了这一面貌。

　　年龄方面，全部偏高，九十岁以上者1位，八十至八十九岁者15位，七十至七十九岁者10位，六十至六十九岁者3位，余下1位五十七岁，最年轻[1]。此情况亦容易理解，1959年古巴革命后，再没有中国人前往古巴[2]，半个世纪过去，余下的华侨自然垂垂老矣，这也是古巴华侨社群与其他地方华侨社群很不相同的一面，即五十多年来没有新成员补充，后继无人，面临消亡。

　　籍贯方面，全部属于珠江三角洲几个地方，尤其四邑（台山、开平、新会、恩平）占比最大，而且情况历来如此。这背后有历史原因，即19世纪被贩运到古巴的华工，以广东尤其四邑人为主，原因乃古巴气候炎热，与广东相似，广东人到古巴的蔗田蔗场等地方劳动，较能适应，加上晚清时广州、澳门两地对外贸易最发达，船只多从此两港口出境，于是华工之招募也集中在邻近地区，相沿下

---

① 唐仲喜女士，其情况很特别，见其访谈记录。

② 唯一例外是唐仲喜女士，见其访谈记录。

来，一代接一代，古巴华侨也就以这几个县的人士为主。从前华侨能够出国，主要依靠已在外洋的亲属帮忙办理手续和垫付盘缠，结果也就形成了一个地域性很强的群体。这些华侨虽然已经离开家乡数十年，基本上还是说自己的方言，至今不改，笔者进行访谈时，也是以四邑方言为主。他们的方言有一种古旧的味道，和现今在四邑地方听到的颇不一样，后者由于教育发展、对外交往频繁，语调和用词已经有所变化，但在古巴，则数十年下来还是原来模样。由于在古巴工作和生活了这么长时间，这些华侨都能说流利的西班牙口语，虽然文法往往不正确。

## 二、抵达时间、出洋办法

受访华侨抵达古巴的时间、所用出洋办法、当时的年龄等，情况见表2。

表2　华侨抵达古巴年份、抵达时年龄、为其办理来古巴之亲人等

| 姓名 | 抵达古巴年份 | 交通工具 | 抵达时年龄 | 办理至古巴之亲人 | 真纸张抑或假纸张 | 备注 |
|---|---|---|---|---|---|---|
| 赵肇商 | 1952 年 | 飞机 | 19 岁 | 父亲 | 假 | |
| 蒋祖廉 | 1950 年 | 飞机 | 16 岁 | 伯父 | 不详 | |
| 伍迎创 | 1953 年 | 不详 | 13 岁 | 祖父 | 不详 | |
| 伍衮民 | 1953 年 | 飞机 | 24 岁 | 叔父 | 不详 | 其祖父当时亦在古巴 |
| 马持旺 | 1948 年 | 船 | 28 岁 | 父亲 | 不详 | |
| 郑士荣 | 1954 年 | 飞机 | 20 岁 | 父亲 | 不详 | |
| 邝景云 | 1949 年 | 船/火车/飞机 | 18 岁 | 祖父 | 不详 | 其家族在哈瓦那经营办庄，名广安隆 |
| 关志生 | 1949 年 | 不详 | 23 岁 | 舅父 | 假 | |
| 叶泽棠 | 1954 年 | 飞机 | 12 岁 | 伯父 | 假 | |
| 陈享财 | 1949 年 | 船/火车/飞机 | 22 岁 | 叔父 | 真 | |
| 林文燮 | 1953 年 | 不详 | 13 岁 | 父亲 | 假 | |
| 陈松大 | 1948 年 | 船 | 17 岁 | 疏堂阿伯 | 假 | |
| 谭树枢 | 1953 年 | 飞机 | 10 岁 | 祖父、父亲 | 不详 | |

（续上表）

| 姓名 | 抵达古巴年份 | 交通工具 | 抵达时年龄 | 办理至古巴之亲人 | 真纸张抑或假纸张 | 备注 |
|---|---|---|---|---|---|---|
| 伍美婵 | 1950 年 | 飞机 | 26 岁 | 丈夫 | 假 | |
| 谭立章 | 1950 年 | 飞机 | 26/27 岁 | 父亲 | 不详 | |
| 陈燕芳 | 1951 年 | 飞机 | 24 岁 | 丈夫 | 真 | 前来结婚；其父、伯父曾在古巴，后来回到中国 |
| 陈细九 | 1954 年 | 飞机 | 8 岁 | 伯父 | 假 | |
| 周柏图 | 1951 年 | 飞机 | 20 岁 | 叔父 | 真 | |
| 沈杰林 | 1949 年 | 飞机 | 18 岁 | 舅父 | 不详 | |
| 何裔坤 | 1955 年 | 飞机 | 16 岁 | 伯父 | 假 | |
| 唐仲喜 | 1975 年 | 飞机 | 19 岁 | 丈夫 | 真 | |
| 黄锦念 | 1950 年 | 船 | 1 岁 | 父亲 | 真 | |
| 黄锦芳 | 1950 年 | 船 | 2 岁 | 父亲 | 真 | |
| 余景暖 | 1950 年 | 不详 | 20 岁 | 父亲 | 不详 | |
| 杨镇南 | 1954 年 | 飞机 | 19 岁 | 叔公 | 不详 | |
| 曹趁金 | 1955 年 | 飞机 | 20 岁 | 父亲 | 不详 | |
| 伍杏桂 | 1948 年 | 船 | 19 岁 | 丈夫 | 真 | |
| 潘松年 | 1949 年 | 飞机 | 20 岁 | 伯父 | 假 | |
| 冯奕新 | 1953 年 | 飞机 | 10 岁 | 叔父 | 不详 | |
| 陈华友 | 1949 年 | 船 | 18 岁 | 大哥 | 假 | |

　　受访的 30 位华侨中，最早到达古巴的年份是 1948 年（三位），几乎所有人都是 1955 年或之前抵达，只有情况特殊的唐仲喜女士例外（1975 年）。这和 1949 年中国政府的政策有关，1955 年后，国人出国的大门基本关上，之后也就再无华侨到古巴。20 世纪 80 年代随着中国的改革开放，移民潮再次出现，但古巴由于缺乏谋生和发展机会，没有华侨前往，古巴华侨群体成为一个后继无人的特殊群体。

　　抵达巴时，这些华侨年龄一般偏小，多数十多岁，前往古巴主要是因为家乡生活困难，要往外谋生和寻求发展机会。年龄特别小的两位（黄锦芳、黄锦念姐妹）是随父母到古巴的。出洋时年龄小，且一般孤身上路，没有家人或亲戚陪同，当中还有 7 位是坐船前往，要在大洋航行近二十天，原因是坐船的费用比较

低。他们能够前去古巴，皆因在当地有亲人，由亲人在古巴申请和办理手续，其中又至少有三分之一是用假纸张进入古巴的，具体情况各有不同，阅读各人的访谈记录即可见其中的复杂情况。

由亲人帮助前往古巴，到达后就往往要偿还亲人垫付的申请费用及旅程费用，这一般从工资中扣除，要多年甚至十多年才还清。华侨抵埠后就在亲人的店铺工作，或由亲人安排到熟悉的地方工作，这很大程度和偿还垫付款项一事有关。访谈的华侨中，能够自费前往古巴的一位也没有。可以想象，到了立足稳固并有余力时，华侨就要帮助家乡的子侄、亲人前来古巴，呈现一种接力式的关系，这基本上是早期华侨社会的情况，只是由于中国大陆解放和古巴革命，这种传承关系才中断。

### 三、抵达后的工作和生活

各人抵达古巴后的工作和生活情况，可参见表3。

表3　华侨在古巴工作生活情况

| 姓名 | 初抵古巴时工作 | 1959年时工作 | 访谈时情况 | 备注 |
|------|------|------|------|------|
| 赵肇商 | 杂货（父亲店中） | 杂货 | 已退休，仍担任中华总会馆财政 | 同时担任《光华报》（已停刊）总编辑 |
| 蒋祖廉 | 杂货（伯父店中） | 经营杂货店 | 已退休，担任洪门民治党主席 | 兼任中华总会馆书记、《光华报》翻译 |
| 伍迎创 | 餐馆侍应 | 杂货 | 已退休，担任中华总会馆主席 | 另担任华侨社团安定堂主席；2015年3月6日逝世 |
| 伍袞民 | 餐馆侍应（叔父餐馆） | 餐馆侍应 | 已退休，住在老人院 | |
| 马持旺 | 杂货 | 经营杂货店 | 已退休，住在老人院 | |
| 郑士荣 | 杂货 | 杂货 | 已退休，住在老人院 | |
| 邝景云 | 办庄（家族企业） | 办庄（家族企业） | 已退休，独居自己家中 | |

（续上表）

| 姓名 | 初抵古巴时工作 | 1959 年时工作 | 访谈时情况 | 备注 |
|---|---|---|---|---|
| 关志生 | 杂货（舅父店中） | 开生果店，兼卖杂货 | 已退休，和家人同住 | 古巴革命后较长时间当厨师；2016 年 7 月 24 日逝世 |
| 叶泽棠 | 杂货 | 被征召入伍当兵 | 已退休，和家人同住 | 2014 年 11 月 16 日逝世 |
| 陈享财 | 杂货 | 餐馆侍应 | 已退休，独居 | 现仍做一些小买卖 |
| 林文燮 | 餐厅（父亲餐馆） | 餐厅（父亲餐馆） | 已退休，和家人居住 | |
| 陈松大 | 卖水果蔬菜 | 一直做小买卖 | 已退休，和家人居住 | |
| 谭树枢 | 餐馆（父亲餐馆） | 一直当厨师 | 已退休，和弱智弱能女儿同住 | |
| 伍美婵 | 家庭主妇 | 家庭主妇（古巴革命后才开始工作） | 已退休，现与家人同住 | |
| 谭立章 | 杂货（父亲店中） | 杂货（父亲店中） | 已退休，现和同父异母妹妹同住 | |
| 陈燕芳 | 家庭主妇 | 家庭主妇 | 现和已离婚的女儿同住 | |
| 陈细九 | 杂货（伯父店中） | 杂货（伯父店中），同时读书 | 已退休，任谢戈德阿维拉市民治党主席 | 本职为农业工程师 |
| 周柏图 | 杂货（叔父店中） | 杂货（叔父店中） | 已退休，仍干一些活 | |
| 沈杰林 | 杂货（舅父店中） | 杂货（舅父店中） | 已退休，和家人同住 | |
| 何裔坤 | 杂货（伯父店中） | 杂货 | 已退休，和妻子同住 | 当过乒乓球教练 30 多年 |
| 唐仲喜 | 车衣 | （古巴革命后才抵埠） | 仍在工作 | 担任西恩富戈斯市民治党主席 |
| 黄锦念 | | （仍在学） | 已退休，独居 | 曾在医疗机构任职 |

（续上表）

| 姓名 | 初抵古巴时工作 | 1959 年时工作 | 访谈时情况 | 备注 |
|------|------|------|------|------|
| 黄锦芳 | | （仍在学） | 已退休，独居，现为哈瓦那黄江夏堂主席 | 曾任专业护士 |
| 余景暖 | 洗衣馆（父亲洗衣馆） | 洗衣馆（父亲洗衣馆） | 已退休，任余风采堂主席 | 曾当民兵及在内政部保安局工作；2013 年 3 月 11 日逝世 |
| 杨镇南 | 办庄（叔公办庄） | 办庄（叔公办庄） | 已退休，与家人同住 | 曾当司机 |
| 曹趁金 | 杂货（父亲店中） | 杂货（父亲店中） | 已退休，与家人同住 | |
| 伍杏桂 | 家庭主妇 | 家庭主妇 | 已退休，与家人同住 | |
| 潘松年 | 杂货（伯父店中） | 杂货（伯父店中） | 已退休，住老人院，仍在街道做小买卖 | |
| 冯奕新 | 杂货（叔父店中） | 杂货（叔父店中） | 已过退休年龄，但仍在杂货店工作 | |
| 陈华友 | 贩卖水果 | 贩卖水果 | 已退休，住在老人院 | 古巴革命后在餐馆工作过，近年曾经营过餐馆 |

　　一般而言，华侨抵达古巴后，便要马上投入工作，无论其年龄如何，例如陈细九、谭树枢、冯奕新三人到古巴时只有八岁或十岁，但也随即开始工作，同时一边上学。工作地方一般就在为其申请前往古巴的亲人处，如亲人没有店铺，则安排其前往相熟的亲朋处就业。所从事行业，以杂货占最大比例，这也是历史上古巴华侨最兴盛的行业，遍布全古巴，其余是餐馆、洗衣和贩卖蔬菜水果的摊档或街头小贩。总体而言，这 30 位华侨的就业情况反映了古巴华侨历来在这方面的面貌，但值得特别注意的有三点。其一，有两位抵达后在办庄工作（邝景云、杨镇南），办庄以进口货品尤其从中国进口货品为主要业务，在当时的华侨社会是属于比较大型、资本较雄厚的企业。古巴 1959 年革命后，离开的华侨较多是富有者，余下的一般地位较为低微，经济条件较差，上表反映的基本上正是这种

情况，有一定的特殊性。其二，女性华侨一般是因为嫁给古巴华侨而前来古巴，到达之后就当家庭主妇，不从事受薪工作，七位受访者中三位情形如此，这也是历来女性古巴华侨的常态，其余四位女性各因特殊原因而有所不同（黄锦芳、黄锦念姐妹到古巴时只有两岁和一岁；曹趁金抵埠时二十岁，未婚，和父母同住，因而在父亲杂货店中帮忙；唐仲喜基本上是被骗到古巴的，到达后不得不自力更生）。其三，30 位华侨中只有三位后来从事社会地位较高的专业工作（陈细九、黄锦芳、黄锦念），这三位都是很小便到古巴，之后有机会读书特别是完成大学课程，因此得到专业职位，其余的就一如大部分的古巴华侨，从事偏向体力劳动、社会地位较低的杂货、餐馆、洗衣、贩卖等工作。

古巴 1959 年的革命对华侨是极其重大的冲击，由于他们大多数在革命前十年到达古巴，故当时多数仍在从事抵埠后就开始的行业，以及还在相同的地方工作，革命后随着古巴国有化政策的推行，各人的转变很大，难以概括，这要阅读各受访者的记录才能知悉详情。其中比较特殊的例子有余景暖，古巴革命后他当了民兵，打过仗，之后进入内政部，对华侨进行监视，相似情况亦见于赵肇商和吴帝胄（吴为土生华裔）。唐仲喜在访谈中详述其丈夫胡乙富的境况，也有相似的情节，此外还有叶泽棠被征召入伍从军，这些都可说是古巴革命在华侨群体中激起的涟漪。到了我进行访谈时，这些华侨已经年迈，都过了退休年龄，享受古巴社会主义制度的退休待遇，例外的只有唐仲喜（未到退休年龄）和冯奕新（选择继续工作）。又受访者之中陈燕芳、曹趁金因一直在家当主妇，没有工作过，故享受不到退休的福利；另外，杨镇南工作到退休，但据曹趁金访谈，说其也未有退休金，原因未知。

## 四、婚姻和家庭状况

受访者在婚姻和家庭方面的情形，和上述古巴华侨社会男多女少的状况紧密相关，整体面貌见表4。

表 4　古巴华侨婚姻及家庭情况

| 姓名 | 婚姻状况 | 配偶情况 | 儿女情况 | 备注 |
|------|----------|----------|----------|------|
| 赵肇商 | 1959 年结婚，1975 年离婚。现和一女子同居 | 土生中国女子 | 一子，去了美国；一女，在古巴 | |
| 蒋祖廉 | 单身 | | | |

（续上表）

| 姓名 | 婚姻状况 | 配偶情况 | 儿女情况 | 备注 |
|---|---|---|---|---|
| 伍迎创 | 1966 年结婚，1980 年妻子死亡之后先后和四位女子同居。现同居者为古巴女子，26 岁 | 土生中国女子 | 两个女儿：大女儿在美国，小女儿在古巴 | |
| 伍衮民 | 单身 | | | |
| 马持旺 | 来古巴时已在乡下结婚 | 妻子留在中国，后亡故 | 无子女 | |
| 郑士荣 | 1960 年结婚，一两年后离婚；其后先后与两名古巴女子同居。现在单身 | 妻子为土生亚洲裔 | 一子，在美国 | |
| 邝景云 | 1959 年结婚，1974 年/1975 年离婚 | 妻子是古巴白人女子 | 一子，在意大利 | |
| 关志生 | 1964 年开始和一古巴女子同居，直至现在 | 见左 | 四个儿女，都在古巴（二子二女） | |
| 叶泽棠 | 1977 年结婚 | 妻子李月娟，土生中国女子 | 一子，在古巴工作 | |
| 陈享财 | 单身 | | | |
| 林文燮 | 1965 年结婚 | 妻子是土生华裔混血女子 | 二子，都在古巴工作 | |
| 陈松大 | 1960 年结婚，后来离婚 | 妻子是土生中国女子 | 一女，在古巴工作，一起居住 | |
| 谭树枢 | 1976 年结婚 | 妻子为土生华裔混血儿，2003 年去世 | 一女，生下来即弱智弱能 | |
| 伍美婵 | 1947 年在乡下结婚，三年后来古巴 | 其夫在古巴做生意 | 二子一女，都在古巴工作 | 另，丈夫的前妻（已故）有一子，在香港，已殁 |

（续上表）

| 姓名 | 婚姻状况 | 配偶情况 | 儿女情况 | 备注 |
|---|---|---|---|---|
| 谭立章 | 去古巴前已在乡下结了婚，并生下一女儿，其妻后来改嫁。在古巴没有再结婚 | | | 现和父亲古巴妻子所生女儿同住 |
| 陈燕芳 | 来古巴是和丈夫结婚（抵埠同年） | 其夫经营杂货店 | 一子一女，都在古巴工作 | |
| 陈细九 | 约1973年结婚 | 其妻为土生华裔混血儿（父中国人，母西班牙裔） | 一子，在美国，一女，在西班牙 | |
| 周柏图 | 单身 | | | |
| 沈杰林 | 来古巴前在中国结了婚，有一子，妻子已亡故。在古巴没有再结婚，和一古巴女子同居 | 见左 | 与同居古巴女子生两子，都在古巴 | |
| 何裔坤 | 已婚，结婚年份不详 | 妻子是古巴白人女子 | 两女儿，都在美国 | |
| 唐仲喜 | 在乡下结婚后由丈夫申请来古巴 | 丈夫为古巴华侨，18岁时来古巴，已殁 | 一女一子，都在古巴，同住 | |
| 黄锦念 | 1989年结婚 | 丈夫为古巴男子，已因交通事故意外去世 | 无子女 | |
| 黄锦芳 | 1980年/1981年结婚 | 丈夫为古巴男子，结婚二十多年后离婚 | 一子，现在中国进修 | |
| 余景暖 | 在乡下结婚并育有一子；在古巴再结婚 | 古巴妻子为华裔混血儿（父中国人，母古巴人） | 在古巴有二子 | |
| 杨镇南 | 1968年结婚 | 妻子为曹趁金 | 二子一女，都在古巴工作 | |

217

（续上表）

| 姓名 | 婚姻状况 | 配偶情况 | 儿女情况 | 备注 |
|------|---------|---------|---------|------|
| 曹趁金 | 1968 年结婚 | 丈夫为杨镇南 | 同上一项 | |
| 伍杏桂 | 在乡下结婚 | 丈夫为古巴华侨，回乡娶妻 | 一子二女，都在古巴工作 | |
| 潘松年 | 1971 年结婚 | 妻子是土生唐人女（父中国人，母半唐番） | 一子在古巴，一女在美国 | |
| 冯奕新 | 1970 年结婚 | 妻子为古巴白人女子 | 三子，都在古巴工作 | |
| 陈华友 | 20 世纪 70 年代结婚 | 妻子为华裔，在古巴已好几代，二十年后离婚 | 无子女 | |

　　大致而言，男性单身、独身的比较多，这和古巴华侨社会男女比例严重失衡有关，婚姻是不容易的事。女性则多数因为丈夫已在古巴或因准备结婚而前来，不存在独身的情况。从中国大陆安排已婚妻子前来古巴的男性华侨，在访谈中一个也没有遇上，从前肯定是有的，现在都已逝世或离开。男性华侨已经去世但配偶还在的有三位（陈燕芳、伍杏桂、唐仲喜），男女双方的年龄差异是造成此情况的主要原因，男性华侨回乡娶妻，妻子一般都较年轻，年龄上有相当差距。至于在古巴当地结婚的男性华侨，则可分为两大类情形：①配偶的父母都是华侨，这样的结合往往被视作首选；②配偶的父亲是华侨但母亲是古巴女子，后者可能是古巴白人即当地华侨所说的西班牙女子，也可能是混血儿，有亚洲裔、土著或黑人血统，这样的婚姻是次选。不过，配偶的母亲是华侨而父亲不是的情况在访谈中没有遇到，也基本上不存在，原因是华侨群体中女性太少，同时华侨的婚姻、家庭观念较为保守，不会同意女儿嫁给非中国人。这样的婚姻情况，在上表中得到清楚反映。当中黄锦芳、黄锦念的情况要特别说明一下，这两位都在父亲反对之下嫁给古巴男子，原因是两人到达古巴时年纪小（两岁和一岁），之后在古巴读书和成长，可以说完全融入古巴社会，故有如此选择。

　　古巴社会的性观念比较开放，这和西班牙与黑人的文化影响有关，也和地处热带、男女一般早熟有关，离婚情况因而相当普遍，这在华侨的婚姻中也有所反映，离婚的比例比较高（有六例）。在访谈中，华侨多承认在古巴结婚的话婚姻较不稳定。此外，华侨婚后一般养儿育女，结婚而没有子女的，只有三例（马持

旺、黄锦念、陈华友），而子女中离开古巴去往他处的为数不少，以到美国定居的占多数，这和华侨有一种流动倾向有关，也和古巴社会贫困、缺乏发展机会有关。

古巴华侨的家庭多较为破碎，独居和离异的相当多，夫妇、儿女齐全的比较少，加上各人都已老迈，物质匮乏，容易给人以凄苦的印象，有几位华侨就因为觉得处境太不堪，不愿意接受访谈。受访者中只有杨镇南、曹趁金夫妇的家庭成员齐全、关系融洽，两人都是年轻时从中国来到古巴，在当地认识然后结合，现在虽然不富裕，但三代同堂，子女工作有成，生活平稳，可以说得上是个幸福家庭。其余叶泽棠、关志生、林文燮、陈细九、何裔坤、冯奕新等几位的家庭也显得稳定完好。不过，每家情况总有些不同，这里无法进一步概括，具体情况从各人的口述记录可以看到。

## 五、回乡

来到古巴后，是否有机会回去中国？古巴华侨在这方面显得和其他华侨群体大为不同，可参看表5。

表5　古巴华侨曾否返回过中国的情况统计（至2013年底）

| 姓名 | 曾否返回 | 若曾，第一次回中国年份（当时年龄）〔距到达古巴年数〕 | 至今共返回过多少次 | 备注 |
|---|---|---|---|---|
| 赵肇商 | 曾 | 1999年（66岁）〔47年〕 | 1次 | |
| 蒋祖廉 | 曾 | 1989年（55岁）〔39年〕 | 1次 | 2014年初再次去中国 |
| 伍迎创 | 曾 | 1990年（50岁）〔37年〕 | 2次 | |
| 伍衮民 | 未 | | | |
| 马持旺 | 未 | | | |
| 郑士荣 | 未 | | | |
| 邝景云 | 未 | | | |
| 关志生 | 曾 | 1958年（31岁）〔9年〕 | 1次 | 自费 |
| 叶泽棠 | 曾 | 2004年（62岁）〔50年〕 | 1次 | |
| 陈享财 | 未 | | | |
| 林文燮 | 未 | | | |

（续上表）

| 姓名 | 曾否返回 | 若曾，第一次回中国年份（当时年龄）〔距到达古巴年数〕 | 至今共返回过多少次 | 备注 |
|---|---|---|---|---|
| 陈松大 | 曾 | 1988 年（57 岁）〔40 年〕 | 2 次（1988 年、2006/2007 年） | 有两个弟弟在台山 |
| 谭树枢 | 未 | | | |
| 伍美婵 | 曾 | 1989 年（65 岁）〔39 年〕 | 2 次 | 有家人在香港 |
| 谭立章 | 未 | | | |
| 陈燕芳 | 曾 | 2006 年（78 岁）〔55 年〕 | 1 次 | |
| 陈细九 | 曾 | 1981 年（35 岁）〔27 年〕 | 多次 | 有弟姐在乡下 |
| 周柏图 | 未 | | | |
| 沈杰林 | 曾 | 1983 年（52 岁）〔34/33 年〕 | 4 次 | |
| 何裔坤 | 曾（返香港） | 1991 年（52 岁）〔36 年〕 | 2 次（第二次：1993 年） | 在香港的弟妹资助 |
| 唐仲喜 | 曾 | 1983 年（27 岁）〔8 年〕 | 多次 | 2014 年初再去中国 |
| 黄锦念 | 未 | | | |
| 黄锦芳 | 曾 | 2012 年（64 岁）〔62 年〕 | 1 次 | 2014 年初再去中国 |
| 余景暖 | 曾 | 2004 年（74 岁）〔54 年〕 | 2 次 | 2006 年再去中国（自费） |
| 杨镇南 | 曾 | 1998 年（63 岁）〔44 年〕 | 1 次 | 在家乡家人赞助回乡 |
| 曹趁金 | 未 | | | |
| 伍杏桂 | 未 | | | |
| 潘松年 | 曾 | 1966 年（67 岁）〔47 年〕 | | |
| 冯奕新 | 曾 | 不详（记不起） | 2 次 | |
| 陈华友 | 曾 | 2012 年（81 岁）〔63 年〕 | 1 次 | 本打算回乡定居养老，因为不适应，又回到古巴 |

　　与其他华侨群体相比，古巴华侨回国显得很困难，相当一部分人离开家乡后，虽然过了半个多世纪，也没有机会回去（30 人中 13 人如此），有机会回去过的，也往往是到了年事已高、离乡几十年后才第一次回去，例如陈华友 1931 年出生，1949 年到古巴，2012 年才回去，当时已经八十一岁，离乡 63 年。能够在到达古巴后十年内回家乡的，只有唐仲喜和关志生两人，前者情况特殊（1975 年到古巴，几年后中国实行改革开放），后者回家乡则在古巴革命发生之前。所以，古巴华侨可说是个孤悬海外，和祖国、家乡失去联系的群体，且古巴无论邮政或对外通信都落后，难以和外界往来，使之成为一个很封闭的社群，不少人托我回到香港后，代他们联络在港或者在内地的亲属，这样的情况，很难想象会发生在其他地方的华侨社会。

　　能够有机会回家乡的，多数只能去一次，时间都在近年，即中国改革开放（1978 年开始）和古巴推行改革（20 世纪 90 年代初）之后。能够回去，部分人是因为得到中国政府邀请或安排，原因是他们担任华侨社团的领导或行政工作，其余的多是因为有亲属在家乡，可以资助他们旅费；能够自费回去的为数不多，这也反映了古巴华侨在经济方面的困难处境。情况比较特别的有三位，一是陈华友，他在 2012 年回到家乡新会，是年八十一岁，离乡 63 年，本来打算落叶归根、回乡养老，但生活上不适应，结果又回到古巴，住进哈瓦那的老人院。其二是唐仲喜，她回乡多次，这和她 1975 年才离开家乡因而和家乡亲属联络仍然密切有关，也和她经商成功积累了一定财富有关。其三是陈细九，1954 年到达古巴时才八岁，27 年后首次回乡，之后回去过多次。陈先生在古巴接受过高等教育，本身为农业工程师，很能干，他利用古巴华侨还能将钱汇往中国的时机，除了汇出本身准许的数额外，又借用其他华侨用不上的数额将钱汇出，于是在家乡有了积累，可供回乡之用，详情在他的访谈记录中有说明。此外，陈先生出任谢戈德阿维拉（华侨称之为"舍咕"）民治党主席后，和中国驻古巴大使馆联络，资助从未回过国的华侨回乡探亲，受访者当中的伍美婵、陈燕芳就在这样的安排下，得以回乡。在访谈过程中，不少老华侨都表示非常怀念家乡，但知道能够回去的机会很渺茫，听来令人伤感。

　　以上为受访华侨的概括介绍，此外则各人情况不同，无法概括，要在每人的访谈记录中了解详情和细节。

# 后　记　2019 年各受访者情况

本书收录的三十五位华侨访谈，是在 2013 年进行的，到 2017 年本书的香港版付梓时，其中三位已经去世，分别为余景暖（2013 年 3 月 11 日殁，享年八十三）、叶泽棠（2014 年 11 月 16 日殁，享年七十二）和伍迎创（2015 年 3 月 6 日殁，享年七十四）。2019 年 1 月，我再去古巴，在当地逗留了两个月，其间在哈瓦那度过了春节。出发前，托在古巴的友人查询各受访者的情况，抵埠后再作核实，得知以下各人亦已逝世：

关志生：2014 年 7 月 25 日去世，享年八十七。

伍美婵：她住在较远的地方，消息阻隔，只知 2016 年去世，无法确定日期，享年九十一。

马持旺：2017 年 1 月 3 日去世，享年九十七。

周卓明：2017 年 1 月 5 日去世，是在家中失救而殁的，几天后才被邻居发现，享年七十五。

陈享财：2017 年 7 月 28 日去世，享年九十。

陈华友：2018 年 3 月 26 日去世，享年八十六。

邝景云：我抵达古巴前不久去世，在家中失救而殁，日期无法确定，应在 2018 年 11 月或 12 月，享年八十七。

潘松年：在我抵达古巴前不久去世，准确日期无法确定，享年九十一。

其他健在者，我趁这次到古巴，逐个拜访，但下列六位远在外埠，我没有机会前往，只知他们尚安好：陈松大、谭树枢、谭立章、周柏图、沈杰林和冯奕新。另外居住在 Cienfuegos 的何裔坤去了美国，跟他在该国定居的女儿一起生活，我没法和他联络。其余的十七位除唐仲喜外我都一一见到了。没见到唐仲喜，是因为她回中国去了，不过最近几年她不时回乡，我和她在香港见过面，也通过微信和她一直保持联络。其余的十六位还是一如既往地生活，稍有不同的是以下几位：

赵肇商：年老体弱，已迁入华区的老人院居住，行动迟缓，但精神尚好。

蒋祖廉：仍然担任洪门民治党主席，近期结了婚，夫人是一位土生华裔女士，我和她见过面，她只说西班牙语。

陈细九：我乘飞机到 Ciego de Ávila 探望过他，两天之后他回中国去了。在 2013 年的访谈中陈先生说资助过他侄女从乡下到古巴读书，这位侄女叫陈美玉，现在定居在 Ciego de Ávila，协助陈先生主持农场的工作，和一位古巴男士结了婚，育有一子。陈先生在侄女协助下，民治党和农场的工作都做得很出色，口碑非常好。

杨镇南、曹趁金：我到他们生活的小镇探望，见过他们女儿和女儿年前生下的男孩，女婿则已移居美国，他们女儿等办妥手续，便会带儿子去美国团聚。

何秋兰：她应今年香港艺术节的邀请，和黄美玉到香港登台献艺，我在她出发去香港前夕在哈瓦那她家中探望了她。另外，香港导演魏时煜拍摄的以何秋兰为题材的纪录片《古巴花旦》2018 年在香港上演，年底时还将录像送到哈瓦那，在华区安排了放映。现在知道何秋兰的人比以前更多了。

吴帝胄：我此行探访过帝胄两次，怀着明确的目的，希望他说说在古巴革命政府保安部门工作时的经历，因为这是外人难得知道的一段历史。第一次探望他时，我将这要求提出并详细说明了，希望他答应。我知道这话题很敏感，建议如果他认为需要，访谈记录暂不公开，交由香港中文大学图书馆保存，到了帝胄指定的时日才开放。这样的话，帝胄可以安心地将经历细说出来。帝胄考虑了一会，同意接受我的访谈，还说这已经是过去的历史，没有什么敏感不敏感的问题了。于是，我在双方约定的日子再到帝胄家中，但很奇怪，帝胄这次完全回避谈论这段经历，我失望之余，只好对他说，我尊重他的决定，不勉强他说出来。他回答说，他要尊重他的组织和作出过的承诺。于是，这一段和古巴华侨有关的重要历史，只能希望将来有机会探究了。另外，帝胄在 2013 年的访谈中提到过"旅古华侨协助古巴独立纪功碑"上有些文字被删去，我在本书的香港版中作了按语，谓帝胄此说不准确。但后来得到机会查证，知道确有其事，情况已在本版中有关段落作了更正及说明。同时，趁本书内地版出版的机会，我也将香港版当中一些错误的地方更正了。

此外，已在 2013 年 3 月逝世的余景暖先生，他生前担任主席的余凤采堂也出现了较大变化，这是我最近一次到古巴时了解到的。余先生的儿子余伟胜如今当上了余凤采堂的主席，余凤采堂的餐馆也恢复了营业，看来是将餐馆租赁给了别人经营。余伟胜在餐馆工作，每星期上班若干天。经我要求，余伟胜先生将他父亲的证件特别是当民兵时的有关文件、证书、奖章等拿来给我拍摄和扫描，并且表示愿意将这批物品捐出，交给香港一个适合的机构收藏，我答应了余先生回到香港之后跟进此事。

尚在古巴的华侨，都已风烛残年，我很惦记他们，继续默默地遥祝他们余下的日子过得安稳。

2019 年 6 月 2 日